[저자 약력]

松隱 孫洪明
송 은 손 홍 명

개성태생, 개성 공립상업학교를 거쳐 일본 早稻田대학을 졸업하고 화신산업주식회사 지업부 근무했음. 광복을 맞아 동화출판사 사명으로 출판계에 투신, 한국 전래동화 등 아동도서를 비롯하여 대학교재를 다수 출판하다가 6·25동란후에는 文理社로 개칭하고, 중고등학교 교과서를 출간했음. 상업교과목을 주축으로 서울대학교 중국 문학부 車相轅교수의 중·고등 한문교과서를 독점 발행하였고, 단행본으로는 조선일보 이규태씨의 「한국인의 의식구조(상·하)」가 히트되었음.
1980년 세계문화사를 인수하여 현재 동사의 회장직을 맡고 있음. 1990. 3. 1 제 5차 교육과정에 의한 중학교 한문 교과서를 저작하였고, 1998. 12. 18.에는 국민훈장 목련장을 수여받았음. 한문교과서 출판과 중등 한문을 저작한 경험을 살리어 한 글자도 중복되지 않는 「쉬운 한자로 活用 千字文」을 고안하여 2001. 1. 18.실용신안 (제 0218707호)로 특허를 획득하였음.

송은
실용신안 千字文

『계몽편』『동몽선습』『사자소학』『추구집』

松隱 孫洪明 著

부록
한국 四字성어
중국 四字성어
三字성어

(주)교학사

「松隱 實用新案 千字文」을 내면서

우리 민족은 일찍부터 중국의 漢字를 받아들여 높은 수준의 문화를 꽃피워왔고, 오늘날 漢字는 한글과 더불어 호흡을 같이하고 있습니다. 漢字를 알면 우리의 역사와 문화유산을 이해하는 지름길이 될 뿐만 아니라, 평소에 읽고, 쓰고, 말하는 국어생활에도 큰 힘이 될 것입니다. 漢文를 익힐 때 옛날처럼 하늘천, 따지 하면서 한자한자 배우던 시대는 이미 지나갔으며 四字成語로 학습해 나가면 더욱 효과적일 것입니다. 「實用新案 千字文」만 뗀다면 漢字가 섞여있는 책이나 신문·잡지를 읽을 수 있으며, 일상 상용되는 낱말의 뜻도 이해하기 쉬울 것입니다.

약 1,500년 전 중국 後梁의 周興嗣가 엮은 종래의 千字文은 난해한 漢字가 약 4분의 1을 차지하였고 내용 또한 매우 어려웠습니다. 예를 들면 쉬운 숫자인 一, 三, 六, 七, 十도 빠졌고, 꼭 알아야 할 교육용 한자인 先, 祖, 小, 雪, 牛, 馬, 春, 暖, 開, 閉, 江, 村, 賣, 買, 花 등의 한자들도 빠져 있습니다.

한자 교육을 중학교에서나 시작하는 우리 나라 현실에 비추어볼 때 이같이 쉬운 한자가 빠진 종래의 옛 千字文을 가지고는 漢字를 학습하기에 너무나 부담이 클 뿐 아니라, 학생들은 漢字를 학습하기 이전에 아예 포기하는 수도 있을 것입니다.

저자는 한문 교과서를 편찬한 경험을 살리어 오랜 구상과 궁리 끝에 한문학습을 용이하게 할 수 있는 방법을 나름대로 찾아보았습니다. 그것은 千字文을 쓰되 교육인적자원부가 제정 공포한 한문 교육용 기초한자 1,800자 범위 내에서 그 사용 빈도가 높은 글자를 골라 누구나 쉽게 한문을 습득할 수 있도록 하는 것이었습니다. 즉, 天文, 自然, 人倫…… 文化, 經濟, 政治, 社會 등 32개 주제별 항목에 걸쳐 골고루 어렵지 않은 漢字로 된 四字成語 250구를 선정하였으니, 이 책으로 학습하면 자연히 1,000자를 힘들지 않게 배울 수 있을 것입니다.

이러한 착안과 학습 효용을 인정받아 2001년 1월 18일에 특허청으로부터 쉬운 한자로 만든 이 책이 제0218707호로 실용신안 특허를 획득하였습니다.

또한 이 책에는 「계몽편」, 「동몽선습」, 「사자소학」, 「추구집」을 첨부하였고, 부록으로 「삼자성어」, 「한국 사자성어」, 「중국 사자성어」 등을 망라하여 초학자들의 기초 한문 교재로써 완벽을 기했습니다.

끝으로 이 책의 저술 취지에 찬동하여 선뜻 출판을 맡아주신 교학사의 楊澈愚사장님과 관련 사원 여러분께 감사드립니다.

2002년 5월 9일

저자 松隱 孫洪明

차 례

1 송은 實用新案 千字文

2 啓蒙篇

이 책의 특색

1. 이 책은 교육인적자원부가 제정한 한문교육용 기초한자 1,800자 중 일상 생활에 가장 사용 빈도가 높은 글자를 골라 누구나 알기 쉬운 四字成語로 꾸몄습니다.

2. 서문에서도 언급했듯이 각 분야별로 32단원을 설정하고, 한자가 골고루 들어가게 하여 각 단원을 四字成語 8구씩으로 꾸며 248구(31×8구)와 끝단원인 正氣 항목의 2구를 합하여 250구(1,000자)로 구성했습니다.

3. 엄선된 쉬운 250구의 四字成語를 배우면서 총 1,000자의 한자를 자연스럽게 습득할 수 있게 꾸몄습니다.

4. 이 책은 '天地創造'의 제1구로 시작하여 마지막 제250구가 '玄妙乾坤'이니, '천지'에서 시작하여 '천지(건곤)'로 끝난 것입니다.

5. 한자의 훈은 종래의 父 '아비 부', 母 '어미 모'를 '아버지 부', '어머니 모'로 전반적인 개정을 함으로써 교육적인 측면에도 역점을 두었습니다.

6. 각 한자의 훈과 음을 달고, 어구 풀이는 물론, 영어도 병기하여 영어 능력 향상에 도움을 주도록 했습니다.

7. 글자를 바르게 쓰도록 하기 위하여 각 한자에 표준 필순을 숫자로 제시하였습니다.

8. 쓰기 난을 두어 한자를 직접 써보면서 익힐 수 있게 하였습니다.

9. 옛날 아동용 기초 한문 교재였던 「계몽편(啓蒙篇)」과 「동몽선습(童蒙先習)」, 개정된 「사자소학(四字小學)」, 「추구집(推句集)」을 첨가하여 초학자용 기초 한문 교재는 이 한 권에 모두 망라했습니다.

10. 부록으로는 「삼자성어집」, 「한국 사자성어」, 「중국 사자성어」를 첨가했습니다.

송은 實用新案 千字文

　원래 천자문(千字文)은 약 1,500년 전 후량(後梁)의 주흥사(周興嗣)라는 머리 좋은 학자가 하룻밤 사이에 짓고 나니 머리가 허옇게 세었다하여 백수문(白首文)이라고도 한다.

　그러나 옛 千字文은 너무나 난해한 한자로 꾸며져 요즘 초학자에게는 부담이 가는게 사실이다. 그래서 저자는 이 「송은 實用新案 千字文」을 학생들의 한문학습에 도움을 주려는 일념으로 많은 연구 끝에 착수로부터 3년 후인 2001년 1월 18일에 실용신안 특허를 획득했지만 보다 좋은 결실을 맺기 위해 다시 일년 반이라는 세월동안 원고와 씨름한 끝에 비로소 출간을 보게 된 것이다.

　이 「송은 實用新案 千字文」은 쉬운 한자로 된 四字成語 250구인 만큼 누구나 여기에 엄선된 사자성어를 배우면서 자연스럽게 1,000자의 漢字를 쉽게 습득할 수 있는 기초 한문 교재이다.

하늘 **천** [heavens]   땅 **지** [earth]   비로소 **창** [start]   지을 **조** [make]

天地創造(천지창조) : 조물주가 천지 만물을 처음으로 만드니,

天		地		創		造	

집 **우** [eaves]   하늘 **주** [cosmos]   귀신 **신** [god]   감출 **비** [secret]

宇宙神秘(우주신비) : 우주의 무궁한 조화(造化)는 신기하고 묘하다.

宇		宙		神		秘	

날 **일** [sun]   달 **월** [moon]   별 **성** [star]   별 **신(진)** [stars]

日月星辰(일월성신) : 해·달·별은 천체의 총칭.

日		月		星		辰	

바람 **풍** [wind]   구름 **운** [cloud]   우레 **뢰** [thunder]   비 **우** [rain]

風雲雷雨(풍운뇌우) : 날씨는 바람과 구름, 천둥소리와 함께 내리는 비니라.

風		雲		雷		雨	

寒 찰 **한** [cold]　　來 올 **래** [come]　　暑 더울 **서** [hot]　　往 갈 **왕** [go]

寒來暑往(한래서왕) : 추위가 오니 더위는 물러가고,

寒				來				暑				往			

秋 가을 **추** [fall]　　收 거둘 **수** [gather]　　冬 겨울 **동** [winter]　　藏 감출 **장** [store]

秋收冬藏(추수동장) : 가을에 익은 곡식을 거둬들여 겨울에는 광에 저장한다.

秋				收				冬				藏			

朝 아침 **조** [morning]　　夕 저녁 **석** [evening]　　晝 낮 **주** [daytime]　　夜 밤 **야** [night]

朝夕晝夜(조석주야) : 하루는 아침·저녁·낮·밤이고,

朝				夕				晝				夜			

歲 해 **세** [year]　　時 때 **시** [time]　　節 마디 **절** [joint]　　候 기후 **후** [season]

歲時節候(세시절후) : 1년은 춘하추동과 24절기이다.

歲				時				節				候			

山 산 산 [mountain]　　青 푸를 청 [blue]　　水 물 수 [water]　　秀 빼어날 수 [excellent]

山靑水秀(산청수수) : 산은 푸르고 물은 수려한데,

山			靑			水			秀		

泰 클/편안할 태 [most]　　嶺 재 령 [ridge]　　連 이을 련 [link]　　峯 봉우리 봉 [peak]

泰嶺連峯(태령연봉) : 높고 큰 재와 잇달아 계속되는 산봉우리들.

泰			嶺			連			峯		

碧 푸를 벽 [blue]　　溪 시내 계 [brook]　　冷 찰 랭 [cold]　　泉 샘 천 [spring]

碧溪冷泉(벽계냉천) : 푸른 시냇물이 흐르고 시원한 샘이 솟는,

碧			溪			冷			泉		

幽 그윽할 유 [dim]　　谷 골 곡 [valley]　　絶 끊을 절 [sever]　　景 경치 경 [view]

幽谷絶景(유곡절경) : 그윽하고 깊은 골짜기의 아름다운 경치.

幽			谷			絶			景		

江 강 **강** [river]　湖 호수 **호** [lake]　川 내 **천** [stream]　邊 가 **변** [edge]

江湖川邊(강호천변) : 강과 호수와 냇가.

江		湖		川		邊	

露 이슬 **로** [dew]　結 맺을 **결** [tie]　氷 얼음 **빙** [ice]　霜 서리 **상** [frost]

露結氷霜(노결빙상) : 이슬이 한기(寒氣)에 응결(凝結)하여 얼음과 서리가 된다.

露		結		氷		霜	

森 빽빽할 **삼** [dense]　羅 벌릴 **라** [display]　萬 일만 **만** [ten thousand]　象 형상/코끼리 **상** [shape]

森羅萬象(삼라만상) : 우주 사이에 무수히 벌려 있는 온갖 사물과 모든 현상.

森		羅		萬		象	

莊 장중할 **장** [serious]　嚴 엄할 **엄** [severe]　太 클 **태** [greatest]　陽 별 **양** [sun]

莊嚴太陽(장엄태양) : 웅장하고 엄숙한 태양이 떠오른다.

莊		嚴		太		陽	

아버지 **부** [father]　어머니 **모** [mother]　함께 **구** [all]　있을 **존** [exist]

父母俱存(부모구존) : 양친이 모두 생존해 계시니,

父		母		俱		存	

어두울 **혼** [dusk]　정할 **정** [decide]　새벽 **신** [dawn]　살필 **성(생)** [aware]

昏定晨省(혼정신성) : 저녁에는 잠자리를 깔아드리고 새벽에는 안후를 살핀다.

昏		定		晨		省	

맏 **백** [uncle]　버금 **중** [middle]　숙부 **숙** [uncle]　끝 **계** [last]

伯仲叔季(백중숙계) : 백·중·숙·계는 형제의 차례를 나타내는 말.

伯		仲		叔		季	

맏/형 **형** [elder brother]　아우 **제** [younger brother]　맏누이 **자** [elder sister]　누이 **매** [younger sister]

兄弟姉妹(형제자매) : 형과 아우, 누이와 누이동생.

兄		弟		姉		妹	

夫 婦 和 睦

사내/남편 **부** [husband]　아내 **부** [wife]　화합할 **화** [harmonious]　화목할 **목** [peaceful]

夫婦和睦(부부화목) : 부부가 화합하여 정답고,

夫				婦				和				睦			

男 女 對 等

사내 **남** [man]　여자 **녀** [woman]　대할 **대** [mutual]　같을 **등** [equal]

男女對等(남녀대등) : 남녀는 차별없이 동등하다.

男				女				對				等			

祖 宗 曾 孫

조상 **조** [grandfather]　마루 **종** [ancestor]　일찍 **증** [once]　손자 **손** [grandson]

祖宗曾孫(조종증손) : 조상과 증손.

祖				宗				曾				孫			

親 戚 故 舊

친할/어버이 **친** [close]　일가 **척** [relative]　연고/예 **고** [cause, old]　예/오랠 **구** [former]

親戚故舊(친척고구) : 친척과 친구.

親				戚				故				舊			

귀 **이** [ear]　　눈 **목** [eye]　　입 **구** [mouth]　　코 **비** [nose]

耳目口鼻(이목구비) : 귀·눈·입·코. 또 사람의 풍채를 이르는 말.

耳				目				口				鼻			

터럭 **발** [hair]　　살갗 **부** [skin]　　이 **치** [tooth]　　어금니 **아** [molar]

髮膚齒牙(발부치아) : 머리털과 피부, 이와 어금니.

髮				膚				齒				牙			

머리 **두** [head]　　정수리 **정** [top]　　눈 **안** [eye]　　눈썹 **미** [eyebrow]

頭頂眼眉(두정안미) : 머리와 정수리, 눈과 눈썹.

頭				頂				眼				眉			

목구멍 **후** [throat]　　혀 **설** [tongue]　　밥통 **위** [stomach]　　창자 **장** [intestines]

喉舌胃腸(후설위장) : 목구멍과 혀, 위와 창자.

喉				舌				胃				腸			

肺 허파 **폐** [lungs] 肝 간 **간** [liver] 腰 허리 **요** [waist] 圍 에울 **위** [surround]

肺肝腰圍(폐간요위) : 폐장과 간장, 허리의 둘레.

| 肺 | | | | 肝 | | | | 腰 | | | | 圍 | | | |

生 날 **생** [living] 老 늙을 **로** [old] 病 병들 **병** [disease] 死 죽을 **사** [die]

生老病死(생로병사) : 태어나고, 늙고, 병들고, 죽고 하는 인생의 네 가지 고통.

| 生 | | | | 老 | | | | 病 | | | | 死 | | | |

胸 가슴 **흉** [chest] 式 법 **식** [style] 呼 숨내쉴 **호** [exhale] 吸 숨들이쉴 **흡** [inhale]

胸式呼吸(흉식호흡) : 가슴으로 하는 호흡. 凹 복식호흡(腹式呼吸).

| 胸 | | | | 式 | | | | 呼 | | | | 吸 | | | |

徒 무리 **도** [pupil] 步 걸음 **보** [step] 競 다툴 **경** [compete] 走 달릴 **주** [run]

徒步競走(도보경주) : 한 발은 언제나 땅에 닿게 하고 빨리 걷는 운동 경기.

| 徒 | | | | 步 | | | | 競 | | | | 走 | | | |

上 위 **상** [up]　　下 아래 **하** [down]　　内 안 **내(나)** [inside]　　外 바깥 **외** [outside]

上下内外(상하내외) : 위와 아래, 안과 밖.

前 앞 **전** [front]　　後 뒤 **후** [back]　　左 왼 **좌** [left]　　右 오른 **우** [right]

前後左右(전후좌우) : 앞과 뒤, 왼쪽과 오른쪽.

大 큰 **대** [big]　　小 작을 **소** [small]　　多 많을 **다** [many]　　少 적을 **소** [little]

大小多少(대소다소) : 크고, 작고, 많고, 적음.

本 근본 **본** [root]　　末 끝 **말** [end]　　表 겉 **표** [surface]　　裏 속 **리** [inner, inside]

本末表裏(본말표리) : 근본과 끝, 겉과 속.

모 **방** [square] 둥글 **원** [round] 굽을 **곡** [bent] 곧을 **직** [straight]

方圓曲直(방원곡직) : 사물의 모진 것과 둥근 섯, 사리의 옳음과 그름.

方		圓		曲		直	

일찍 **조** [early] 늦을 **만** [late] 오를 **승** [rise] 내릴 **강(항)** [fall]

早晚昇降(조만승강) : 이름과 늦음, 오르고 내림.

早		晚		昇		降	

비로소 **시** [begin] 마칠 **종** [finish] 멀 **원** [far] 가까울 **근** [near]

始終遠近(시종원근) : 처음과 끝, 멀고 가까움.

始		終		遠		近	

동녘 **동** [east] 서녘 **서** [west] 예 **고** [ancient] 이제 **금** [now]

東西古今(동서고금) : 동양과 서양, 옛날과 오늘.

東		西		古		今	

한 **일** [one]　　돌 **석** [stone]　　두 **이** [two]　　새 **조** [bird]

一石二鳥(일석이조) : 돌 하나로 새 두 마리를 떨어뜨린다. 圄 일거양득(一擧兩得)

一				石				二				鳥			

베풀 **장** [spread]　　석 **삼** [three]　　오얏 **리** [plum]　　넉 **사** [four]

張三李四(장삼이사) : 장씨의 셋째아들과 이씨의 넷째아들. 곧 흔한 성의 평범한 사람.

張				三				李				四			

다섯 **오** [five]　　인륜 **륜** [ethic]　　여섯 **륙** [six]　　큰/도덕 **덕** [virtue]

五倫六德(오륜육덕) : 다섯 가지 인륜과 여섯 가지 덕행.

五				倫				六				德			

일곱 **칠** [seven]　　넘어질 **전** [tumble]　　여덟 **팔** [eight]　　일어날 **기** [rise]

七顚八起(칠전팔기) : 여러 번 실패해도 굴하지 않고 다시 일어나서 분투한다.

七				顚				八				起			

九 아홉 **구** [nine]　牧 기를/목자 **목** [herd]　十 열 **십** [ten]　羊 양 **양** [sheep]

九牧十羊(구목십양) : 열 마리 양에 목동은 아홉. 관리는 많고 백성은 적나는 뜻.

| 九 | | | | 牧 | | | | 十 | | | | 羊 | | | |

百 일백 **백** [hundred]　縱 세로 **종** [vertical]　千 일천 **천** [thousand]　隨 따를 **수** [comply]

百縱千隨(백종천수) : 맹목적으로 순종하다. 곧 시비도 가리지 않고 따른다는 말.

| 百 | | | | 縱 | | | | 千 | | | | 隨 | | | |

億 억 **억** [hundred million]　兆 조/조짐 **조** [trillion]　巨 클 **거** [huge]　額 액수 **액** [sum]

億兆巨額(억조거액) : 썩 많은 액수의 금액.

| 億 | | | | 兆 | | | | 巨 | | | | 額 | | | |

計 꾀할 **계** [plan]　算 셈할 **산** [count]　精 정세할 **정** [refined]　密 빽빽할 **밀** [dense]

計算精密(계산정밀) : 셈을 헤아림이 아주 정확하고 세밀하다.

| 計 | | | | 算 | | | | 精 | | | | 密 | | | |

絹 비단 **견** [silk]　織 짤 **직** [weave]　綿 솜 **면** [cotton]　布 베 **포** [cloth]

絹織綿布(견직면포) : 비단과 무명.

絹			織			綿			布		

束 묶을 **속** [bind]　帶 띠 **대** [belt]　衣 옷 **의** [clothes]　裳 치마 **상** [skirt]

束帶衣裳(속대의상) : 띠를 매고 의상을 갖추다.

束			帶			衣			裳		

丹 붉을 **단** [red]　脣 입술 **순** [lip]　化 화할 **화** [turn]　粧 단장할 **장** [make up]

丹脣化粧(단순화장) : 입술에 연지를 바르고 얼굴을 곱게 꾸미다.

丹			脣			化			粧		

簡 간략할 **간** [simple]　單 홑 **단** [single]　洋 큰바다 **양** [ocean]　裝 꾸밀 **장** [dress up]

簡單洋裝(간단양장) : 간략하고 단출한 양장.

簡			單			洋			裝		

쌀 **미** [rice]   보리 **맥** [barley]   조 **속** [millet]   콩 **두** [beans]

米麥粟豆(미맥속두) : 곡식의 대표격인 쌀·보리·조·콩.

달 **감** [sweet]   쓸 **고** [bitter]   매울 **신** [hot]   실 **산** [sore]

甘苦辛酸(감고신산) : 달고, 쓰고, 맵고, 신맛. 세상살이의 쓰라리고 고됨의 비유.

들 **야** [field]   나물 **채** [vegetable]   마실 **음** [drink]   헤아릴 **료** [suppose]

野菜飲料(야채음료) : 채소의 즙으로 된 음료수.

경영할 **영** [manage]   기를 **양** [support]   찰 **만** [full]   발 **족** [foot]

營養滿足(영양만족) : 영양이 조화롭고 충분하다.

살 **주** [live]　　집 **택(댁)** [residence]　　집 **옥** [house]　　방 **방** [room]

住宅屋房(주택옥방) : 주택의 건물과 작게 따로 만든 방.

住		宅		屋		房	

문 **문** [gate]　　집/지게문 **호** [door]　　열 **개** [open]　　닫을 **폐** [shut]

門戶開閉(문호개폐) : 문을 열고 닫다.

門		戶		開		閉	

높을 **고** [tall]　　돈대 **대** [terrace]　　넓을 **광** [wide]　　방/집 **실** [room]

高臺廣室(고대광실) : 규모가 크고 넓게 잘 지은 집.

高		臺		廣		室	

학교 **교** [school]　　집 **사** [house]　　강론할 **강** [speak]　　집 **당** [hall]

校舍講堂(교사강당) : 학교의 주요 건물과 강당.

校		舍		講		堂	

석/참여할 **삼(참)** [three]　　　층 **층** [story]　　　장사 **상** [commerce]　　　거리 **가** [street]

參層商街(삼층상가) : 삼층의 상점이 즐비한 거리.

| 參 | | 層 | | 商 | | 街 | |

부처 **불** [Buddha]　　　절 **사(시)** [temple]　　　저물 **모** [sunset]　　　종 **종** [bell]

佛寺暮鐘(불사모종) : 산사(山寺)에서 들려오는 해질 무렵의 은은한 종소리.

| 佛 | | 寺 | | 暮 | | 鐘 | |

다리 **교** [bridge]　　　들보 **량** [beam]　　　표할 **표** [sign]　　　기록할 **지(식)** [recognize]

橋梁標識(교량표지) : 앞에 다리가 있다는 표시.

| 橋 | | 梁 | | 標 | | 識 | |

세울 **건** [build]　　　베풀 **설** [establish]　　　면할 **면** [excuse]　　　허락할 **허** [permit]

建設免許(건설면허) : 건설업을 할 수 있는 자격이 부여된 행정 처분.

| 建 | | 設 | | 免 | | 許 | |

까마귀 **오** [crow]　　날 **비** [fly]　　배 **리** [pear]　　떨어질 **락** [drop]

烏飛梨落(오비이락) : 까마귀 날자 배 떨어진다. 남의 의심을 받게 됨의 비유.

烏			飛			梨			落		

바로잡을 **교** [correct]　　뿔 **각** [horn]　　죽일 **살(쇄)** [kill]　　소 **우** [cattle]

矯角殺牛(교각살우) : 소뿔을 바로잡으려다 소까지 죽인다.

矯			角			殺			牛		

평평할 **평** [flat]　　모래 **사** [sand]　　외로울 **고** [lonely]　　기러기 **안** [wild goose]

平沙孤雁(평사고안) : 모래톱에 내려앉은 외로운 기러기.

平			沙			孤			雁		

가리킬 **지** [point]　　사슴 **록** [deer]　　할 **위** [do, become]　　말 **마** [horse]

指鹿爲馬(지록위마) : 사슴을 말이라 우기다. 윗사람을 농락하여 권세를 흔듦의 비유.

指			鹿			爲			馬		

여우 **호** [fox]　　빌릴 **가** [borrow]　　범 **호** [tiger]　　위엄 **위** [might]

狐假虎威(호가호위) : 여우가 범의 위엄을 빌리다. 남의 권세에 의지헤 위세를 부림의 비유.

狐		假		虎		威	

닭 **계** [chicken]　　울 **명** [cry]　　개 **구** [dog]　　도둑 **도** [thief]

鷄鳴狗盜(계명구도) : 닭 우는 소리와 개의 흉내를 내다. 얕은 꾀를 가진 사람의 비유.

鷄		鳴		狗		盜	

물고기 **어** [fish]　　딱지 **개** [shell]　　조개 **패** [shellfish]　　무리 **류** [kind]

魚介貝類(어개패류) : 물고기와 조개류.

魚		介		貝		類	

깃 **우** [feather]　　털 **모** [hair]　　갑옷 **갑** [armour]　　가죽 **피** [skin]

羽毛甲皮(우모갑피) : 깃·털·딱지·가죽. 곧 생물을 네 종류로 분류한 말.

羽		毛		甲		皮	

梅　매화 **매** [plum]　　蘭　난초 **란** [orchid]　　菊　국화 **국**[chrysanthemum]　　竹　대 **죽** [bamboo]

梅蘭菊竹(매란국죽) : 매화·난초·국화·대나무. 곧 동양화에서 이르는 사군자(四君子).

梅　　　　蘭　　　　菊　　　　竹

松　소나무 **송** [pine]　　桂　계수나무 **계** [laurel]　　梧　오동 **오** [paulownia]　　桑　뽕나무 **상** [mulberry]

松桂梧桑(송계오상) : 소나무·계수나무·오동나무·뽕나무.

松　　　　桂　　　　梧　　　　桑

綠　푸를 **록** [green]　　柳　버들 **류** [willow]　　如　같을 **여** [like]　　絲　실 **사** [thread]

綠柳如絲(녹류여사) : 축 늘어진 수양버들의 가지는 실과 같다.

綠　　　　柳　　　　如　　　　絲

桃　복숭아 **도** [peach]　　花　꽃 **화** [flower]　　歷　지낼 **력** [undergo]　　亂　어지러울 **란** [confused]

桃花歷亂(도화역란) : 복숭아꽃이 흐드러지게 피어 있는 모양.

桃　　　　花　　　　歷　　　　亂

단풍 **풍** [maple]　큰산 **악** [mountain]　붉을 **홍** [pink]　수풀 **림** [forest]

楓嶽紅林(풍악홍림) : 단풍으로 불는 산과 붉게 타는 숲.

楓		嶽		紅		林	

가지 **지** [branch]　잎 **엽** [leaf]　뿌리 **근** [root]　줄기 **간** [trunk]

枝葉根幹(지엽근간) : 가지·잎·뿌리·줄기.

枝		葉		根		幹	

벼 **화** [millet]　곡식 **곡** [grain]　풍성할 **풍** [plentiful]　오를 **등** [climb]

禾穀豊登(화곡풍등) : 벼농사가 풍년이 드니,

禾		穀		豊		登	

농사 **농** [farming]　마을 **촌** [village]　편안할 **안** [safe]　고요할 **정** [quiet]

農村安靜(농촌안정) : 농촌이 근심 없이 편안하다.

農		村		安		靜	

은 **은** [silver]　　납 **연** [lead]　　구리 **동** [copper]　　쇠 **철** [iron]

銀鉛銅鐵(은연동철) : 은과 납, 구리와 쇠.

銀			鉛			銅			鐵		

귀할 **귀** [valuable]　　구슬 **옥** [jade]　　재물 **재** [wealth]　　보배 **보** [treasure]

貴玉財寶(귀옥재보) : 귀한 옥, 재물과 보배.

貴			玉			財			寶		

숯 **탄** [charcoal]　　맥 **맥** [vein]　　기름 **유** [oil]　　우물 **정** [well]

炭脈油井(탄맥유정) : 에너지원이 되는 탄맥과 유정.

炭			脈			油			井		

캘 **채** [pick]　　쇳돌 **광** [mineral]　　고를 **조** [adjust]　　조사할 **사** [check]

採鑛調査(채광조사) : 광산에서 광물을 캐내는 방법을 자세히 살펴보다.

採			鑛			調			査		

彈藥爆破
탄환 **탄** [bullet]　　약 **약** [medicine]　　터질 **폭** [explode]　　깨뜨릴 **파** [break]

彈藥爆破(탄약폭파) : 탄약을 터뜨려서 파괴하다.

| 彈 | | | | 藥 | | | | 爆 | | | | 破 | | |

土崩瓦解
흙 **토** [soil]　　무너질 **붕** [collapse]　　기와 **와** [tile]　　풀 **해** [explain]

土崩瓦解(토붕와해) : 흙이 무너지고 기왓장이 깨지다. 사물이나 조직이 붕괴됨의 비유.

| 土 | | | | 崩 | | | | 瓦 | | | | 解 | | |

限界狀況
한정할 **한** [limit]　　지경 **계** [boundary]　　형상 **상(장)** [shape]　　하물며 **황** [besides]

限界狀況(한계상황) : 더 이상 어찌할 수 없는 극도에 도달한 형편.

| 限 | | | | 界 | | | | 狀 | | | | 況 | | |

危急申告
위태할 **위** [dangerous]　　급할 **급** [fast, urgent]　　아뢸 **신** [state]　　고할 **고(곡)** [inform]

危急申告(위급신고) : 위태하고 급한 상황을 관청이나 윗사람에게 알리다.

| 危 | | | | 急 | | | | 申 | | | | 告 | | |

黑赤朱黃(흑적주황) : 검정, 빨강, 주홍색, 노랑색.

| 검을 **흑** [black] | 붉을 **적** [red] | 붉을 **주** [vermilion] | 누를 **황** [yellow] |

色彩鮮度(색채선도) : 빛깔의 밝은 정도.

| 빛 **색** [color] | 채색 **채** [colored] | 고울 **선** [fresh] | 법도 **도** [degree] |

明若觀火(명약관화) : 불을 보듯 분명하다.

| 밝을 **명** [bright] | 같을 **약(야)** [like] | 볼 **관** [watch] | 불 **화** [fire] |

暗香浮動(암향부동) : 그윽하게 풍기는 향기가 떠돌아다니다.

| 어두울 **암** [dark] | 향기 **향** [fragrance] | 뜰 **부** [float] | 움직일 **동** [move, act] |

兒 어린이 **아** [infant]　童 아이 **동** [child]　純 순수할 **순** [pure]　眞 참 **진** [true]

兒童純眞(아동순진) : 어린 아이의 마음은 꾸밈이 없고 선량하다.

| 兒 | | | | 童 | | | | 純 | | | | 眞 | | | |

柔 부드러울 **유** [soft]　能 능할 **능** [can, ability]　制 억제할 **제** [control]　剛 단단할 **강** [firm, strong]

柔能制剛(유능제강) : 부드러운 것이 능히 강한 것을 이기다.

| 柔 | | | | 能 | | | | 制 | | | | 剛 | | | |

王 임금 **왕** [king]　宮 궁궐 **궁** [palace]　樓 다락 **루** [turret]　閣 누각 **각** [pavilion]

王宮樓閣(왕궁누각) : 임금이 사는 궁궐의 큰 집과 누각은,

| 王 | | | | 宮 | | | | 樓 | | | | 閣 | | | |

悠 아득할 **유** [leisurely]　久 오랠 **구** [long]　史 역사 **사** [history]　蹟 자취 **적** [trace, ruins]

悠久史蹟(유구사적) : 아득하게 오래된 역사상의 유적이다.

| 悠 | | | | 久 | | | | 史 | | | | 蹟 | | | |

初　처음 **초** [first]　　志　뜻 **지** [will]　　貫　꿸 **관** [pierce]　　徹　통할 **철** [thorough]

初志貫徹(초지관철) : 처음 품은 뜻을 굽히지 않고 어려움을 극복하여 목적을 이루다.

初		志		貫		徹	

發　쏠/필 **발** [shoot]　　憤　분할 **분** [anger]　　忘　잊을 **망** [forget]　　食　먹을/밥 **식(사)** [eat]

發憤忘食(발분망식) : 분발하여 끼니까지도 잊는다.

發		憤		忘		食	

光　빛 **광** [light]　　陰　그늘 **음** [shade]　　瞬　눈깜짝일 **순** [wink]　　息　숨쉴 **식** [breathe]

光陰瞬息(광음순식) : 세월이 눈 깜박하고 숨쉬는 사이에 빠르게 지나간다.

光		陰		瞬		息	

年　해 **년** [year]　　中　가운데 **중** [center]　　努　힘쓸 **노** [endeavor]　　力　힘 **력** [power]

年中努力(연중노력) : 일 년 내내 애를 쓰고 힘을 쓰다.

年		中		努		力	

잡을 **집** [hold]　　생각 **념** [idea]　　굳을 **견** [hard]　　굳을 **고** [solid]

執念堅固(집념견고) : 어떤 일의 성취를 위해 집중하는 생각이 굳고 단단하다.

執		念		堅		固	

더욱 **우** [especially]　　심할 **심** [very]　　갈/연구할 **연** [study]　　갈 **마** [grind]

尤甚硏磨(우심연마) : 더욱 열심히 연구하여 갈고 닦다.

尤		甚		硏		磨	

안을 **포** [embrace]　　질 **부** [bear]　　갖출 **구** [possess]　　나타날 **현** [appear]

抱負具現(포부구현) : 마음속에 품었던 계획이나 희망을 실현하고,

抱		負		具		現	

각각 **각** [each]　　그 **기** [that]　　날릴 **양** [spread]　　이름 **명** [name]

各其揚名(각기양명) : 제각기 뜻한 바를 이루어 이름을 드날리다.

各		其		揚		名	

紙筆硯墨(지필연묵) : 문방사우(文房四友)인 종이·붓·벼루·먹.

종이 **지** [paper]　　붓 **필** [pen]　　벼루 **연** [inkstone]　　먹 **묵** [ink stick]

敬坐冊床(경좌책상) : 정신을 가다듬고 경건하게 책상을 대해서 앉다.

공경할 **경** [respect]　앉을 **좌** [sit, seat]　　책 **책** [book]　　평상 **상** [bed]

麗句佳言(여구가언) : 대구(對句)와 아름다운 말. 또는 주옥같은 글귀와 본받을 만한 좋은 말.

고울 **려** [beautiful]　글귀 **구(귀)** [phrase]　아름다울 **가** [fine]　　말 **언** [speech]

典籍印刷(전적인쇄) : 서적을 박아내는 일.

책/법 **전** [canon]　문서 **적** [book, record]　　도장 **인** [seal]　　씩을 **쇄** [print]

數　次　讀　書

셀 **수**(삭,촉) [count]　　차례 **차** [order]　　읽을 **독**(두) [read]　　글/쓸 **서** [write]

數次讀書(수차독서) : 몇 번이고 글을 읽으면,

數		次		讀		書	

字　意　自　見

글자 **자** [character]　　뜻 **의** [meaning]　　스스로 **자** [oneself]　　볼 **견**(현) [see]

字意自見(자의자현) : 글자의 뜻을 스스로 알게 된다.

字		意		自		見	

君　子　才　士

임금 **군** [monarch]　　아들 **자** [son]　　재주 **재** [ability]　　선비 **사** [scholar]

君子才士(군자재사) : 학식과 덕행이 높은 사람과 재주가 뛰어난 선비.

君		子		才		士	

手　不　釋　卷

손 **수** [hand]　　아니 **불**(부) [not]　　풀 **석** [release]　　책 **권** [volume]

手不釋卷(수불석권) : 손에서 책을 놓지 아니하다.

手		不		釋		卷	

넓을 **홍** [enlarge]　더할 **익** [benefit]　사람 **인** [man]　사이 **간** [between]

弘益人間(홍익인간) : 널리 인간 세계를 이롭게 한다.

弘			益			人			間		

충성 **충** [loyal]　효도 **효** [filial piety]　두 **량** [both]　온전할 **전** [whole]

忠孝兩全(충효양전) : 충성과 효도의 두 가지 모두 온전하다.

忠			孝			兩			全		

반딧불 **형** [firefly]　창 **창** [window]　눈 **설** [snow]　책상 **안** [desk, table]

螢窓雪案(형창설안) : 가난과 어려움 속에서도 꾸준히 학문을 닦음을 이르는 말.

螢			窓			雪			案		

물품 **품** [article]　격식 **격** [style]　질그릇 **도** [pottery]　쇠불린 **야** [smelt]

品格陶冶(품격도야) : 사람의 품성과 인격을 닦아 기르다.

品			格			陶			冶		

모든 **제(저)** [all]　　말할 **설(열,세)** [talk]　　고를 **균** [even]　　살필 **찰** [observe]

諸說均察(제설균찰) : 여러 가지 학설을 골고루 비교 검토하며 살피다.

諸		說		均		察	

배울 **학** [learn]　　글월 **문** [writing]　　나타낼 **저(착)** [marked]　　지을 **술** [state]

學文著述(학문저술) : 글을 배우고, 글을 짓거나 책을 만들다.

學		文		著		述	

시험할 **시** [try]　　경험할 **험** [examine]　　더듬을 **탐** [explore]　　연구할 **구** [investigate]

試驗探究(시험탐구) : 학문을 연구함에 있어서의 시험과 탐구 과정을 말한다.

試		驗		探		究	

가르칠 **교** [teach]　　기를 **육** [rear]　　넓힐 **확** [expand]　　가득할 **충** [fill]

教育擴充(교육확충) : 교육의 시설을 넓히고 내용을 충실하게 하다.

教		育		擴		充	

仁 어질 **인** [benevolence]　義 옳을 **의** [justice]　禮 예도 **례** [courtesy]　智 지혜 **지** [wisdom]

仁義禮智(인의예지) : 어질고, 의롭고, 예의 바르고, 지혜로움.

| 仁 | | | | 義 | | | | 禮 | | | | 智 | | | |

修 닦을 **수** [cultivate]　身 몸 **신** [body]　齊 가지런할 **제** [neat]　家 집 **가** [home]

修身齊家(수신제가) : 자기 몸을 닦고 집안을 잘 다스리다.

| 修 | | | | 身 | | | | 齊 | | | | 家 | | | |

勿 말 **물** [don't]　謂 이를 **위** [say]　我 나 **아** [I, we]　長 긴/어른 **장** [long]

勿謂我長(물위아장) : 나의 장점을 말하지 말고,

| 勿 | | | | 謂 | | | | 我 | | | | 長 | | | |

罔 없을 **망** [not]　談 말 **담** [talk]　彼 저 **피** [other, that]　短 짧을 **단** [short]

罔談彼短(망담피단) : 타인의 결점을 말하지 말라.

| 罔 | | | | 談 | | | | 彼 | | | | 短 | | | |

재앙 **화** [misfortune] 인할 **인** [cause] 악할 **악(오)** [bad] 쌓을 **적** [accumulate]

禍因惡積(화인익적) : 재앙은 악업을 쌓음으로 인하여 생기고,

| 禍 | | | | 因 | | | | 惡 | | | | 積 | | | |

복 **복** [happiness] 인연 **연** [reason] 착할 **선** [good] 경사 **경** [celebrate]

福緣善慶(복연선경) : 행복은 선행이나 경사에 인연하여 생긴다.

| 福 | | | | 緣 | | | | 善 | | | | 慶 | | | |

공손할 **공** [respectful] 순할 **순** [obey] 어질 **현** [virtuous] 맑을 **숙** [graceful]

恭順賢淑(공순현숙) : 공손하고, 유순하고, 어질고, 얌전하다.

| 恭 | | | | 順 | | | | 賢 | | | | 淑 | | | |

사랑/자비 **자** [kind] 슬플 **비** [sad] 겸손할 **겸** [modest] 사양할 **양** [yield]

慈悲謙讓(자비겸양) : 사랑하고, 가엾게 여기고, 겸손하게 사양하다.

| 慈 | | | | 悲 | | | | 謙 | | | | 讓 | | | |

검소할 **검** [thrifty]   질박할 **소** [plain]   부지런할 **근** [diligent]   힘쓸 **면** [strive]

儉素勤勉(검소근면) : 사치하지 말고 부지런히 노력하다.

物결 **랑** [wave]   쓸 **비** [spend, fee]   덜 **제** [remove, except]   갈 **거** [leave, go]

浪費除去(낭비제거) : 재물을 헛되이 써버리는 일이 없게 하다.

가장 **최** [most]   낮을 **저** [low]   하고자할 **욕** [desire]   구할 **구** [seek]

最低欲求(최저욕구) : 욕심껏 구하는 마음을 자제하여 최소한으로 줄이고,

곧 **즉** [immediately]   자리 **석** [mat]   실제/열매 **실** [real]   밟을 **천** [tread, act]

卽席實踐(즉석실천) : 곧 그 자리에서 실제로 행동에 옮기다.

너그러울 **관** [generous]　얼굴/용납할 **용** [contain]　참을 **인** [bear]　견딜 **내** [endure]

寬容忍耐(관용인내) : 너그럽게 용서하고, 참고 견디다.

寬		容		忍		耐	

가늘 **세** [thin]　가난할 **빈** [poor]　구원할 **구** [rescue]　도울 **원** [help, aid]

細貧救援(세빈구원) : 아주 가난한 사람을 구제하고 도와 주다.

細		貧		救		援	

기이할 **기** [strange]　재화 **화** [goods]　옳을 **가** [may, can]　살 **거** [dwell]

奇貨可居(기화가거) : 진귀한 물건은 간직해 두고 값이 비싸질 때를 기다리다.

奇		貨		可		居	

쌓을 **저** [save]　모을 **축** [store up]　권할 **권** [advise]　권장할 **장** [encourage]

貯蓄勸獎(저축권장) : 저축하는 습관을 권하여 장려하다.

貯		蓄		勸		獎	

기쁠 **희** [delight]　성낼 **노** [anger]　슬플 **애** [sorrow]　즐거울 **락(악,요)** [happy]

喜怒哀樂(희노애락) : 기쁨과 노여움, 슬픔과 즐거움. 곧 사람의 온갖 감정.

| 喜 | | 怒 | | 哀 | | 樂 | |

돌아갈 **귀** [return]　시골 **향** [countryside]　기쁠 **환** [cheerful]　맞을 **영** [greet]

歸鄕歡迎(귀향환영) : 고향에 돌아온 것을 기쁘고 반갑게 맞이하다.

| 歸 | | 鄕 | | 歡 | | 迎 | |

빌 **축** [blessing]　잔 **배** [cup]　줄 **수** [give]　받을 **수** [receive]

祝杯授受(축배수수) : 축하하는 술잔을 주고받으며,

| 祝 | | 杯 | | 授 | | 受 | |

잔치 **연** [feast]　놀 **유** [wander]　웃음 **소** [laugh]　소리 **성** [voice]

宴遊笑聲(연유소성) : 잔치를 벌여 즐겁게 노는 웃음소리.

| 宴 | | 遊 | | 笑 | | 聲 | |

南녘 **남** [south]　　밭 **전** [ficld]　　북녘 **북(배)** [north]　　논 **답** [paddy]

南田北畓(남전북답) : 지닌 논밭이 사방에 흩어져 있다.

| 南 | | 田 | | 北 | | 畓 | |

심을 **재** [grow]　　북돋울 **배** [cultivate]　　뿌릴 **파** [sow]　　심을 **식** [plant]

栽培播植(재배파식) : 논밭에 씨뿌리고 심어 가꾸다.

| 栽 | | 培 | | 播 | | 植 | |

따뜻할 **난** [warm]　　봄 **춘** [spring]　　맏 **맹** [first]　　여름 **하** [summer]

暖春孟夏(난춘맹하) : 따뜻한 봄과 초여름.

| 暖 | | 春 | | 孟 | | 夏 | |

한나라 **한** [Chinese]　　시 **시** [poetry]　　사랑할 **애** [love]　　읊을 **음** [recite]

漢詩愛吟(한시애음) : 한시를 좋아해서 읊조리다.

| 漢 | | 詩 | | 愛 | | 吟 | |

雖 비록**수** [though]

云 이를**운** [say]

他 다를**타** [other]

姓 성 **성** [surname]

雖云他性(수운타성) : 비록 성이 다르다 할지라도,

雖 　云 　他 　姓

莫 말**막** [not]

逆 거스를**역** [contrary]

血 피**혈** [blood]

肉 고기 **육** [meat]

莫逆血肉(막역혈육) : (친구가) 형제나 친척과 다름없이 가깝다.

莫 　逆 　血 　肉

皆 다 **개** [all]

異 다를 **이** [different]

個 낱 **개** [individual]

性 성품 **성** [nature]

皆異個性(개이개성) : 각자가 가지고 있는 특성이 모두 다르니,

皆 　異 　個 　性

取 가질 **취** [take]

友 벗 **우** [friend]

必 반드시 **필** [surely]

端 끝/바를 **단** [end]

取友必端(취우필단) : 친구를 사귀는 데 있어 반드시 단정해야 한다.

取 　友 　必 　端

過 허물/지날 **과** [fault]　失 잃을 **실** [lose]　相 서로 **상** [mutually]　規 법 **규** [rule]

過失相規(과실상규) : 잘못이나 허물을 서로서로 바로잡아 주며,

過			失			相			規		

頻 자주 **빈** [frequently]　繁 번성할 **번** [numerous]　尋 찾을 **심** [seek]　訪 찾을 **방** [visit]

頻繁尋訪(빈번심방) : 자주자주 방문하여 찾아보다.

頻			繁			尋			訪		

知 알 **지** [know]　己 몸 **기** [oneself]　信 믿을 **신** [believe]　賴 힘입을 **뢰** [depend]

知己信賴(지기신뢰) : 자기를 알아주는 참 친구를 믿고 의지하여,

知			己			信			賴		

永 길 **영** [forever]　續 이을 **속** [continue]　交 사귈 **교** [meet]　分 나눌 **분** [divide]

永續交分(영속교분) : 사귀어서 든 정분을 오래오래 지속시키다.

永			續			交			分		

갓 **관** [crown]　　혼인할 **혼** [marry]　복입을 **상** [mourning]　　제사 **제** [festival]

冠婚喪祭(관혼상제) : 관례·혼인·초상·제사 등 네 가지 경조사.

冠			婚			喪			祭		

두번/거듭할 **재** [again]　절 **배** [obeisance]　　삼갈 **근** [cautious]　제사/누릴 **향** [enjoy]

再拜謹享(재배근향) : 두 번 절하여 삼가 제사지내다.

再			拜			謹			享		

부를 **초** [beckon]　　청할 **청** [request]　대접할 **접** [connect]　　손 **객** [guest]

招請接客(초청접객) : 손님을 초대하여 잘 대접하다.

招			請			接			客		

직분/벼슬 **직** [job]　마당 **장** [ground]　　더울 **열** [heat]　　정성 **성** [sincere]

職場熱誠(직장열성) : 직장에서 맡은 바 일에 정성을 다하다.

職			場			熱			誠		

洗顔休眠

씻을 **세** [wash]　　얼굴 **안** [face]　　쉴 **휴** [rest]　　잘 **면** [sleep]

洗顔休眠(세안휴면) : 세수하고 나서 푹 자다.

| 洗 | | 顔 | | 休 | | 眠 | |

餘暇活用

남을 **여** [surplus]　　겨를 **가** [leisure]　　살 **활** [live]　　쓸 **용** [employ, use]

餘暇活用(여가활용) : 쉬는 여가를 잘 활용하다.

| 餘 | | 暇 | | 活 | | 用 | |

健康圖謀

굳셀 **건** [strong]　　편안할 **강** [healthy]　　꾀할/그림 **도** [picture]　　꾀할 **모** [plan]

健康圖謀(건강도모) : 건강을 위하여 여러 가지 수단과 방법을 모색하다.

| 健 | | 康 | | 圖 | | 謀 | |

每事亨通

매양 **매** [every]　　일 **사** [matter]　　형통할 **형** [smoothly]　　통할 **통** [through]

每事亨通(매사형통) : 모든 일이 뜻하는 바와 같이 잘되다.

| 每 | | 事 | | 亨 | | 通 | |

法律審理

법 **법** [law]　법/음률 **률** [rule]　살필 **심** [careful]　다스릴/이치 **리** [reason]

法律審理(법률심리) : 법률을 제정함에 있어 심사하고 논의하다.

法		律		審		理	

逐條檢討

쫓을 **축** [pursue]　조목 **조** [article]　검사할 **검** [inspect]　칠 **토** [condemn]

逐條檢討(축조검토) : 조목조목 내용을 분석하고 따지다.

逐		條		檢		討	

是非留保

옳을 **시** [correct]　아닐 **비** [not, no]　머무를 **류** [remain]　보전할 **보** [protect]

是非留保(시비유보) : 잘잘못이 있을 때에 그 판단을 뒤로 미루다.

是		非		留		保	

質問答辯

바탕/물을 **질** [quality]　물을 **문** [ask]　대답 **답** [answer]　변론할 **변** [argue]

質問答辯(질문답변) : 의심나는 점의 물음에 대해 대답하여 변명하다.

質		問		答		辯	

도울 **찬** [support] 돌이킬 **반** [oppose] 표 **표** [ticket] 결단할 **결** [decide]

贊反票決(찬반표결) : 찬성과 반대가 있을 때 표의 숫자로 결정하다.

맞을 **적** [suitable] 아니 **부(비)** [deny] 물댈 **주** [pour] 볼 **시** [look at]

適否注視(적부주시) : 어떤 것이 적당한지 아닌지를 주목하여 보다.

형상/모양 **형** [form] 세력/형세 **세** [power] 섞일 **착** [mixed] 잘못 **오** [mistake]

形勢錯誤(형세착오) : 정세를 착각해서 생긴 잘못.

근원 **원** [original] 법칙 **칙(즉)** [rule] 세울/나무 **수** [plant] 설 **립** [stand]

原則樹立(원칙수립) : 근본적인 규칙을 세우다.

訴 하소연할 **소** [accuse]　訟 송사할 **송** [dispute]　裁 마를/헤아릴 **재** [cut]　判 판단할 **판** [judge]

訴訟裁判(소송재판) : 소송사건을 법률에 따라 심판함에,

訴				訟				裁				判			

處 곳 **처** [place]　罰 벌줄 **벌** [punish]　猶 오히려/같을 **유** [still]　豫 미리 **예** [previously]

處罰猶豫(처벌유예) : 벌을 주는 시일을 미루거나 늦추다.

處				罰				猶				豫			

犯 범할 **범** [violate]　科 과목 **과** [section]　違 어길 **위** [disobey]　背 등 **배** [back]

犯科違背(범과위배) : 법을 범하고 약속한 바를 어겼더라도,

犯				科				違				背			

罪 허물 **죄** [crime]　疑 의심할 **의** [doubt]　惟 오직/생각할 **유** [only]　輕 가벼울 **경** [light]

罪疑惟輕(죄의유경) : 죄가 의심스러울 때는 오직 가볍게 처벌하다.

罪				疑				惟				輕			

刑 量 漸 減

형벌 **형** [punishment]　분량 **량** [quantity]　점점 **점** [gradually]　덜 **감** [subtract]

刑量漸減(형량점감) : 죄인에게 내린 형벌이 점점 가벼워지니,

刑			量			漸			減		

至 極 感 謝

이를/지극할 **지** [arrive]　다할 **극** [extreme]　느낄 **감** [feel, sense]　사례할 **사** [thank]

至極感謝(지극감사) : 고마운 마음 더할 나위 없이 극진하다.

至			極			感			謝		

臨 機 應 變

임할 **림** [arrive]　기계/기미 **기** [machine]　응할 **응** [respond]　변할 **변** [change]

臨機應變(임기응변) : 그때그때의 사정과 형편에 따라 알맞게 처리하여,

臨			機			應			變		

責 任 完 遂

책임/꾸짖을 **책** [duty]　맡길 **임** [appoint]　완전할 **완** [complete]　이룰 **수** [fulfill]

責任完遂(책임완수) : 자기가 맡은 일을 완전히 수행하다.

責			任			完			遂		

반 **반** [half]　섬 **도** [island]　나라 **한** [Korean]　겨레 **족** [race]

半島韓族(반도한족) : 반도에 사는 한국의 단일 민족.

半		島		韓		族	

머리 **수** [head]　도읍 **도** [capital]　서울 **경** [capital city]　경기 **기** [capital region]

首都京畿(수도경기) : 한 나라의 수도와 수도에 가까운 지방.

首		都		京		畿	

길 **도** [road, province]　고을 **군** [county]　읍 **읍** [town]　낯 **면** [face]

道郡邑面(도군읍면) : 도·군·읍·면. 우리 나라의 행정 구역 이름.

道		郡		邑		面	

저자/도시 **시** [city]　구역 **구** [district]　골 **동(통)** [cave]　마을 **리** [hamlet]

市區洞里(시구동리) : 시·구·동·리. 우리 나라의 행정 구역 이름.

市		區		洞		里	

폐할 **폐** [abolish]　버릴 **기** [abandon]　만물 **물** [thing]　몸 **체** [body]

廢棄物體(폐기물체) : 못 쓰게 되어 내버리는 물건들로 인하여,

廢		棄		物		體	

고리 **환** [ring]　지경 **경** [boundary]　더러울 **오** [dirty]　물들 **염** [dye]

環境汚染(환경오염) : 주변 환경이 더럽혀지다.

環		境		汚		染	

입을 **피** [suffer]　해할 **해** [harm]　기울/도울 **보** [mend]　갚을 **상** [repay]

被害補償(피해보상) : 재산상의 손실을 보충하고자 그 값을 치르다.

被		害		補		償	

공평할 **공** [public]　사사 **사** [private]　분별할 **변** [distinguish]　나눌 **별** [separate]

公私辨別(공사변별) : 공적인 일과 사적인 일을 혼동하지 않고 가려서 아는 것.

公		私		辨		別	

傳 전할 **전** [pass]　統 거느릴 **통** [unite]　技 재능 **기** [skill]　藝 재주 **예** [art]

傳統技藝(전통기예) : 계통을 이어 전해져 내려오는 기술에 관한 재주와 솜씨.

傳		統		技		藝	

繼 이을 **계** [continue]　承 이을 **승** [undertake]　更 다시 **갱(경)** [more]　伸 펼 **신** [stretch]

繼承更伸(계승갱신) : 이어받아서 더욱 신장시키다.

繼		承		更		伸	

美 아름다울 **미** [beautiful]　術 기술 **술** [technique]　展 펼 **전** [exhibit]　示 보일 **시** [show]

美術展示(미술전시) : 미술 작품을 모아서 벌여놓고 여러 사람에게 보이다.

美		術		展		示	

音 소리 **음** [sound]　盤 소반 **반** [plate]　鑑 거울 **감** [mirror]　賞 상줄 **상** [reward]

音盤鑑賞(음반감상) : 레코드 판이나 CD 판을 틀어 음악을 감상하다.

音		盤		鑑		賞	

群 무리 **군** [group]　舞 춤출 **무** [dance]　練 익힐 **련** [train]　習 배울/습관 **습** [practice]

群舞練習(군무연습) : 무리지어 추는 춤을 연습하다.

| 群 | | 舞 | | 練 | | 習 | |

歌 노래 **가** [song]　唱 부를/노래할 **창** [sing]　聽 들을 **청** [listen]　衆 무리 **중** [crowd]

歌唱聽衆(가창청중) : 노래를 부를 때 그 노래를 듣는 수많은 군중.

| 歌 | | 唱 | | 聽 | | 衆 | |

映 비칠 **영** [reflect]　畫 그림 **화(획)** [picture]　演 늘일/행할 **연** [perform]　劇 연극/심할 **극** [drama]

映畫演劇(영화연극) : 활동 사진과 무대 연극.

| 映 | | 畫 | | 演 | | 劇 | |

出 날 **출** [go out]　版 판목 **판** [edition]　暢 펼/화창할 **창** [smooth]　達 통달할 **달** [attain]

出版暢達(출판창달) : 출판 문화를 자유로이 쑥쑥 자라고 뻗어나가게 하다.

| 出 | | 版 | | 暢 | | 達 | |

基 礎 産 業

터 **기** [base] 주춧돌 **초** [plinth] 낳을 **산** [produce] 업 **업** [job]

基礎産業(기초산업) : 한 나라의 기본이 되는 산업. [동] 기간산업(基幹産業).

基			礎			産			業		

附 加 價 值

붙을 **부** [attach] 더할 **가** [add] 값 **가** [price] 가치 **치** [value]

附加價值(부가가치) : 개개의 기업에 의해서 새로이 생산된 가치.

附			加			價			值		

貿 易 激 增

무역 **무** [trade] 바꿀 **역(이)** [exchange] 격렬할 **격** [sharp] 더할 **증** [increase]

貿易激增(무역격증) : 외국과의 상품 거래가 갑자기 늘어나다.

貿			易			激			增		

證 券 投 資

증거 **증** [prove] 문서 **권** [ticket] 던질 **투** [throw] 재물 **자** [capital]

證券投資(증권투자) : 주식·증권을 매입하기 위해 자본을 투입하다.

證			券			投			資		

郵便快速(우편쾌속) : 통신을 맡아보는 업무처리가 매우 빠르다.

우편 **우** [mail]　편할 **편(변)** [convenient]　상쾌할 **쾌** [pleased]　빠를 **속** [fast]

航空旅行(항공여행) : 비행기로 다른 고장이나 외국을 여행하다.

건널 **항** [navigate]　하늘/빌 **공** [sky]　나그네 **려** [travel]　다닐 **행(항)** [walk]

製車工程(제차공정) : 자동차를 만드는 제조 과정.

만들 **제** [manufacture]　수레 **거(차)** [vehicle]　장인 **공** [worker]　길 **정** [journey]

電腦世代(전뇌세대) : 현대는 컴퓨터 시대. 전뇌(電腦) : 중국어로 컴퓨터.

전기 **전** [electricity]　머릿골 **뇌** [brain]　세상 **세** [world]　대신할/시대 **대** [substitute]

經營할 **경** [manage] 구제할 **제** [relieve] 돌 **회** [circle] 회복할 **복** [recover]

經濟回復(경제회복) : 쇠퇴한 경제가 이전의 상태로 되돌아가다.

| 經 | | 濟 | | 回 | | 復 | |

쇠 **금(김)** [gold] 녹을 **융** [melt] 고칠 **개** [correct] 가죽/고칠 **혁** [leather]

金融改革(금융개혁) : 은행 등 금융업계를 근본적으로 새롭게 뜯어고치다.

| 金 | | 融 | | 改 | | 革 | |

쓰일/구할 **수** [need] 중요할 **요** [important] 받들/줄 **공** [supply] 줄 **급** [give]

需要供給(수요공급) : 소용되는 물품을 대주다. 줄여서 수급(需給)이라고도 한다.

| 需 | | 要 | | 供 | | 給 | |

팔 **매** 「sell」 살 **매** 「buy」 계약할 **계** [contract] 약속할 **약** [appointment]

賣買契約(매매계약) : 상품을 팔고 사는 것에 대한 약정.

| 賣 | | 買 | | 契 | | 約 | |

빌릴 **대** [lend]   빌 **차** [borrow]   견줄 **비** [compare]   비교할 **교** [contrast]

貸借比較(대차비교) : 대변과 차변을 대조하여 현재의 재산 상태를 견주어 보다.

貸   借   比   較

빚 **채** [debt]   힘쓸 **무** [devote]   돌아올 **반** [return]   돌아갈 **환** [go back]

債務返還(채무반환) : 남에게 진 빚을 갚다.

債   務   返   還

팔 **판** [peddle]   길 **로** [road]   기울 **경** [incline]   향할 **향** [face]

販路傾向(판로경향) : 상품이 팔려나가는 상태나 방향.

販   路   傾   向

수고할 **로** [labor]   짤 **조** [organize]   화합할 **협** [assist]   도울 **조** [help]

勞組協助(노조협조) : 노동조합이 사용자와 힘을 모아 서로 돕다.

勞   助   協   助

主權在民

| 주인 **주** [owner] | 권세 **권** [power] | 있을 **재** [exist] | 백성 **민** [the people] |

主權在民(주권재민) : 나라의 가장 중요한 권리는 국민에게 있다.

| 主 | 權 | 在 | 民 |

興論尊重

| 수레 **여** [carriage] | 의논할 **론** [discuss] | 높을 **존** [honor] | 무거울 **중** [heavy] |

興論尊重(여론존중) : 사회 대중의 공통된 의견을 높이고 중히 여기다.

| 興 | 論 | 尊 | 重 |

施策正當

| 베풀 **시** [give] | 꾀/채찍 **책** [plan] | 바를 **정** [right] | 마땅할 **당** [deserve] |

施策正當(시책정당) : 정부에서 하려는 계책은 바르고 온당해야 한다.

| 施 | 策 | 正 | 當 |

波及效果

| 물결 **파** [wave] | 미칠 **급** [reach] | 효험 **효** [effect] | 결과 **과** [result] |

波及效果(파급효과) : 그 영향이 미쳐 보람으로 나타나는 결과.

| 波 | 及 | 效 | 果 |

탐할 **탐** [covet]　　관리/벼슬 **관** [officer]　　간사할 **간** [wicked]　　관리 **리** [official]

貪官姦吏(탐관간리) : 탐욕스러운 관리와 간사한 벼슬아치.

貪		官		姦		吏	

떠날 **리** [leave]　　합할 **합** [join]　　모을 **집** [gather]　　흩어질 **산** [scatter]

離合集散(이합집산) : 헤어졌다 만나고, 모여들었다 흩어지다.

離		合		集		散	

확실할 **확** [really]　　알/인정할 **인** [recognize]　　정사 **정** [politics]　　다스릴 **치** [govern]

確認政治(확인정치) : 통치자가 자기 시책이 잘 이루어졌는가 확인하다.

確		認		政		治	

맑을 **청** [clear]　　청렴할 **렴** [honest]　　깨끗할 **결** [clean]　　흰 **백** [white]

清廉潔白(청렴결백) : 성품이 고결하여 탐욕이 없고 행실이 맑고 깨끗하다.

清		廉		潔		白	

議 의논할 **의** [discuss]　員 인원 **원** [member]　選 가릴 **선** [select]　擧 들 **거** [raise]

議員選擧(의원선거) : 국회의원을 투표로 선출하다.

議		員		選		擧	

秩 차례/녹 **질** [order]　序 차례 **서** [squence]　維 맬 **유** [link]　持 가질 **지** [hold]

秩序維持(질서유지) : 질서를 잘 지켜나가다.

秩		序		維		持	

租 구실 **조** [rent]　稅 세금 **세** [tax]　納 바칠 **납** [accept]　入 들 **입** [enter]

租稅納入(조세납입) : 세금을 바치다.

租		稅		納		入	

醫 의원 **의** [doctor]　療 병고칠 **료** [treat]　惠 은혜 **혜** [favor]　澤 못 **택** [pool]

醫療惠澤(의료혜택) : 의술로 병을 치료받는 은혜로운 덕택.

醫		療		惠		澤	

特별 **특** [special]   씨/종류 **종** [seeds]   이야기 **화** [talk]   제목 **제** [title]

特種話題(특종화제) : 특별한 종류의 이야깃거리.

새 **신** [new]   들을 **문** [hear]   놓을 **방** [release]   보낼 **송** [send]

新聞放送(신문방송) : 신문과 방송.

뜻 **정** [feeling]   알릴 **보** [report]   단체 **사** [society]   모일 **회** [meet]

情報社會(정보사회) : 정보가 경제의 중심으로 운영되고 발전되어 가는 사회.

다행 **행** [fortunate]   운명/옮길 **운** [carry]   바랄 **희** [hope]   바라볼 **망** [expect]

幸運希望(행운희망) : 행복한 운명이 오기를 기대하고 바라다.

부자 **부** [rich] 나라 **국** [country] 굳셀 **강** [strong] 군사 **병** [military]

富國强兵(부국강병) : 나라를 부유하게 하고 군대를 강하게 하면,

| 富 | | | 國 | | | 强 | | | 兵 | | |

싸움 **전** [war] 다툴 **쟁** [fight] 막을 **방** [defend] 그칠 **지** [stop]

戰爭防止(전쟁방지) : 전쟁을 미리 막게 된다.

| 戰 | | | 爭 | | | 防 | | | 止 | | |

날랠 **용** [brave] 굳셀 **감** [dare] 장수 **장** [general] 군사/마칠 **졸** [soldier]

勇敢將卒(용감장졸) : 씩씩하고 기운찬 장병이요,

| 勇 | | | 敢 | | | 將 | | | 卒 | | |

수컷 **웅** [male] 위대할 **위** [great] 뭍 **륙** [land] 군사 **군** [army]

雄偉陸軍(웅위육군) : 씩씩하고 훌륭한 육군이다.

| 雄 | | | 偉 | | | 陸 | | | 軍 | | |

사나울 **맹** [violent]　세찰 **렬** [intense]　가르칠 **훈** [instruct]　불릴 **련** [tempering]

猛烈訓鍊(맹렬훈련) : 기세가 있고 세차게 무예를 연습하고 단련하다.

| 猛 | 烈 | 訓 | 鍊 |

목숨/명할 **명** [life]　명령 **령** [order]　옷/입을 **복** [clothes]　따를 **종** [follow]

命令服從(명령복종) : 윗사람의 명령이나 지시를 잘 따르다.

| 命 | 令 | 服 | 從 |

원수 **적** [enemy]　진칠 **진** [position]　차지할/점 **점** [occupy]　거느릴 **령** [lead]

敵陣占領(적진점령) : 적의 진지를 군대의 힘으로 차지하여,

| 敵 | 陣 | 占 | 領 |

이길 **승** [win]　이로울 **리** [profit]　잡을/얻을 **획** [capture]　얻을 **득** [get]

勝利獲得(승리획득) : 승리를 손에 거머쥐다.

| 勝 | 利 | 獲 | 得 |

吳越同舟

오나라 **오** [Wu]　넘을/월나라 **월** [exceed]　한가지 **동** [same]　배 **주** [boat]

吳越同舟(오월동주) : 오나라·월나라 사람이 한 배에 타다. 원수와 같이 있게 됨의 비유.

| 吳 | | 越 | | 同 | | 舟 | |

守株待兎

지킬 **수** [guard]　그루/주식 **주** [trunk]　기다릴 **대** [await]　토끼 **토** [hare]

守株待兎(수주대토) : 나무 그루터기에서 토끼를 기다린다. 요행을 바람의 비유.

| 守 | | 株 | | 待 | | 兎 | |

良禽擇木

어질 **량** [good]　새 **금** [birdsl]　가릴 **택** [choose]　나무 **목** [tree]

良禽擇木(양금택목) : 현명한 새는 나무를 가려서 앉는다. 주위를 살펴 행동하라는 말.

| 良 | | 禽 | | 擇 | | 木 | |

打草驚蛇

칠 **타** [hit]　풀 **초** [grass]　놀랄 **경** [surprise]　뱀 **사** [snake]

打草驚蛇(타초경사) : 풀숲을 두드려 뱀을 놀라게 한다. A를 벌주되 B를 경계함.

| 打 | | 草 | | 驚 | | 蛇 | |

鼓 북/칠 **고** [drum]　　腹 배 **복** [belly]　　擊 칠 **격** [beat]　　壤 흙/땅 **양** [soil]

鼓腹擊壤(고복격양) : 배를 두드리고 땅을 친다. 태평 성세를 누린다는 말.

鼓		腹		擊		壤	

寸 치/마디 **촌** [small]　　進 나아갈 **진** [advance]　　尺 자 **척** [ruler]　　退 물러날 **퇴** [retreat]

寸進尺退(촌진척퇴) : 한 치 나가고 한 자 물러난다. 얻음은 적고 잃는 것은 많음의 비유.

寸		進		尺		退	

好 좋을 **호** [fine]　　騎 말탈 **기** [ride]　　者 사람/것 **자** [man]　　墮 떨어질 **타** [fall]

好騎者墮(호기자타) : 말타기를 좋아하는 사람은 말에서 떨어진다.

好		騎		者		墮	

咸 다 **함** [all]　　興 일어날 **흥** [rise]　　差 어긋날 **차(치)** [difference]　　使 부릴 **사** [use]

咸興差使(함흥차사) : 심부름을 가서 돌아오지 않거나 소식이 없음을 두고 하는 말.

咸		興		差		使	

스승 **사** [teacher]　　은혜 **은** [favor]　　물 **하** [river]　　바다 **해** [sea]

師恩河海(사은하해) : 스승의 은혜는 큰 강이나 넓은 바다와 같다.

師		恩		河		海	

새길 **각** [carve]　　뼈 **골** [bone]　　새길 **명** [engrave]　　마음 **심** [heart]

刻骨銘心(각골명심) : 입은 은혜를 뼈에 새기고 마음에 새겨서 잊지 않는다.

刻		骨		銘		心	

따뜻할 **온** [warm]　　두터울 **후** [thick]　　열 **계** [enlighten]　　이끌 **도** [guide]

溫厚啓導(온후계도) : 온화하고 너그러운 마음으로 지도하여 이끌어주다.

溫		厚		啓		導	

항상 **항** [usual]　　떳떳할 **상** [ordinary]　　기록할 **기** [record]　　기억할 **억** [remember]

恒常記憶(항상기억) : 늘 잊지 않고 외고 있다.

恒		常		記		憶	

深思熟考

깊을 **심** [deep]　　생각 **사** [thought]　　익힐 **숙** [ripe]　　상고할 **고** [inspect]

深思熟考(심사숙고) : 깊이 생각하고 곰곰이 생각하다.

| 深 | | | 思 | | | 熟 | | | 考 | | |

率先模範

거느릴 **솔(률)** [lead]　　먼저 **선** [earlier]　　본받을 **모** [pattern]　　법/본보기 **범** [model]

率先模範(솔선모범) : 남보다 앞장서서 몸소 모범을 보이다.

| 率 | | | 先 | | | 模 | | | 範 | | |

有備無患

있을 **유** [have]　　갖출 **비** [prepare]　　없을 **무** [nothing]　　근심 **환** [worry]

有備無患(유비무환) : 미리미리 준비가 되어 있으면 아무런 걱정이 없다.

| 有 | | | 備 | | | 無 | | | 患 | | |

所願成就

바/곳 **소** [place]　　원할 **원** [wish]　　이룰 **성** [become]　　나아갈 **취** [accomplish]

所願成就(소원성취) : 원하는 바가 이루어지다.

| 所 | | | 願 | | | 成 | | | 就 | | |

넓을 **호** [vast] 그러할 **연** [so, but] 갈 **지** [go, of, it] 기운 **기** [air, gas]

浩然之氣(호연지기) : 공명정대하여 부끄러움이 없는 도덕적 용기.

浩			然			之			氣		

검을 **현** [profound] 묘할 **묘** [wonderful] 하늘 **건(간)** [heavens] 땅 **곤** [earth]

玄妙乾坤(현묘건곤) : 하늘과 땅의 조화는 아주 심오하고 미묘하다.

玄			妙			乾			坤		

啓蒙篇

「계몽편(啓蒙篇)」은 책 이름이 말하는 대로 아동들을 계도(啓導)해 주는 것으로 한문을 처음 익히는 입문서이다. 그 내용은 首篇・天篇・地篇・物篇・人篇의 5개 篇으로 구성되어 아동들이 학습하기 쉬운 문장으로 짜여져 있으며 일찍부터 선조들은 서당에서 아동용 한문 교재로 사용해 왔는데 아쉽게도 그 저자가 누구인지 아직 알 수 없다.

한자의 기원

한자는 중국 상고(上古) 시대에 황제(黃帝)의 사관(史官)이었던 창힐(倉頡)이란 사람이 처음으로 짐승이나 새의 발자국을 본따서 창제했다고 했는데 창힐이 글자를 만들어 내니 하늘에서 쌀이 비처럼 쏟아지고 밤에는 귀신이 통곡하였다고 했다. 창힐이 한자를 창안하니 사람들은 농사를 짓지 않고 글만하는 까닭에 하느님께서 백성들이 굶주리게 되는 것을 염려하여 하늘에서 쌀을 내려주셨다고 했다(淮南子·本經訓). 생각하건데 한자는 어느 한 사람만에 의해서 만들어진 것이 아니고 많은 사람들의 손을 거쳐 오랜 시일을 두고 형성되었다고 보는 것이 타당할 것이다. 또한 매듭의 수효나 거리 등으로 뜻을 나타냈다는 결승(結繩)이나, 대나무 조각 또는 판자 등에 칼로 새기어 글자를 나타냈던 서계(書契)를 한자의 기원이라고도 한다. 그리고 중국의 고대 도자기에 새겨져 있는 글자와 비슷한 그림이 한자인 성형문자(象形文字)의 출발이라고 생각하기도 한다. 이 같이 한자의 기원이 6,000년 가량의 역사를 지녔다고 하지만 한자가 문자로 널리 사용된 것은 은(殷)나라의 갑골문(甲骨文)을 그 시작으로 보아 3,000년 가량의 역사를 지녔다고 하는 것이 옳을 것이다.

한자의 짜임

한자는 다음 여섯가지 방법 즉, 육서(六書)에 의해 만들어 졌다.

1) **상형**(象形) : 물체의 모양을 본떠 만든 그림 글자.
   - 日 : ☀ → ⊙ → 日   - 山 : ♔ → ♚ → 山

2) **지사**(指事) : 그림이 될 수 없는 추상적인 뜻이나 숫자를 선이나 점으로 나타낸 글자.
   - 上 : ∴ → ∴ → 上   - 下 : ∵ → ∵ → 下

3) **회의**(會意) : 이미 만들어진 글자를 결합해서 새로운 뜻을 나타낸 글자.
   - 男 : 〔田+力〕→ 男 밭에서 일하는 사람. 곧, '사내'를 뜻한다.
   - 休 : 〔人+木〕→ 休 사람이 나무에 기대어 '쉰다'는 뜻이다.

4) **형성**(形聲) : 이미 있는 글자를 결합하여 한쪽은 뜻을, 한쪽은 음을 나타낸 글자.
   - 淸 : 〔氵-水(뜻) + 靑(음)〕= 淸(물이 맑다는 뜻임)
   - 花 : 〔艹-艸(뜻) + 化(음)〕= 花(꽃의 뜻을 나타냄)

5) **전주**(轉注) : 이미 만들어진 글자의 뜻을 바꾸어 사로운 뜻으로 사용하는 방법.
   - 長 : 긴(장) → 어른(장)   - 樂 : 즐길(락) → 음악(악) 등

6) **가차**(假借) : 전주는 뜻을 전용했으나 가차는 글자의 음만 빌려 쓰는 방법이다.
   - 아시아 → 亞細亞   - 인디아 → 印度 등

2. 啓 蒙 篇

<首 篇>

上有天하고 下有地하니, 天地之間에 有人焉하고,
상 유 천　　하 유 지　　천 지 지 간　유 인 언

有萬物焉이라. 日·月·星辰者는 天之所係也요.
유 만 물 언　　일 월 성 신 자　천 지 소 계 야

江·海·山嶽者는 地之所載也며, 父子·君臣·
강 해 산 악 자　지 지 소 재 야　　부 자 군 신

夫婦·長幼·朋友者는 人之大倫也라.
부 부 장 유 붕 우 자　인 지 대 륜 야

위에는 하늘이 있고, 아래에는 땅이 있으니, 하늘과 땅 사이에 사람이 있고, 만
물이 있다. 해와 달과 별은 하늘에 매어 있고, 강과 바다와 산악은 땅에 실려있
으며, 부자·군신·부부·장유·붕우는 사람의 큰 윤리다.

以東·西·南·北으로 定天地之方하고, 以靑·黃·
이 동 서 남 북　　정 천 지 지 방　　이 청 황

赤·白·黑으로 定物之色하고, 以酸·鹹·辛·甘·
적 백 흑　　정 물 지 색　　이 산 함 신 감

苦로 定物之味하고, 以宮·商·角·徵·羽로 定物
고　정 물 지 미　　이 궁 상 각 치 우　정 물

之聲하고, 以一二三四五六七八九十과 百千萬
지 성　　이 일 이 삼 사 오 륙 칠 팔 구 십　백 천 만

億으로 總物之數라. 上은 首篇이라.
억　　총 물 지 수　　상　수 편

동·서·남·북으로 천지의 방위를 정하고, 청·황·적·백·흑으로 물건의 빛깔을 정

하고, 신것·짠것·매운것·단것·쓴것으로 물건의 맛을 정하고, 궁·상·각·치·우로 물건의 소리를 정하고, 일이삼사오륙칠팔구십과 백천만억으로 물건의 수를 통틀었다. 위는 수편(首篇)이다.

<天 篇>

日出於東方하여 入於西方하니, 日出則爲晝요,
일 출 어 동 방　　　입 어 서 방　　　일 출 즉 위 주

日入則爲夜니, 夜則月星이 著見焉이라.
일 입 즉 위 야　　야 즉 월 성　　저 현 언

해는 동쪽에서 떠서 서쪽으로 진다. 해가 뜨면 낮이 되고, 해가 지면 밤이 되니, 밤에는 달과 별이 나타난다.

天有緯星하니, 金·木·水·火·土의 五星이 是
천 유 위 성　　　금 목 수 화 토　　오 성　　시

也요. 有經星하니, 角·亢·氐·房·心·尾·箕와
야　　유 경 성　　　각 항 저 방 심 미 기

斗·牛·女·虛·危·室·壁과 奎·婁·胃·昴·畢·
두 우 여 허 위 실 벽　　규 루 위 묘 필

觜·參과 井·鬼·柳·星·張·翼·軫의 二十八
자 삼　　정 귀 류 성 장 익 진　　이 십 팔

宿가 是也라.
수　　시 야

하늘에는 위성이 있으니 금성·목성·수성·화성·토성의 다섯 별이 이것이요. 또 경성이 있으니 각수(角宿)·항수(亢宿)·저수(氐宿)·방수(房宿)·심수(心宿)·미수(尾宿)·기수(箕宿)와 두수(斗宿)·우수(牛宿)·여수(女宿)·허수(虛宿)·위수(危宿)·실수(室宿)·벽수(壁宿)와 규수(奎宿)·누수(婁宿)·위수(胃宿)·묘수(昴宿)·필수(畢宿)·자수(觜宿)·삼수(參宿)와 정수(井宿)·귀수(鬼宿)·유수(柳宿)·성수(星宿)·장수(張宿)·익수(翼宿)·진수(軫宿)의 이십팔수가 이것이다.

一晝夜之內에 有十二時하니, 十二時가 會而
일 주 야 지 내 　유 십 이 시 　 십 이 시 　 회 이

爲一日하고, 三十日이 會而爲一月하고, 十有二
위 일 일 　 삼 십 일 　 회 이 위 일 월 　 십 유 이

月이 合而成一歲니라. 月或有小月하니, 小月則
월 　 합 이 성 일 세 　 월 혹 유 소 월 　 소 월 즉

二十九日이 爲一月이요. 歲或有閏月하니, 有閏
이 십 구 일 　 위 일 월 　 세 혹 유 윤 월 　 유 윤

則十三月이 成一歲라.
즉 십 삼 월 　 성 일 세

　한 낮과 밤의 안에 12시각이 있으니, 12시각이 모여서 하루가 되고, 30일이 모여 한 달이 되고, 열두 달이 모여 한 해가 된다. 달에는 혹 작은 달이 있으니, 작은 달은 29일이 한 달이 되고, 해에는 혹 윤달이 있으니, 윤달이 있으면 13달이 한 해가 된다.

十二時者는 卽地之十二支也니, 所謂十二支
십 이 시 자 　 즉 지 지 십 이 지 야 　 소 위 십 이 지

者는 子·丑·寅·卯·辰·巳·午·未·申·酉·戌·
자 　 자 축 인 묘 진 사 오 미 신 유 술

亥也요. 天有十干하니, 所謂十干者는 甲·乙·
해 야 　 천 유 십 간 　 소 위 십 간 자 　 갑 을

丙·丁·戊·己·庚·辛·壬·癸也라.
병 정 무 기 경 신 임 계 야

　12시각이란 곧 땅의 12지이니, 이른바 12지란 자·축·인·묘·진·사·오·미·신·유·술·해이고, 하늘에는 10간이 있으니, 이른바 10간이란 갑·을·병·정·무·기·경·신·임·계이다.

天之十干이 與地之十二支와 相合而爲六十
천 지 십 간　　여 지 지 십 이 지　　상 합 이 위 육 십

甲子하니, 所謂六十甲子者는 甲子·乙丑·丙
갑 자　　　소 위 육 십 갑 자 자　　갑 자 을 축 병

寅·丁卯로 至壬戌·癸亥가 是也라.
인 정 묘　지 임 술 계 해　시 야

하늘의 십간이 땅의 십이지와 서로 합하여 60갑자가 되니, 이른바 60갑자란 갑
자·을축·병인·정묘로부터 임술·계해에 이르름이 이것이다.

十有二月者는 自正月·二月로 至十二月也라.
십 유 이 월 자　　자 정 월 이 월　　지 십 이 월 야

一歲之中에 亦有四時하니, 四時者는 春·夏·
일 세 지 중　　역 유 사 시　　사 시 자　　춘 하

秋·冬이 是也라.
추 동　시 야

12달이란 정월·이월로부터 12월까지이다. 한 해 가운데 또 사시가 있으니, 사
시란 봄·여름·가을·겨울이 이것이다.

以十二月로 分屬於四時하니, 正月·二月·三月은
이 십 이 월　　분 속 어 사 시　　정 월 이 월 삼 월

屬之於春하고, 四月·五月·六月은 屬之於夏하고,
속 지 어 춘　　사 월 오 월 유 월　　속 지 어 하

七月·八月·九月은 屬之於秋하고, 十月·十一
칠 월 팔 월 구 월　　속 지 어 추　　시 월 십 일

月·十二月은 屬之於冬하니, 晝長夜短하여 而天
월 십 이 월　　속 지 어 동　　주 장 야 단　　이 천

地之氣大暑면 則爲夏하고, 夜長晝短하여 而天
지 지 기 대 서　　즉 위 하　　야 장 주 단　　　이 천

地之氣大寒이면 則爲冬이라. 春秋則晝夜長短
지 지 기 대 한　　즉 위 동　　춘 추 즉 주 야 장 단

平均하되, 而春氣微溫하고, 秋氣微凉이라.
평 균　　이 춘 기 미 온　　추 기 미 량

　12달을 사시로 나누어 붙이니, 정월·이월·삼월은 봄에 속하고, 사월·오월·유월은 여름에 속하고, 칠월·팔월·구월은 가을에 속하고, 시월·십일월·십이월은 겨울에 속한다. 낮이 길고 밤이 짧으면서 천지의 기운이 매우 더우면 여름이 되고, 밤이 길고 낮이 짧으면서 천지의 기운이 매우 차면 겨울이 된다. 봄과 가을에는 낮과 밤의 길이가 같은데, 봄 기운은 따뜻하고 가을 기운은 서늘하다.

春三月盡이면 則爲夏하고, 夏三月盡이면 則爲秋하고,
춘 삼 월 진　　즉 위 하　　하 삼 월 진　　즉 위 추

秋三月盡이면 則爲冬하고, 冬三月盡이면 則復爲春
추 삼 월 진　　즉 위 동　　동 삼 월 진　　즉 부 위 춘

이니, 四時相代하며 而歲功成焉이라.
　　사 시 상 대　　이 세 공 성 언

　봄의 석 달이 다하면 여름이 되고, 여름 석 달이 다하면 가을이 되고, 가을 석 달이 다하면 겨울이 되고, 겨울 석 달이 다하면 다시 봄이 되니, 사시가 서로 번갈아가며 한 해의 공이 이루어진다.

春則萬物始生하고, 夏則萬物長養하고, 秋則萬
춘 즉 만 물 시 생　　하 즉 만 물 장 양　　추 즉 만

物成熟하고, 冬則萬物閉藏하니, 然則萬物之所
물 성 숙　　동 즉 만 물 폐 장　　연 즉 만 물 지 소

以生長收藏이 無非四時之功也라. 上은 天篇이라.
이 생 장 수 장　　무 비 사 시 지 공 야　　상 　천 편

봄에는 만물이 비로소 나오고, 여름에는 만물이 자라고, 가을에는 만물이 성숙하고, 겨울에는 만물이 감추어진다. 그렇다면 만물이 나고 자라고 거두고 감추는 것이 사시의 공이 아님이 없다. 위는 천편(天篇)이다.

<地 篇>

地之高處는 便爲山이요, 地之低處는 便爲水라.
지 지 고 처   변 위 산   지 지 저 처   변 위 수

水之小者는 謂川이요, 水之大者는 謂江이다. 山
수 지 소 자   위 천   수 지 대 자   위 강   산

之卑者는 謂丘요, 山之峻者는 謂岡이라.
지 비 자   위 구   산 지 준 자   위 강

땅의 높은 곳은 곧 산이요, 땅의 낮은 곳은 곧 물이다. 물의 작은 것을 내라 하고, 물의 큰 것을 강이라 한다. 산의 낮은 것을 언덕이라 하고, 산의 높은 데를 산등성이라 한다.

天下之山이 莫大於五嶽하니, 五嶽者는 泰山·
천 하 지 산   막 대 어 오 악   오 악 자   태 산

嵩山·衡山·恒山·華山也요, 天下之水가 莫
숭 산 형 산 항 산 화 산 야   천 하 지 수   막

大於四海하니 四海者는 東海·西海·南海·北海
대 어 사 해   사 해 자   동 해 서 해 남 해 북 해

也라.
야

천하의 산이 오악보다 더 큰 것이 없으니, 오악은 태산·숭산·형산·항산·화산이요, 천하의 물이 사해보다 더 큰 것이 없으니, 사해는 동해·서해·남해·북해이다.

山海之氣가 上與天氣로 相交면 則興雲霧하고,
산 해 지 기   상 여 천 기   상 교   즉 흥 운 무

降雨雪하며, 爲霜露하고, 生風雷라. 暑氣蒸鬱하면
강 우 설　　　　위 상 로　　　　생 풍 뢰　　　서 기 증 울

則油然而作雲하여 沛然而下雨하고, 寒氣陰凝
즉 유 연 이 작 운　　　패 연 이 하 우　　　　한 기 음 응

하면 則露結而爲霜하고, 雨凝而成雪이라. 故로, 春
　　　즉 노 결 이 위 상　　　우 응 이 성 설　　　고　　춘

夏多雨露하고, 秋冬多霜雪하니, 變化莫測者는
하 다 우 로　　　추 동 다 상 설　　　변 화 막 측 자

風雷也라.
풍 뢰 야

　산과 바다의 기운이 올라가 하늘의 기운과 서로 어울리면 구름과 안개를 일으
키고, 비와 눈을 내리며, 서리와 이슬이 되고, 바람과 우레를 일으킨다. 더운 기
운이 증발하여 엉기면 유연히 구름을 만들어 패연히 비가 많이 내리고, 찬 기운
이 응결되면 이슬이 맺히어 서리가 되고, 비가 엉기어 눈이 된다. 그래서 봄과
여름에는 비와 이슬이 많고, 가을과 겨울에는 서리와 눈이 많으니, 변화를 헤아
릴 수 없는 것은 바람과 우레이다.

古之聖王이 畫野分地하여, 建邦設都하니, 四海
고 지 성 왕　　　획 야 분 지　　　건 방 설 도　　　사 해

之內에 其國有萬이나, 而一國之中에 各置*州郡
지 내　　기 국 유 만　　　이 일 국 지 중　　각 치 주 군

焉하고, 州郡之中에 各分*鄕井焉하다. 爲城郭하여
언　　　주 군 지 중　　각 분 향 정 언　　　　위 성 곽

以禦寇하고, 爲宮室하여 以處人하고, 爲耒耜하여
이 어 구　　　위 궁 실　　　이 처 인　　　위 뢰 사

敎民耕稼하고, 爲釜甑하여 敎民火食하고, 作舟
교 민 경 가　　　위 부 증　　　교 민 화 식　　　작 주

車_{하여} 以通道路_{하다.}
거　　　이 통 도 로

　옛날의 성왕이 들판을 구분하고 땅을 나누어 나라를 세우고 도읍을 정하였으니, 사해의 안에 나라가 만이나 있고, 한 나라 가운데에 각각 주와 군을 두고 주와 군 안에는 각각 향과 정으로 나누었다. 성곽을 만들어 도적을 막고, 궁실을 만들어 사람들을 거처하게 하고, 쟁기와 보습을 만들어 백성들에게 밭갈고 곡식 심는 것을 가르치고, 가마솥과 시루를 만들어 백성들에게 불로 밥을 지어 먹는 것을 가르치고, 배와 수레를 만들어 도로를 통하게 하였다.

　* 州(주) : 432,000家<鄭玄注>　　　鄕(향) : 12,500家<周制>

金・木・水・火・土_가 在天_에 爲五星_{이요.} 在地_에
금 목 수 화 토　　재 천　　위 오 성　　　재 지

爲五行_{이니,} 金以爲器_{하고,} 木以爲宮_{하고,} 穀生
위 오 행　　금 이 위 기　　목 이 위 궁　　곡 생

於土_{하여} 取水火爲飮食_{하니,} 則凡人日用之物_이
어 토　　취 수 화 위 음 식　　즉 범 인 일 용 지 물

無非五行之物也_{라.}
무 비 오 행 지 물 야

　금・목・수・화・토가 하늘에 있어 오성이 되고, 땅에 있어 오행이 되니, 쇠로는 그릇을 만들고, 나무로는 집을 만들고, 곡식은 흙에서 나서 물과 불을 취하여 음식이 되니, 모든 사람의 일상생활에서 사용하는 물건이 오행의 물건 아닌 것이 없다.

五行_이 固有相生之道_{하니,} 金生水_{하고,} 水生木_{하고,}
오 행　고 유 상 생 지 도　　금 생 수　　　수 생 목

木生火_{하고,} 火生土_{하고,} 土生金_{하고,} 金復生水_{하니,}
목 생 화　　화 생 토　　토 생 금　　금 부 생 수

五行之相生也無窮_{하여,} 而人用不竭焉_{이라.}
오 행 지 상 생 야 무 궁　　이 인 용 불 갈 언

　오행은 본래 상생의 도리가 있으니, 금은 물을 낳고, 물은 나무를 낳고, 나무는

불을 낳고, 불은 흙을 낳고, 흙은 쇠를 낳고, 쇠는 다시 물을 낳으니, 오행의 상생은 무궁하여 사람들이 사용함에 다함이 없다.

五行이 亦有相克之理하니, 土克水하고, 水克火하고,
오행   역유상극지리   토극수   수극화

火克金하고, 金克木하고, 木克土하고, 土復克水하니,
화극금   금극목   목극토   토부극수

乃操其相克之權하여 能用其相生之物者는 是
내조기상극지권   능용기상생지물자   시

人之功也라. 上은 地篇이라.
인지공야   상   지편

　오행은 또한 상극의 이치가 있으니, 흙은 물을 이기고, 물은 불을 이기고, 불은 쇠를 이기고, 쇠는 나무를 이기고, 나무는 흙을 이기고, 흙은 다시 물을 이기니, 이에 그 상극의 권병(權柄)을 잡아 능히 상생(相生)하는 물건을 이용하는 것은 사람의 공이다. 위는 지편(地篇)이다.

<物 篇>

天地生物之數가 有萬其衆이나, 而若言其動
천지생물지수   유만기중   이약언기동

植之物이면 則草木·禽獸·蟲魚之屬이 最其
식지물   즉초목 금수 충어지속   최기

較著者也라.
교저자야

　천지의 생물의 수는 그 무리가 만 가지가 있으나, 그 동물과 식물을 말한다면 초목·금수·충어(蟲魚)의 종류가 가장 뚜렷하게 나타나는 것이다.

飛者爲禽이요, 走者爲獸요, 鱗介者爲蟲魚요,
비자위금   주자위수   인개자위충어

根植者爲草木이라. 飛禽卵翼이요, 走獸胎乳하며,
근 식 자 위 초 목　　비 금 란 익　　주 수 태 유

飛禽巢居하고, 走獸穴處하며, 蟲魚之物은 化生
비 금 소 거　　주 수 혈 처　　충 어 지 물　　화 생

者最多하며 而亦多生於水濕之地라.
자 최 다　　이 역 다 생 어 수 습 지 지

나는 것은 새가 되고, 뛰는 것은 짐승이 되고, 비늘과 껍질이 있는 것은 벌레와 물고기가 되고, 뿌리로 심어진 것은 초목이 된다. 나는 새는 알을 날개로 덮고, 뛰는 짐승은 태로 낳아 젖을 먹이며, 나는 새는 둥지에서 살고, 뛰는 짐승은 굴에서 살며, 벌레와 물고기 종류는 변화하여 생기는 것이 가장 많은데, 또한 흔히 물과 습한 땅에서 산다.

春生而秋死者는 草也요, 秋則葉脫하고 而春
춘 생 이 추 사 자　　초 야　　추 즉 엽 탈　　이 춘

復榮華者는 木也라. 其葉蒼翠요, 其花*五色이니,
부 영 화 자　　목 야　　기 엽 창 취　　기 화 오 색

其根深者는 枝葉必茂하고, 其有花者는 必有
기 근 심 자　　기 엽 필 무　　기 유 화 자　　필 유

其實이라.
기 실

봄에 나서 가을에 죽는 것은 풀이요, 가을에 잎이 지고 봄에 다시 무성한 것은 나무이다. 그 잎이 푸르고 그 꽃이 오색이니, 그 뿌리가 깊은 것은 가지와 잎이 반드시 무성하고, 그 꽃이 있는 것은 반드시 그 열매를 맺는다.

*五色(오색) : 청(靑)·황(黃)·적(赤)·백(白)·흑(黑)의 다섯 가지 색.

虎·豹·犀·象之屬은 在於山하고, 牛·馬·鷄·
호 표 서 상 지 속　　재 어 산　　우 마 계

犬之物은 畜於家하다. 牛以耕墾하고, 馬以乘載
견 지 물　　축 어 가　　우 이 경 간　　마 이 승 재

하고, 犬以守夜하고, 鷄以司晨하며, 犀取其角하고,
　　　견 이 수 야　　　계 이 사 신　　　　서 취 기 각

象取其牙하며, 虎·豹取其皮라.
상 취 기 아　　　호 표 취 기 피

　호랑이·표범·코뿔소·코끼리 같은 종류는 산에 있고, 소·말·닭·개 같은 동물은 집에서 기른다. 소는 밭을 갈고, 말은 타거나 짐을 싣고, 개는 밤을 지키고, 닭은 새벽을 맡으며, 코뿔소는 그 뿔을 취하고, 코끼리는 그 상아를 취하고, 호랑이와 표범은 그 가죽을 취한다.

山林에 多不畜之禽獸하고, 川澤에 多無益之
산 림　　다 불 축 지 금 수　　　천 택　　다 무 익 지

蟲魚라. 故로, 人以力殺하고, 人以智取하여, 或用
충 어　　고　　　인 이 역 살　　　인 이 지 취　　　혹 용

其毛·羽·骨·角하고, 或供於祭祀·賓客·飮食
기 모 우 골 각　　　　혹 공 어 제 사 빈 객 음 식

之間이라.
지 간

　산림에는 기를 수 없는 새와 짐승이 많고, 냇물과 연못에는 무익한 벌레나 물고기가 많다. 그러므로 사람들이 힘으로 죽이고 사람들이 지혜로 잡아서, 혹은 그 털·깃·뼈·뿔 등을 이용하기도 하고, 혹은 제사와 손님을 접대하는 음식으로 제공하기도 한다.

走獸之中에 有麒麟焉하고, 飛禽之中에 有鳳凰
주 수 지 중　　유 기 린 언　　　비 금 지 중　　유 봉 황

焉하고, 蟲魚之中에 有靈龜焉하고, 有飛龍焉하다.
언　　　충 어 지 중　　유 영 귀 언　　　유 비 용 언

此四物者는 乃物之靈異者也라. 故로, 或出於
차 사 물 자　　내 물 지 영 이 자 야　　고　　　혹 출 어

聖王之世라.
성 왕 지 세

뛰는 짐승 중에는 기린이 있고, 나는 새 중에는 봉황이 있으며, 벌레와 물고기 중
에는 신령한 거북이 있고 나는 용이 있다. 이 네 가지 것은 곧 물건 중에서 신령스
럽고 기이한 것이다. 그러므로 혹 성왕이 다스리는 태평성세에 나타난다고 한다.

稻・粱・黍・稷은 　祭祀之所以供粢盛者也요.
도 량 서 직 　제 사 지 소 이 공 자 성 자 야

豆・菽・麰・麥之穀은 　亦無非養人命之物이라.
두 숙 모 맥 지 곡 　역 무 비 양 인 명 지 물

故로, 百草之中에 　穀植最重이요, 　犯霜雪而不
고 　백 초 지 중 　곡 식 최 중 　범 상 설 이 불

凋하고 閱四時而長春者는 松柏也니, 　衆木之
조 　열 사 시 이 장 춘 자 　송 백 야 　중 목 지

中에 松柏最貴라.
중 　송 백 최 귀

벼・조・기장・피는 제사의 제물로 바치는 것이요, 팥・콩・밀・보리 등의 곡식은 또
한 사람의 생명을 기르는 물건이 아닌 것이 없다. 그러므로 온갖 풀 가운데서 곡
식이 가장 귀중하고, 서리와 눈을 맞아도 시들지 않고 사철에 걸쳐 항상 봄빛인
것은 소나무와 측백나무이니, 모든 나무들 가운데서 소나무와 측백나무가 가장
귀하다.

梨・栗・柿・棗之果가 味非不佳也로되 其香芬
이 률 시 조 지 과 　미 비 불 가 야 　기 향 분

芳이라. 故로, 果以橘・柚爲珍하고, 　蘿蔔・蔓菁
방 　고 　과 이 귤 유 위 진 　나 복 만 청

諸瓜之菜가 種非不多也로되 其味辛烈이라.
제 과 지 채 　종 비 불 다 야 　기 미 신 렬

故_{로,} 菜以芥·薑爲重_{이라.}
고　　채 이 개　강 위 중

　배·밤·감·대추 등의 과일은 맛이 좋지 않은 것은 아니나, 그 향기가 좋은 까닭에 과실은 귤과 유자를 보배로 삼고, 무와 순무 등 모든 채소는 종류가 많지 않은 것이 아니나, 그 맛이 매운 까닭에 채소는 겨자와 생강을 귀중하게 여긴다.

水陸草木之花_에 可愛者甚繁_{이로되,} 而陶淵明_은
수 륙 초 목 지 화　　가 애 자 심 번　　　　이 도 연 명

愛菊_{하고,} 周濂溪_는 愛蓮_{하고,} 富貴繁華之人_은
애 국　　주 렴 계　애 련　　　부 귀 번 화 지 인

多愛牧丹_{하니,} 淵明_은 隱者_{라.} 故_{로,} 人以
다 애 모 란　　연 명　은 자　　고　　인 이

菊花_로 比之於隱者_{하고,} 濂溪_는 君子_{라.} 故_{로,}
국 화　비 지 어 은 자　　염 계　군 자　　고

人以蓮花_로 比之於君子_{하고,} 牧丹_은 花之繁
인 이 련 화　비 지 어 군 자　　모 란　화 지 번

華者_{라.} 故_{로,} 人以牧丹_{으로} 比之於繁華富貴
화 자　　고　　인 이 모 란　　비 지 어 번 화 부 귀

之人_{이라.}
지 인

　물과 육지에 있는 초목의 꽃으로서 사랑할 만한 것이 매우 많으나, 도연명은 국화를 사랑하였고, 주렴계는 연꽃을 사랑하였고, 부귀하고 번화한 사람들은 흔히 모란을 사랑하였으니, 도연명은 은자인 까닭에 사람들은 국화를 은자에 비유하고, 주렴계는 군자인 까닭에 사람들은 연꽃을 군자에 비유하고, 모란은 꽃 중에서 가장 번화한 것인 까닭에 사람들은 모란을 화려하고 부귀한 사람에 비유한다.

物之不齊_는 乃物之情_{이라.} 故_{로,} 以*尋·丈·尺·
물 지 부 제　내 물 지 정　　고　　이 심 장 척

寸으로 度物之長短하고, 以＊斤·兩·錙·銖로 稱
촌　　　　탁물지장단　　　　　이근량치수　　칭

物之輕重하고, 以斗·斛·升·石으로 量物之多
물지경중　　　　이두곡승석　　　　양물지다

寡라. 算計萬物之數는 莫便於九九하니, 所謂
과　　　산계만물지수　　막편어구구　　　소위

九九者는 九九八十一之數也라. 上은 物篇이라.
구구자　　구구팔십일지수야　　　상　　물편

물건이 가지런하지 않음은 바로 물건의 실정 때문이다. 그러므로 심(尋)·장(丈)·척(尺)·촌(寸)으로 물건의 길이를 재고, 근(斤)·량(兩)·치(錙)·수(銖)로 물건의 무게를 달고, 두(斗)·곡(斛)·승(升)·석(石)으로 물건의 용량을 헤아린다. 만물의 수를 계산함에는 구구단보다 더 편한 것은 없는데, 이른바 구구단이란 구구팔십일의 수를 말한다. 위는 물편(物篇)이다.

＊ 1尋=8尺, 1丈=10尺, 1尺=10寸, 1寸=3㎝.
＊ 1斤=16兩, 1량=37.5g, 1錙=6銖, 1銖=기장알 100개

<人 篇>

萬物之中에 惟人이 最靈하니, 有父子之親하며,
만물지중　유인　최령　　유부자지친

有君臣之義하며, 有夫婦之別하며, 有長幼之
유군신지의　　유부부지별　　　유장유지

序하며, 有朋友之信이라.
서　　　유붕우지신

만물 중에 오직 사람이 가장 영험하니, 부자 사이에 진애함이 있으며, 군신 사이에 의리가 있으며, 부부 사이에 분별이 있으며, 장유 사이에 차례가 있으며, 친구 사이에 신의가 있다.

生我者는　爲父母요,　我之所生이　爲子女요,　父
생아자　　위부모　　아지소생　　위자녀　　부

之父는　爲祖요,　子之子는　爲孫이요,　與我同父
지부　　위조　　자지자　　위손　　여아동부

母者는　爲兄弟요,　父母之兄弟는　爲叔이요,　兄
모자　　위형제　　부모지형제　　위숙　　형

弟之子女는　爲姪이요,　子之妻는　爲婦요,　女之
제지자녀　　위질　　자지처　　위부　　여지

夫는　爲婿라.
부　　위서

　나를 낳은 이는 부모이고, 내가 낳은 것은 자녀가 되고, 아버지의 아버지는 할
아버지가 되고, 아들의 아들은 손자가 되고, 나와 부모를 같이 하는 자는 형제가
되고, 부모의 형제는 아저씨가 되고, 형제의 자녀는 조카가 되고, 아들의 아내는
며느리가 되고, 딸의 남편은 사위가 된다.

有夫婦然後에　有父子하니,　夫婦者는　人道之始
유부부연후　　유부자　　부부자　　인도지시

也라.　故로,　古之聖人이　制爲婚姻之禮하여,　以
야　　고　　고지성인　　제위혼인지례　　이

重其事하니라.
중기사

　부부가 있은 뒤에야 부자가 있으니, 부부는 사람의 도리의 시초다. 그러므로
옛 성인이 혼인의 예법을 만들어서 그 일을 소중하게 했다.

人非父母면　無從而生이요,　且人生三歲然後에,
인비부모　　무종이생　　차인생삼세연후

始免於父母之懷라.　故로,　欲盡其孝면　則服勤
시면어부모지회　　고　　욕진기효　　즉복근

至死하고, 父母沒하시면, 則致喪三年하여, 以報
지 사　　　부 모 몰　　　　　즉 치 상 삼 년　　　　　이 보

其生成之恩이라.
기 생 성 지 은

사람은 부모가 아니면 좇아 태어날 수가 없고, 또 사람이 나서 세 살이 된 후에야 비로소 부모의 품을 면한다. 그러므로, 그 효도를 극진히 하고자 하면 부모가 돌아가실 때까지 부지런히 시중들어야 하고, 부모가 돌아가시면 삼년상을 극진히 하여, 부모가 낳고 길러주신 은혜에 보답해야 한다.

耕於野者는　食君之土하고,　立於朝者는　食君
경 어 야 자　　식 군 지 토　　　입 어 조 자　　식 군

之祿이니,　人固非父母면　則不生이요,　亦非君이면
지 록　　　인 고 비 부 모　　즉 불 생　　　역 비 군

則不食이라.　故로,　君之事君이　如子之事父하여
즉 불 식　　　고　　군 지 사 군　　여 자 지 사 부

唯義所在면　則舍命效忠이라.
유 의 소 재　　즉 사 명 효 충

들에서 밭가는 자는 임금의 땅을 붙여먹고, 조정에 서 있는 자는 임금의 녹을 먹으니, 사람은 진실로 부모가 아니면 태어나지 못하고, 또한 임금이 아니면 먹지 못한다. 그러므로 신하가 임금 섬김을 자식이 어버이 섬기는 것과 같이 하여 오직 의리가 있는 곳이면 목숨을 버리고 충성을 다해야 한다.

人於等輩에　尚不可相踰어늘,　況年高於我하고,
인 어 등 배　　상 불 가 상 유　　　황 년 고 어 아

官貴於我하고, 道尊於我者乎아? 故로, 在鄉黨이면
관 귀 어 아　　도 존 어 아 자 호　지 호　　고　　재 향 당

則敬其齒하고,　在朝廷이면　則敬其爵이니,　尊其
즉 경 기 치　　　재 조 정　　　즉 경 기 작　　　존 기

道而敬其德이　是禮也라.
도 이 경 기 덕　시 례 야

　사람은 또래에서도 오히려 서로 예의에 벗어나지 못하거늘, 하물며 나이가 나보다 많고 벼슬이 나보다 귀하고 도가 나보다 높은 자에 있어서랴? 그러므로, 향당에 있어서는 그 나이를 공경하고, 조정에 있어서는 그 벼슬을 공경하니, 그 도를 높이고 그 덕을 공경하는 것, 이것이 예이다.

*曾子曰　君子는　以文會友하고, 以友輔仁이라하니,
증 자 왈　군 자　이 문 회 우　이 우 보 인

蓋人不能無過나　而朋友가　有責善之道라. 故로,
개 인 불 능 무 과　이 붕 우　유 책 선 지 도　고

人之所以成就其德性者는　固莫大於師友之
인 지 소 이 성 취 기 덕 성 자　고 막 대 어 사 우 지

功이라.　雖然이나,　友有益友하고,　亦有損友하니,
공　수 연　우 유 익 우　역 유 손 우

取友는　不可不端也라.
취 우　불 가 불 단 야

　증자가 말하기를, "군자는 글로써 벗을 모으고 벗으로써 인을 돕는다." 하였으니, 대개 사람이 허물이 없을 수가 없으나, 친구간에는 책선(責善)의 도리가 있다. 그러므로, 사람이 그 덕성을 성취함에 있어 진실로 스승과 친구의 공보다 더 큰 것이 없다. 비록 그러하나 벗에는 유익한 벗이 있고 또한 해로운 벗이 있으니, 벗을 사귐을 단정하게 가리지 않을 수 없다.

　*曾子 : 공자의 제자. 이름은 參(삼), 字는 子輿(자여).

同受父母之餘氣하여,　以爲人者는　兄弟也라.
동 수 부 모 지 여 기　이 위 인 자　형 제 야

且人之方幼也에　食則連牀하고,　枕則同衾하여
차 인 지 방 유 야　식 즉 연 상　침 즉 동 금

共被父母之恩者는 亦莫如我兄弟也라. 故로,
공피부모지은자 역막여아형제야 고

愛其父母者는 亦必愛其兄弟也라.
애기부모자 역필애기형제야

　함께 부모의 남은 기운을 받아서 사람이 된 자가 형제이다. 또 사람이 어려서 밥을 먹을 때에 밥상을 나란히 하고, 잠을 잘 때에 이불을 같이 덮어서 함께 부모의 은혜를 입은 자도 또한 내 형제 같은 이가 없다. 그러므로, 그 부모를 사랑하는 자는 또한 반드시 그 형제를 사랑할 것이다.

宗族이 雖有親疏遠近之分이나, 然이나, 推究其
종족 수유친소원근지분 연 추구기

本하면 則同是祖先之骨肉이니, 苟於宗族에 不
본 즉동시조선지골육 구어종족 불

相友愛면, 則是忘其本也라. 人而忘本이면 家
상우애 즉시망기본야 인이망본 가

道漸替리라.
도점체

　종족에는 비록 친하고 소원하고, 멀고 가까운 차이가 있으나, 그 근본을 궁구해 보면 다같은 선조의 골육지친이니, 진실로 종족에 대해서 서로 우애하지 않는다면, 이는 그 근본을 잊는 것이다. 사람으로서 근본을 잊으면 가도(家道)가 점점 침체되리라.

父慈而子孝하며, 兄愛而弟敬하며, 夫和而妻順
부자이자효 형애이제경 부화이처순

하며, 事君忠而接人恭하며, 與朋友信而撫宗族
사군충이접인공 여붕우신이무종족

厚면 可謂成德君子也라.
후 가위성덕군자야

아버지는 사랑하고 자식은 효도하며, 형은 우애하고 아우는 공경하며, 남편은 온화하고 아내는 유순하며, 임금을 섬김에는 충성을 다하고, 사람을 대함에는 공손하게 하며, 친구를 사귀되 믿음이 있고, 종족을 구휼(救恤)하기를 두텁게 하면 가히 덕을 이룬 군자이다.

凡人稟性이 初無不善이니, 愛親敬兄하며, 忠君
범 인 품 성   초 무 불 선   애 친 경 형   충 군

弟長之道가 皆已具於吾心之中이니, 固不可
제 장 지 도   개 이 구 어 오 심 지 중   고 불 가

求之於外面이요 而惟在我力行而不已也라.
구 지 어 외 면   이 유 재 아 력 행 이 불 이 야

모든 사람이 타고난 성품이 처음에는 선하지 않음이 없으니, 어버이를 사랑하고 형을 공경하며, 임금에게 충성하고, 어른에게 공경하는 도리가 모두 자신의 마음 속에 갖추어져 있으니, 진실로 밖에서 구하지 말고 오직 자신이 힘써 행하여 그치지 않음에 있다.

人非學問이면 固難知其何者爲孝며, 何者爲
인 비 학 문   고 난 지 기 하 자 위 효   하 자 위

忠이며, 何者爲弟며, 何者爲信이랴? 故로, 必須
충   하 자 위 제   하 자 위 신   고   필 수

讀書窮理하여 求觀於古人하고, 體驗於吾心하여
독 서 궁 리   구 관 어 고 인   체 험 어 오 심

得其一善하여, 勉行之면 則孝·弟·忠·信之
득 기 일 선   면 행 지   즉 효 제 충 신 지

節이 自無不合於天敍之則矣라.
절   자 무 불 합 어 천 서 지 칙 의

사람이 학문을 하지 않으면 진실로 그 어떤 것이 효도가 되고, 어떤 것이 충성이 되며, 어떤 것이 공경이 되고, 어떤 것이 믿음이 되는 것인지를 알기 어렵다. 그러므로, 반드시 책을 읽고 이치를 궁리하여 옛 사람의 행실을 관찰하여 내 마

음에 체험하여서 그 한 가지 선을 얻어 힘써 행하면 효·제·충·신의 절도가 자연히 하늘이 정한 법칙에 맞지 않는 일이 없다.

收斂身心이 莫切於九容이니, 所謂九容者는
수렴신심　막절어구용　　소위구용자

足容重하며, 手容恭하며, 目容端하며, 口容止하며,
족용중　수용공　목용단　구용지

聲容靜하며, 頭容直하며, 氣容肅하며, 立容德하며,
성용정　두용직　기용숙　입용덕

色容莊이라.
색용장

　몸과 마음을 가다듬는데 구용(九容)보다 더 절실한 것이 없으니, 이른바 구용이란, 발 모습은 무겁고, 손 모습은 공손하며, 눈 모습은 단정하고, 입 모습은 다물어 있고, 목소리 모습은 고요하고, 머리 모습은 곧으며, 숨쉬는 모습은 엄숙하고, 서 있는 모습은 덕스럽고, 안색의 모습은 장중해야 하는 것이다.

進學益智는 莫切於九思니, 所謂九思者는
진학익지　막절어구사　　소위구사자

視思明하며, 聽思聰하며, 色思溫하며, 貌思恭하며,
시사명　청사총　색사온　모사공

言思忠하며, 事思敬하며, 疑思問하며, 憤思難하며,
언사충　사사경　의사문　분사난

見得思義라. 上은 人篇이라.
견득사의　　상　인편

　학문에 나아가고 지혜를 더함은 구사(九思)보다 더 절실한 것이 없으니, 이른바 구사란, 볼 때에는 분명함을 생각하며, 들을 때에는 총명함을 생각하며, 안색은 온화함을 생각하며, 용모는 공손함을 생각하며, 말할 때에는 충실함을 생각하며, 섬길 때에는 공경함을 생각하며, 의심스러우면 물을 것을 생각하며, 분이 날 때에는 환난을 생각하며, 이익을 얻으면 의(義)를 생각해야 한다. 위는 인편이다.

童蒙先習

이 「동몽선습(童蒙先習)」은 조선의 성종(成宗)과 명종(明宗)때의 학자인 소요당(逍遙堂) 박세무(朴世茂 1487~1554) 선생께서 저술하여 현종 11년(1670년)에 출판된 책이다. 이 책은 아동용 기초 한문 교재로 인간이 천지 만물 중에서 가장 귀한 것은 오륜(五倫)을 가졌기 때문이라 갈파하고 오륜의 도리(道理)를 일깨워 주며 총론(總論)을 붙여 중국과 우리나라의 역사를 간략하게 기술하여 아동들의 교양과 윤리 도덕 함양에 도움을 주었던 것이다. 이 책은 현종(顯宗) 이후에는 왕세자의 교육용 필독서(必讀書)로도 지정될 만큼 유명한 책이다.

오락실 2 한자 퍼즐 놀이

Puzzle Training ①

다음의 □속의 한자로 三字成語를 만들어 봅시다.

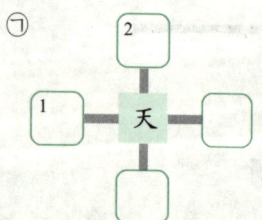

㉠
1. 가로 열쇠
  별세계와 같은 말
2. 세로 열쇠
  온천하. 온세계.

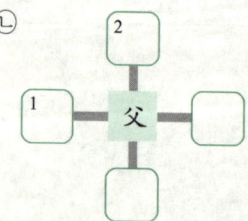

㉡
1. 가로 열쇠
  학생의 아버지와 형
2. 세로 열쇠
  할아버지와 할머니

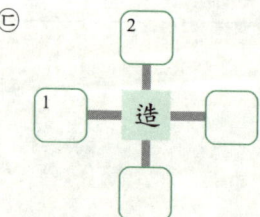

㉢
1. 가로 열쇠
  인공으로 비단같이 만든 피륙
2. 세로 열쇠
  새로운 것을 처음으로 만들어 내는 힘

漢 字 Puzzle ① (24 한자어)

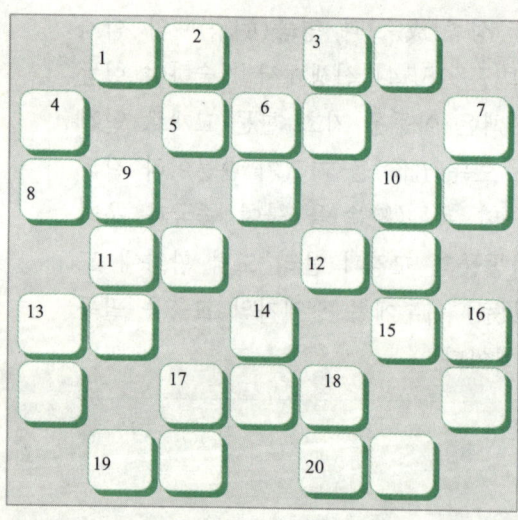

[가로 열쇠]
1. 하늘과 땅
3. 땅속에서 솟아나는 액체 연료
5. 후세에 남을 훌륭한 가치가 있는 업적
8. 해와 달 또는 날과 달
10. 공공의 일과 사사로운 일
11. 계수나무의 껍질. 한약제
12. 인간으로서 마땅히 지켜야할 도리
13. 옷과 갓
15. 마음의 움직임
17. 눈이 많이 내려 쌓인 은빛의 눈 경치
19. 던지기에 쓰는 육상의 운동기구의 하나
20. 다른 물건과 구별짓기 위한 표

[세로 열쇠]
2. 제품화하지 않은 황금이나 쇠붙이
3. 돌로 쌓은 탑
4. 좋고 상서로운 날
6. 글자의 획
7. 사심이 없이 공정함
9. 경기 우승자에게 씌우는 관
10. 공중도덕을 존중하고 지키려는 정신
13. 옷의 한자어
14. 좋은 자리에 올라 훌륭하게 됨
16. 노력해서 도달하려고 마음먹은 최고의 목표
17. 얼음판을 이르는 한자어
18. 경계를 나타내는 표지

해답은 p.271에

3. 童蒙先習

天地之間 萬物之衆에 惟人이 最貴하니, 所貴
천 지 지 간 만 물 지 중 유인 최 귀   소 귀

乎人者는 以其有五倫也라.
호 인 자   이 기 유 오 륜 야

　하늘과 땅 사이에 있는 만물의 무리에서 오직 사람이 가장 귀하니, 사람이 귀
한 까닭은 그 다섯 가지 인륜(人倫)이 있기 때문이다.

是故로, 孟子曰 父子有親하며, 君臣有義하며,
시 고   맹 자 왈 부 자 유 친   군 신 유 의

夫婦有別하며, 長幼有序하며, 朋友有信이라하니,
부 부 유 별   장 유 유 서   붕 우 유 신

人而不知有五常이면, 則其違禽獸不遠矣리라.
인 이 부 지 유 오 상   즉 기 위 금 수 불 원 의

　그러므로, 맹자가 말하기를 "아버지와 자식 사이에는 친애함이 있으며, 임금과
신하 사이에는 의리가 있으며, 남편과 아내 사이에는 분별이 있으며, 어른과 어린
이 사이에는 차례가 있으며, 친구 사이에는 믿음이 있다." 했으니, 사람으로서 이
다섯 가지 떳떳한 도리가 있음을 알지 못하면, 곧 금수와 다름이 멀지 않으리라.

然則父慈子孝하며, 君義臣忠하며, 夫和婦順하며,
연 즉 부 자 자 효   군 의 신 충   부 화 부 순

兄友弟恭하며, 朋友輔仁然後에야 方可謂之人
형 우 제 공   중 우 보 인 연 후   방 가 위 지 인

矣리라.
의

그런즉 아버지는 인자하고 자식은 효도하며, 임금은 의롭고 신하는 충성되며, 남편은 온화하고 아내는 유순하며, 형은 우애하고 아우는 공손하며, 친구는 인(仁)으로써 도운 뒤에야 바야흐로 가히 사람이라 말할 수 있는 것이다.

父 子 有 親
(아버지와 자식간에는 친애함이 있다.)

父子는 天性之親이라. 生而育之하고, 愛而敎
부 자 천 성 지 친 생 이 육 지 애 이 교

之하며, 奉而承之하고, 孝而養之하니, 是故로
지 봉 이 승 지 효 이 양 지 시 고

敎之以義方하여 弗納於邪하며, 柔聲以諫하여
교 지 이 의 방 불 납 어 사 유 성 이 간

不使得罪於*鄕·黨·州·閭라.
불 사 득 죄 어 향 당 주 려

아버지와 자식은 타고나면서 친한 것이다. 어버이는 자식을 낳아서 기르고 사랑하여 가르치며, 자식은 어버이의 뜻을 받들고 효도하여 봉양하니, 그러므로, 어버이는 자식을 바른 방법으로 가르쳐 나쁜길로 빠지지 않도록 해야 하며, 자식은 부드러운 목소리로 어버이의 잘못을 간하여 향·당·주·려에서 죄를 짓지 않도록 해드려야 한다.

* 鄕·黨·州·閭 : 모두 행정 단위로 12,500호(戶)를 향(鄕), 2,500호를 주(州), 500호를 당(黨), 25호를 여(閭)라 한다.

苟或父而不子其子하며, 子而不父其父하면, 其
구 혹 부 이 부 자 기 자 자 이 불 부 기 부 기

何以立於世乎리오? 雖然이나, 天下에 無不是底
하 이 립 어 세 호 수 연 천 하 무 불 시 저

父母라. 父雖不慈나 子不可以不孝니라.
부 모　　부 수 부 자　　자 불 가 이 불 효

　　만약 혹시라도 아버지가 자식을 자식으로 여기지 않으며, 자식이 아버지를 아버지로 대하지 않는다면 어찌 세상에서 살아갈 수 있겠는가? 비록 그렇다 하더라도 천하에는 옳지 않은 부모는 없다. 아버지가 비록 자식을 사랑하지 않더라도 자식은 부모에게 효도하지 않으면 안 된다.

昔者에 大舜이 父頑母嚚하여 嘗欲殺舜이어늘 舜이
석 자　대 순　　부 완 모 은　　상 욕 살 순　　　순

克諧以孝하사 烝烝乂하여 不格姦하니, 孝子之
극 해 이 효　　증 증 예　　　불 격 간　　효 자 지

道가 於斯至矣로다. 孔子曰 五刑之屬이 三千
도　어 사 지 의　　공 자 왈　오 형 지 속　삼 천

이로되 而罪莫大於不孝라 하니라.
　　　이 죄 막 대 어 불 효

　　옛날 순(舜)임금이 아버지는 포악하고 어머니는 모질어 늘 순(舜)임금을 죽이려고 하였으나, 순임금이 능히 효도로써 화합하여 점점 나아져서 간악한 데 이르지 않게 하였으니, 효자의 도리가 이같이 지극하였다. 공자가 말하기를 "오형(五刑)의 종류가 3천 가지지만 그 중에서 불효보다 더 큰 죄는 없다."고 했다.

君臣有義
(임금과 신하간에는 의리가 있다.)

君臣은 天地之分이라. 尊且貴焉하며, 卑且賤焉하니,
군 신　천 지 지 분　　존 차 귀 언　　　비 차 천 언

尊貴之使卑賤과 卑賤之事尊貴는 天地之常
존 귀 지 사 비 천　　비 천 지 사 존 귀　　천 지 지 상

經_{이며,} 古今之通義_{라.} 是故_로 君者_는 體元而發
경　　　　고 금 지 통 의　　　시 고　　　군 자　　체 원 이 발

號施令者也_{요.} 臣者_는 調元而陳善閉邪者也_{라.}
호 시 령 자 야　　신 자　　조 원 이 진 선 폐 사 자 야

會遇之際_에 各盡其道_{하여,} 同寅協恭_{하여,} 以
회 우 지 제　　각 진 기 도　　　　동 인 협 공　　　　이

臻至治_{니라.}
진 지 치

　임금과 신하는 천지와 같은 차이이다. 임금은 높고 귀하며 신하는 낮고 천하
니, 높고 귀한 임금이 신하를 부리는 것과 낮고 천한 신하가 임금을 섬기는 것은
천지의 떳떳한 법칙이며, 고금에 공통되는 의리이다. 그러므로, 임금은 하늘의 이
치를 본받아 호령을 발하고 명령을 내리는 것이고, 신하는 임금을 도와 선한 일
을 말하고 사악함을 막는 것이다. 임금과 신하가 만날 때에 각기 그 도리를 다하
여 서로 협력하고 공경해서 훌륭한 정치에 이르게 하여야 한다.

苟或君而不能盡君道_{하고,} 臣而不能修臣職_{이면}
구 혹 군 이 불 능 진 군 도　　　신 이 불 능 수 신 직

不可與共治天下國家也_{니라.} 雖然_{이나,} 吾君不
불 가 여 공 치 천 하 국 가 야　　수 연　　　오 군 불

能_을 謂之賊_{이라.} 昔者_에 商紂暴虐_{이어늘} 比干_이
능　　위 지 적　　　석 자　　상 주 포 학　　　비 간

諫而死_{하니} 忠信之節_이 於斯_에 盡矣_{로다.} 孔子
간 이 사　　　충 신 지 절　　어 사　　진 의　　　공 자

曰 臣事君以忠_{이라} 하니라.
왈　신 사 군 이 충

　만일, 임금으로서 임금의 도리를 다하지 못하고, 신하로서 신하의 직분을 닦지
못한다면 더불어 함께 천하와 국가를 다스릴 수 없다. 비록 그러하나 "우리 임금
은 능하지 못하다."라고 말하는 자를 적이라고 이른다. 옛날에 상나라 주왕(紂王)

이 포악했는데 비간(比干)이 간하다 죽었으니, 충신의 절개가 이에 다하였도다. 공자가 말하기를 "신하는 임금 섬기기를 충성으로써 해야 한다."라고 하였다.

夫 婦 有 別
(남편과 아내간에는 분별이 있다.)

夫婦는 二姓之合이라. 生民之始며 萬福之原이니,
부부 이성지합 생민지시 만복지원

行媒議婚하며 納幣親迎者는 厚其別也라. 是
행매의혼 납폐친영자 후기별야 시

故로, 娶妻하되 不娶同姓하며, 爲宮室하되 辨內
고 취처 불취동성 위궁실 변내

外하여 男子는 居外而不言內하고, 婦人은 居內
외 남자 거외이불언내 부인 거내

而不言外라. 苟能莊以涖之하여, 以體乾健之
이불언외 구능장이이지 이체건건지

道하고 柔以正之하여 以承坤順之義면 則家道
도 유이정지 이승곤순지의 즉가도

正矣라.
정의

부부는 두 성(姓)이 합한 것이다. 백성의 시초이며 만복의 근원이니, 중매를 통하여 혼인을 의논하며, 폐백을 들이고 친히 맞이하는 것은 그 분별을 두텁게 하는 것이다. 그러므로, 아내를 맞이하되 같은 성을 맞이하지 않으며, 집을 짓되 안과 밖을 분별하여 남자는 밖에 거처하며 안의 일을 말하지 않고, 부인은 안에 거처하며 밖의 일을 말하지 않는다. 진실로 남편은 능히 씩씩함으로써 임하여 하늘의 건전한 도리를 본받고, 아내는 유순함으로써 바르게 하여 땅의 순종하는 의리에 따른다면 가도(家道)가 바르게 될 것이다.

反是而夫不能專制하여 御之不以其道하고, 婦
반 시 이 부 불 능 전 제　　어 지 불 이 기 도　　　부

乘其夫하여 事之不以其義하여, 昧*三從之道하고,
승 기 부　　사 지 불 이 기 의　　매 삼 종 지 도

有*七去之惡이면 則家道索矣리라. 須是夫敬其
유 칠 거 지 악　　즉 가 도 색 의　　　수 시 부 경 기

身하여 以帥其婦하고, 婦敬其身하여 以承其夫하며,
신　　이 솔 기 부　　부 경 기 신　　　이 승 기 부

內外和順이라야 父母其安樂之矣리라.
내 외 화 순　　부 모 기 안 락 지 의

　이에 반하여 남편이 아내를 능히 제어하지 못하여 거느리기를 도리로써 하지
못하고, 아내가 남편을 따르지 않고 섬기기를 의리로 하지 아니하여, 삼종(三從)
의 도리에 어둡고, 칠거의 악행이 있다면 가도(家道)가 불안해질 것이다. 모름지
기 남편은 자기 몸가짐을 삼가 그 아내를 잘 거느리고, 아내도 몸가짐을 삼가 그
남편을 받들어서 내외가 화순하여야만 부모의 마음이 안락할 것이다.

*三從之道 : 여자가 지켜야 할 세 가지 도리. 곧 친정에 있을 때에는 아버지를 따르고, 시집가
　　　　　 서는 남편을 따르고, 남편이 죽으면 아들을 따름.
*七去之惡 : 아내를 내쫓던 일곱 가지 조건. 곧 시부모에게 순종하지 않는 일, 자식을 못 낳는
　　　　　 일, 음란한 일, 질투하는 일, 나쁜 질병이 있는 일, 말이 많은 일, 도둑질하는 일.

昔者에 郤缺이 耨어늘 其妻饁之하되, 敬하여 相
석 자　　극 결　　누　　　기 처 엽 지　　경　　　상

待如賓하니, 夫婦之道는 當如是也라. 子思曰
대 여 빈　　부 부 지 도　　당 여 시 야　　자 사 왈

君子之道는 造端乎夫婦라 하니라.
군 자 지 도　　조 단 호 부 부

　옛날에 극결(郤缺)이 밭에서 김을 매거늘 그 아내가 점심밥을 가져왔는데, 공
경하여 서로 손님을 대하듯 하였으니, 부부의 도리는 마땅히 이와 같아야 한다.
자사(子思)가 말하기를 "군자의 도리는 부부에서부터 비롯된다."라고 하였다.

長 幼 有 序
(어른과 어린아이간에는 차례가 있다.)

長幼는 天倫之序라. 兄之所以爲兄과 弟之所
장유　천륜지서　　형지소이위형　　제지소

以爲弟는 長幼之道가 所自出也라. 蓋宗族鄕
이위제　장유지도　소자출야　　개종족향

黨에 皆有長幼하니 不可紊也라.
당　개유장유하니　불가문야

　어른과 어린이는 천륜의 차례이다. 형이 형 되는 까닭과 아우가 아우 되는 까닭은 어른과 어린이의 도리가 비롯되어 나오는 것이다. 대개 종족과 향당에는 모두 어른과 어린이가 있으니, 문란하게 해서는 안 될 것이다.

徐行後長者를 謂之弟요, 疾行先長者를 謂之
서행후장자　위지제　질행선장자　위지

不弟니, 是故로, 年長以倍면 則父事之하고, 十
불제　시고　년장이배　즉부사지　십

年以長이면 則兄事之하고, 五年以長이면 則肩
년이장　즉형사지　오년이장　즉견

隨之니, 長慈幼하고, 幼敬長然後에야 無侮少陵
수지　장자유　유경장연후　무모소릉

長之弊하여 而人道正矣리라.
장지폐　이인도정의

　천천히 걸어서 어른보다 뒤에 가는 것을 공손하다 말하고, 빨리 걸어서 어른을 앞질러 가는 것을 공손하지 않다고 말한다. 그러므로, 나이가 갑절이 많으면 어버이로 섬기고, 10년이 많으면 형으로 섬기고, 5년이 많으면 어깨를 나란히 하고 따라가니, 어른은 어린이를 사랑하며 어린이는 어른을 공경한 연후에야, 젊은이를 업신여기고 어른을 깔보는 폐단이 없어져서 사람의 도리가 바르게 될 것이다.

而況兄弟는 同氣之人이라. 骨肉至親이니, 尤當
이 황 형 제   동 기 지 인   골 육 지 친   우 당

友愛하고, 不可藏怒宿怨하여 以敗天常也라.
우 애   불 가 장 노 숙 원   이 패 천 상 야

하물며 형제는 기운이 같은 사람이라. 뼈와 살을 같이한 지극히 가까운 친족이니, 더욱 마땅히 우애하여야 하고, 노여움을 마음속에 숨기고 원망을 품어서 하늘의 떳떳한 도리를 무너뜨려서는 안 된다.

昔者에 司馬光이 與其兄伯康으로 友愛尤篤하여
석 자   사 마 광   여 기 형 백 강   우 애 우 독

敬之如嚴父하고, 保之如嬰兒하니, 兄弟之道가
경 지 여 엄 부   보 지 여 영 아   형 제 지 도

當如是也라. 孟子曰 孩提之童이 無不知愛
당 여 시 야   맹 자 왈   해 제 지 동   무 부 지 애

其親하며, 及其長也하여는 無不知敬其兄也니라.
기 친   급 기 장 야   무 부 지 경 기 형 야

옛날에 사마광(司馬光)이 그의 형 백강(伯康)과 우애가 매우 두터워 형을 공경하기를 엄한 아버지와 같이 하고, 아우를 보호하기를 어린아이와 같이 하였으니, 형제간의 도리가 마땅히 이래야 한다. 맹자가 말하기를 "어른의 손에 이끌려 다니는 어린아이도 그 어버이를 사랑할 줄 모르는 이가 없으며, 그 자라남에 이르러서는 그 형을 공경할 줄 모르는 이가 없다."라고 하였다.

朋 友 有 信
(친구간에는 믿음이 있다.)

朋友는 同類之人이라. 益者三友요, 損者三友니,
붕 우   동 류 지 인   익 자 삼 우   손 자 삼 우

友直하며 友諒하며 友多聞이면 益矣요. 友便辟하며
우 직　　우 량　　우 다 문　　　익 의　　　우 편 벽

友善柔하며 友便佞이면 損矣리라. 友也者는 友其
우 선 유　　우 편 녕　　　손 의　　　우 야 자　　우 기

德也라. 自天子로 至於庶人에 未有不須友以
덕 야　　자 천 자　　지 어 서 인　　미 유 불 수 우 이

成者하니, 其分若疎하되 而其所關이 爲至親이라.
성 자　　기 분 약 소　　　이 기 소 관　　위 지 친

　친구는 유(類)가 같은 사람이다. 유익한 벗 세 가지가 있고, 해로운 벗 세 가지가 있으니, 벗이 정직하며, 벗이 성실하며, 벗이 견문이 넓으면, 유익하고, 벗이 편벽하며, 벗이 유약하며, 벗이 아첨하면 해로울 것이다. 친구란 그 덕을 벗삼는 것이다. 천자로부터 백성에 이르기까지 친구 때문에 그 덕을 이루지 않는 자가 없으니, 그 정분이 비록 성긴 것 같지만 그 관계되는 바는 지극히 친밀한 것이다.

是故로, 取友必端人하며, 擇友必勝己니, 要當責
시 고　　취 우 필 단 인　　택 우 필 승 기　　요 당 책

善以信하며, 切切偲偲하여 忠告而善道之하다가
선 이 신　　절 절 시 시　　충 고 이 선 도 지

不可則止니라. 苟或交遊之際에 不以*切磋·
불 가 즉 지　　구 혹 교 유 지 제　　불 이 절 차

琢磨로 爲相與하고, 但以歡狎·戲謔으로 爲相
탁 마　　위 상 여　　단 이 환 압 희 학　　위 상

親이면, 則安能久而不疎乎리오?
친　　　즉 안 능 구 이 불 소 호

　그러므로, 벗을 사귈 때에는 반드시 단정한 사람으로 하며, 벗을 가리기를 반드시 자기보다 나은 이로 하여야 하니, 요컨대 마땅히 선을 권하되 믿음으로써 하며, 간절히 권면하고 격려하며 충고하여 바른 길로 인도하다가 할 수 없으면

그칠 것이다. 진실로 혹 사귀어 놀 때에 학문과 덕행을 절차탁마(切磋琢磨)함으로써 서로 사귀지 않고, 다만 장난하고 농담하는 일로써 서로 친하려고 한다면 어찌 능히 오래도록 소원(疎遠)해지지 않을 수 있겠는가?

* 切磋琢磨 : 친구끼리 서로 격려하며 학문과 덕행을 갈고 닦음의 비유. '切'은 뼈나 뿔을 절단하는 것, '磋'는 줄 따위로 곱게 다듬는 것. '琢'은 옥과 보석을 쪼는 것, '磨'는 모래 따위로 곱게 연마하는 것.

昔者에 晏子는 與人交하되 久而敬之하니, 朋友
석자   안자   여인교   구이경지   붕우

之道는 當如是也라. 孔子曰 不信乎朋友면 不
지도   당여시야   공자왈 불신호붕우   불

獲乎上矣리라. 信乎朋友에 有道하니 不順乎親
획호상의   신호붕우에 유도하니 불순호친

이면 不順乎朋友矣리라.
     불순호붕우의

옛날에 안자(晏子)는 남과 사귐에 있어 오래도록 서로 공경하였으니, 친구 사이의 도리가 마땅히 이러해야 한다. 공자가 말하기를 "친구에게 믿음이 없으면 윗사람에게 신임을 얻지 못한다. 친구에게 믿음을 얻는 도리가 있으니, 어버이에게 순종하지 못하면 친구에게서도 믿음을 얻지 못할 것이다."라고 하였다.

總 論

此 *五品者는 天敍之典이며 而人理之所固有
차 오품자   천서지전   이인리지소고유

者라. 人之行이 不外乎五者로되, 而唯孝爲百
자   인지행   불외호오자   이유효위백

行之源이라.
행지원

이 다섯 가지 윤리 도덕은 하늘이 마련한 법전이며, 사람의 도리에 본래부터 가지고 있는 것이다. 사람의 행실이 이 다섯 가지에서 벗어나지 아니하되 오직 효도가 모든 행실의 근원이 된다.

*五品 : 다섯 가지 윤리 도덕, 곧 父子有親, 君臣有義, 夫婦有別, 長幼有序, 朋友有信.

是以로 孝子之事親也는 鷄初鳴이어든 咸盥漱하고
시 이　효 자 지 사 친 아　게 초 명　함 관 수

適父母之所하여 下氣怡聲하여 問衣燠寒하며 問
적 부 모 지 소　하 기 이 성　문 의 욱 한　문

何食飮하고, 冬溫而夏淸하며 昏定而晨省하고,
하 식 음　동 온 이 하 정　혼 정 이 신 성

出必告하며 反必面하고, 不遠遊하여 遊必有方하고,
출 필 곡　반 필 면　불 원 유　유 필 유 방

不敢有其身하며, 不敢私其財라.
불 감 유 기 신　불 감 사 기 재

그러하므로 효자가 어버이를 섬김에는 닭이 처음 울거든 모두 세수하고 양치질하고, 부모의 처소로 가서 나직하고 부드러운 음성으로 입으신 옷이 더운지 추운지, 무슨 음식을 드실 것인지를 여쭈어보고, 겨울에는 따뜻하게 해드리고 여름에는 서늘하게 해드리며 저녁에는 잠자리를 정해드리고 새벽에는 문안을 드리고, 밖에 나갈 때에는 반드시 아뢰며 돌아오면 반드시 뵙고, 멀리 나다니지 말며 나다니되 반드시 노는 곳을 밝혀두고, 감히 자기 몸을 자기 마음대로 가지지 못하며, 감히 재물을 사사로이 하지 못한다.

父母愛之어시든 喜而不忘하며, 惡之어시든 懼而無
부 모 애 지　희 이 불 망　오 지　구 이 무

怨하며, 有過어시든 諫而不逆하고, 三諫而不聽이어든
원　유 과　간 이 불 역　삼 간 이 불 청

則號泣而隨之하며, 怒而撻之流血이라도 不敢疾
즉 호 읍 이 수 지　노 이 달 지 류 혈　불 감 질

怨하라. 居則致其敬하고, 養則致其樂하고, 病則
원   거 즉 치 기 경   양 즉 치 기 락   병 즉

致其憂하고, 喪則致其哀하고, 祭則致其嚴이니라.
치 기 우   상 즉 치 기 애   제 즉 치 기 엄

　부모가 사랑해 주시면 기뻐하고 잊지 않으며, 미워하시더라도 두려워하되 원망을 하지 말고, 부모가 과실이 있으시거든 간하되 거스르지 아니하고, 세 번 간해도 듣지 않으시면 울부짖어 울고 따르며, 부모가 노하여 종아리를 쳐서 피가 나더라도 감히 미워하거나 원망하지 말라. 부모가 게시면 그 공경을 지극히 하고, 봉양할 때에는 그 즐거움을 지극히 하고, 병이 드시면 그 근심을 지극히 하고, 상을 당하면 슬픔을 지극히 하고, 제사에는 그 엄숙함을 지극히 해야 한다.

若夫　人子之不孝也는　不愛其親이요, 而愛他
약 부　인 자 지 불 효 야　불 애 기 친　　이 애 타

人하며, 不敬其親이요, 而敬他人하며　惰其四肢하여
인　　불 경 기 친　　이 경 타 인　　타 기 사 지

不顧父母之養하고, 博奕好飮酒하여　不顧父母
불 고 부 모 지 양　　박 혁 호 음 주　　불 고 부 모

之養하고, 好貨財私妻子하여　不顧父母之養하고,
지 양　　호 화 재 사 처 자　　불 고 부 모 지 양

從耳目之好하여　以爲父母戮하고　好勇鬪狠이면,
종 이 목 지 호　　이 위 부 모 륙　　호 용 투 한

以危父母니라.
이 위 부 모

　무릇 자식으로서 효도를 아니하는 것은 그 어버이를 사랑하지 않고 남을 사랑하며, 그 어버이를 공경하지 아니하고 남을 공경하며, 그 사지(四肢)를 게을리하여 부모의 봉양을 돌보지 않고, 장기·바둑이나 두고 술마시기를 좋아하여 부모의 봉양을 돌보지 않고, 재물을 좋아하며 처자를 사사로이 하여 부모의 봉양을 돌보지 않고, 귀와 눈에 즐거운 일만 좋아서 부모를 욕되게 하고, 용맹을 좋아하여 사납게 싸워서 부모를 위태롭게 한다.

噫라. 欲觀其人의 行之善不善이면, 必先觀其人
희　욕관기인　행지선불선　　필선관기인

之孝不孝니, 可不愼哉며 可不懼哉아? 苟能孝
지효불효　가불신재　　가불구재　　구능효

於其親이면, 則推之於君臣也와 夫婦也와 長幼
어기친　　즉추지어군신야　부부야와　장유

也와 朋友也에 何往而不可哉리오? 然則孝之
야　붕우야　하왕이불가재리오？　연즉효지

於人에 大矣나 而亦非高遠難行之事也라.
어인　대의　이역비고원난행지사야

　아! 그 사람의 행실이 착하고 착하지 않음을 보려 한다면, 반드시 먼저 그 사람의 효도하거나 효도하지 않음을 볼 것이니, 어찌 삼가지 않을 수 있으며 두려워하지 않을 수 있겠는가? 진실로 능히 그 어버이에게 효도한다면, 이를 미루어서 군신 사이와 부부 사이와 장유 사이와 붕우 사이에 어디를 간들 도리에 맞아 옳지 않겠는가? 그렇다면 효도란 사람에게 있어서 매우 큰 것이지만 또한 높고 멀어서 행하기가 어려운 일이 아니다.

然이나 自非生知者면 必資學問而知之니, 學
연　자비생지자　필자학문이지지　　학

問之道는 無他라, 將欲通古今하며 達事理하여
문지도　무타　　장욕통고금　　달사리

存之於心하며 體之於身이니, 可不勉其學問之
존지어심　체지어신　　가불면기학문지

力哉아? 茲用摭其歷代要義하여, 書之于左하노라.
력재　자용척기력대요의　　서지우좌

　그러나 스스로 나면서부터 아는 자가 아니면 반드시 학문의 도움으로 알아야 하니, 학문의 길은 다름이 아니라, 장차 고금의 역사를 통하며 이치에 통달하여 이를 마음에 간직해 두며 이를 몸에 본받고자 하는 것이니, 어찌 그 학문에 힘쓰지 않을 수 있겠는가? 이제 그 예로부터 이어져 내려온 역사의 요지(要旨)를 추려서 왼쪽(아래)에 적는다.

蓋自太極肇判하여 陰陽始分으로, *五行相生에
개 자 태 극 조 판　　　음 양 시 분　　　　오 행 상 생

先有理氣이니, 人物之生이 林林總總이라. 於是에
선 유 리 기　　　인 물 지 생　　　림 림 총 총　　　어 시

聖人首出하여 繼天立極하니, 天皇氏와 地皇氏와
성 인 수 출　　　계 천 립 극　　　천 황 씨　　지 황 씨

人皇氏와 有巢氏와 燧人氏가 是爲太古니, 在
인 황 씨　　유 소 씨　　수 인 씨　　시 위 태 고　　재

書契以前이라 不可考로다.
서 계 이 전　　　불 가 고

대저 태극이 처음으로 갈라져서 음양(하늘과 땅)이 비로소 나누어짐으로 오행(五行)이 서로 생기고, 먼저 이기(理氣)가 있으므로 사람과 물건이 많고 많았다. 이에 성인이 맨 먼저 나와 하늘의 뜻을 계승하여 사물을 판단하는 최고의 준칙을 세우니, 천황씨와 지황씨와 인황씨와 유소씨와 수인씨 등이 나온 이 때는, 태고적으로 글자가 있기 이전이라 자세히 상고할 수가 없다.

* 五行 : 만물을 구성하는 금(金)·목(木)·수(水)·화(火)·토(土)의 다섯 요소.

伏羲氏가 始畫*八卦하며 造書契하여 以代結繩
복 희 씨　　시 획 팔 패　　　조 서 계　　　이 대 결 승

之政하고, 神農氏가 作耒耜하며 制醫藥하고, 黃帝
지 정　　　신 농 씨　　작 뢰 사　　　제 의 약　　　황 제

氏가 用干戈하며 作舟車하고, 造曆算하며 制音律
씨　　용 간 과　　　작 주 거　　　조 역 산　　　제 음 률

하니, 是爲三皇이라. 至德之世이니 無爲而治하다.
　　　시 위 삼 황　　　지 덕 지 세　　　무 위 이 치

복희씨가 처음 팔괘(八卦)를 그어 글자를 만들어 결승(結繩)의 정사를 대신하고, 신농씨가 쟁기와 보습을 만들며 의술과 약을 만들고, 황제씨가 방패와 창을 사용하며 배와 수레를 만들고, 달력과 산수를 만들며 음률을 제정했으니, 이를 삼황(三皇)이라 한다. 지덕(至德)의 세상이라 무위(無爲)로 다스려졌다.

* 八卦 : 음양을 근본으로 하여 만든 주역(周易)의 여덟 괘(卦). 곧 건(乾 ☰)·태(兌 ☱)·이(離 ☲)·진(震 ☳)·손(巽 ☴)·감(坎 ☵)·간(艮 ☶)·곤(坤 ☷).

少昊·顓頊·帝嚳·帝堯·帝舜이 是爲五帝라.
소 호　전 욱　제 곡　제 요　제 순　시 위 오 제

皐·夔·稷·契이 佐堯舜하여 而堯舜之治가 卓
고　기　직　설　좌 요 순　이 요 순 지 치　탁

冠百王이라. 孔子定書에 斷自唐虞하다.
관 백 왕　공 자 정 서　단 자 당 우

소호와 전욱과 제곡과 제요와 제순을 오제(五帝)라 한다. 고(皐)와 기(夔)와 직(稷)과 설(契)이 요순(堯舜)을 도와서 요순의 정치가 모든 왕의 으뜸이 되었다. 공자가 서경(書經)을 정리할 때에 당(唐 ; 堯)·우(虞 ; 舜) 시대부터 끊어서 하였다.

夏禹와 商湯과 周文王·武王이 是爲三王이니, 歷
하 우　상 탕　주 문 왕 무 왕　시 위 삼 왕　역

年이 或四百하며 或六百하며 或八百하니, 三代之
년　혹 사 백　혹 육 백　혹 팔 백　삼 대 지

隆을 後世莫及이며 而商之伊尹·傅說과 周之
륭　후 세 막 급　이 상 지 이 윤 부 설　주 지

周公·召公이 皆賢臣也라. 周公이 制禮作樂하니,
주 공 소 공　개 현 신 야　주 공　제 례 작 악

典章·法度가 粲然極備하더니, 及其衰也하여 五
전 장 법 도　찬 연 극 비　급 기 쇠 야　오

覇가 摟諸侯하여 以匡王室하니, 若齊桓公과 晉
패　누 제 후　이 광 왕 실　약 제 환 공　진

文公과 宋襄公과 秦穆公과 楚莊王이 迭主夏
문공   송양공   진목공   초장왕   질주하

盟하니, 王靈不振하다.
맹   왕령부진

하(夏)나라 우왕(禹王)과 상(商)나라 탕왕(湯王)과 주(周)나라 문왕(文王)·무왕(武王)을 삼왕(三王)이라 하니, 왕업을 누린 햇수가 혹은 4백 년, 혹은 6백 년, 혹은 8백 년이었다. 이 삼대(三代)의 융성함을 후세에 미칠 수가 없었으며, 상(商)나라의 이윤(伊尹)·부열(傅說)과 주(周)나라의 주공(周公)·소공(召公)은 모두 어진 신하였다. 주공(周公)이 예법을 만들고 음악을 만드니, 전장(典章)과 법도가 찬연하게 잘 갖추어졌다. 주(周)나라가 쇠퇴하자 오패(五霸)가 제후를 이끌어 왕실을 바로잡으니, 제 환공(齊桓公)과 진 문공(晉文公)과 송 양공(宋襄公)과 진 목공(秦穆公)과 초 장왕(楚莊王)이 차례로 중하(中夏)의 맹주(盟主)임을 주장하였으니, 왕의 위엄을 크게 떨치지는 못하였다.

孔子는 以天縱之聖으로 轍環天下하사, 道不得
공자   이천종지성   철환천하   도부득

行于世하여 刪詩書하고 定禮樂하며, 贊周易하고
행우세   산시서   정예악   찬주역

修春秋하며, 繼往聖하고 開來學하여, 而傳其道
수춘추   계왕성   개내학   이전기도

者는 顔子·曾子니, 事在論語하니라. 曾子之門
자   안자증자   사재논어   증자지문

人이 述大學하다.
인   술대학

공자는 하늘이 내신 성인으로서 수레를 타고 천하를 두루 돌았으나 도(道)가 세상에 행하지 못하게 되자, <시경>과 <서경>을 산삭(刪削)하고 예(禮)와 악(樂)을 정하며, <주역>을 해설하고 <춘추>를 편수하며, 지난날의 성현을 계승하고 후학(後學)의 길을 열어, 그 도를 전한 사람은 안자(顔子)와 증자(曾子)이니, 이 사실이 <논어>에 실려 있다. 증자의 문인이 <대학>을 저술하였다.

列國은 則曰魯·曰衛·曰晉·曰鄭·曰曹·曰蔡
열국 즉왈로 왈위 왈진 왈정 왈조 왈채

·曰燕·曰吳·曰齊·曰宋·曰陳·曰楚·曰秦이니
왈연 왈오 왈제 왈송 왈진 왈초 왈진

干戈日尋하여 戰爭不息하다가 遂爲戰國하니, 秦
간 과 일 심 전쟁불식 수위전국 진

·楚·燕·齊·韓·魏·趙를 是爲七雄이라.
초 연 제 한 위 조 시위칠웅

열국(列國)은 노(魯)·위(衛)·진(晉)·정(鄭)·조(曹)·채(蔡)·연(燕)·오(吳)·제(齊)·송(宋)·진(陳)·초(楚)·진(秦)이니, 이들 나라가 날로 방패와 창으로 힘을 겨루며 전쟁이 끊이지 않다가 마침내 전국시대(戰國時代)가 되었으니, 진(秦)·초(楚)·연(燕)·제(齊)·한(韓)·위(魏)·조(趙)를 칠웅(七雄)이라고 한다.

孔子之孫子思가 生斯時하여 作中庸하고, 其門
공 자 지 손 자 사 생 사 시 작 중 용 기 문

人之弟孟軻는 陳王道於齊·梁하나, 道又不行하여
인 지 제 맹 가 진 왕 도 어 제 량 도 우 불 행

作孟子七篇하되, 而異端·縱橫·功利之說盛
작 맹 자 칠 편 이 이 단 종 횡 공 리 지 설 성

行하여 吾道不傳이라.
행 오 도 불 전

공자의 손자인 자사(子思)가 이 때에 태어나 <중용>을 지었고, 그 문인의 제자인 맹가(孟軻)가 왕도를 제(齊)나라와 양(梁)나라에 펼쳤으나, 도(道)가 역시 행해지지 않으므로 <맹자> 7편을 지었는데, 이단(異端)과 종횡(縱橫)과 공리(功利)의 설이 성행해서 우리의 도[儒道]가 전해지지 못하였다.

及秦始皇하여 *吞二周 滅六國하며, 廢封建하여
급 진 시 황 탄 이 주 멸 륙 국 폐 봉 건

爲郡縣하며, 焚詩書 坑儒生하니, 二世而亡하니라.
위 군 현　　분 시 서　갱 유 생　　이 세 이 망

　진시황(秦始皇)에 이르러서는 두 주(周)나라를 병탄하고 6국을 멸망시키며, 봉건제도를 폐지하여 군현제도를 설치했으며, 시서(詩書)를 불태우고 유생(儒生)을 구덩이에 묻어 죽이니, 2대만에 망하였다.

　*吞二周 滅六國 : 이주(二周)는 동주(東周)와 서주(西周)를, 육국(六國)은 칠웅(七雄) 가운데 진(秦)나라를 제외한 초(楚)·연(燕)·제(齊)·한(韓)·위(魏)·조(趙)의 여섯 나라를 일컬음.

漢高祖가 起布衣成帝業하여, 歷年四百하되, 在
한 고 조　　기 포 의 성 제 업　　　력 년 사 백　　　재

明帝時에, 西域佛法이 始通中國하여 惑世誣
명 제 시　　서 역 불 법　　시 통 중 국　　혹 세 무

民하다. 蜀漢·吳·魏三國이 鼎峙하니, 而諸葛亮이
민　　촉 한 오 위 삼 국　　정 치　　　이 제 갈 량

仗義扶漢하다가 病卒軍中하다.
장 의 부 한　　　병 졸 군 중

　한 고조(漢高祖)는 평민 출신으로 일어나 황제의 대업을 이루어서 햇수가 4백 년을 지났는데, 명제(明帝) 때 서역(西域)의 불법(佛法)이 비로소 중국에 들어와 세상을 현혹시키고 백성을 속였다. 촉한(蜀漢)·오(吳)·위(魏)의 세 나라가 정립(鼎立)하여 대치하니, 제갈량(諸葛亮)이 대의를 지켜 한(漢)나라를 도우려 하다가 병들어 군중에서 죽었다.

晉有天下에 歷年百餘하되 *五胡가 亂華하니, 宋
진 유 천 하　　역 년 백 여　　오 호　　난 화　　　송

·齊·梁·陳이 南北分裂이러니, 隋能混一하되, 歷
제 량 진　　남 북 분 렬　　　수 능 혼 일　　　역

年三十이라.
년 삼 십

진(晉)나라가 천하를 차지함에 햇수가 백여 년을 지났는데 오호(五胡)가 중화(中華)를 어지럽히니, 송(宋)·제(齊)·양(梁)·진(陳) 등이 남북으로 분열되었다가 수(隋)나라가 능히 천하를 통일했으나 겨우 30년을 지냈었다.

*五胡 : 진 무제(晉武帝)가 죽은 후, 진(晉)나라의 내분을 틈타 나라를 세운 흉노족(匈奴族)·갈족(羯族)·선비족(鮮卑族)·저족(氐族)·강족(羌族) 등 북방의 다섯 종족.

唐高祖와 太宗이 乘隋室亂하고, 化家爲國하여,
당 고 조   태 종   승 수 실 란   화 가 위 국

歷年三百이라. 後梁·後唐·後晉·後漢·後周가
역 년 삼 백   후 량 후 당 후 진 후 한 후 주

是爲五季니, 朝得暮失하여 大亂極矣라.
시 위 오 계   조 득 모 실   대 란 극 의

당(唐)나라 고조(高祖)와 태종(太宗)이 수(隋)나라 황실의 어지러움을 틈타 가(家)를 바꾸어 나라를 세워서 햇수가 3백년이 지났다. 후량(後梁)·후당(後唐)·후진(後晉)·후한(後漢)·후주(後周)는 오계(五季)가 되니, 아침에 얻었다가 저녁에 잃어서 큰 혼란이 극도에 달하였다.

宋太祖가 立國之初에 *五星聚奎하더니, *濂·洛
송 태 조   입 국 지 초   오 성 취 규   염 락

·關·閩에 諸賢輩出하다. 若周敦頤·程顥·程
관 민   제 현 배 출   약 주 돈 이 정 호 정

頤·司馬光·張載·邵雍·朱熹가 相繼而起하여
이 사 마 광 장 재 소 옹 주 희   상 계 이 기

以闡明斯道로 爲己任하되 身且不得見容하고,
이 천 명 사 도   위 기 임   신 차 부 득 견 용

而朱子가 集諸家說하여 註四書五經하니, 其有
이 주 자   집 제 가 설   주 사 서 오 경   기 유

功於學者가 大矣로다.
공 어 학 자   대 의

송(宋)나라 태조(太祖)가 나라를 세운 초기에 다섯 별이 규성(奎星)자리에 모이더니, 렴(濂)·락(洛)·관(關)·민(閩)에 여러 현인이 계속하여 나왔다. 주돈이(周敦頤)·정호(程顥)·정이(程頤)·사마광(司馬光)·장재(張載)·소옹(邵雍)·주희(朱熹) 같은 이가 서로 뒤를 이어나와 이 유도(儒道)를 밝히는 것으로써 자기의 임무로 삼았으나 자기 몸도 용납함을 보지 못하였고, 주자(朱子)는 여러 학자의 설을 모아 사서와 오경에 주(註)를 달았으니, 그 배우는 자에게 공이 있음이 컸다.

* 五星聚奎 : 오성(五星)은 금(金)·목(木)·수(水)·화(火)·토(土)의 다섯 별이며, 규(奎) 역시 별 이름으로 28수의 하나인데, 이 오성이 규성(奎星)에 모이면 문운(文運)이 크게 열려 세상이 문명해진다고 함.

* 濂·洛·關·閩 : 주돈이(周敦頤)는 염계(濂溪)에, 정호(程顥)·정이(程頤) 형제는 낙양(洛陽)에, 장재(張載)는 관중(關中)에, 주희(朱熹)는 민중(閩中)에 살았으므로, 이들 지역을 약칭한 것임.

然이나 而國勢不競하여 歷年三百에 契丹·蒙古
연   이국세불경   역년삼백   거란 몽고

·遼·金이 迭爲侵軼하여, 而及其垂亡하니, 文天
요 금   질위침일   이급기수망   문천

祥이 竭忠報宋하다가 竟死燕獄하다. 胡元이 滅
상   갈충보송   경사연옥   호원 멸

宋하고, 混一區宇하여 綿歷百年하니, 夷狄之盛이
송   혼일구우   면력백년   이적지성

未有若此者也로다.
미 유 약 차 자 야

그러나 나라의 위세가 강하지 못하여 햇수가 3백년을 지남에, 거란·몽고·요·금 등이 번갈아 침략하여 거의 망함에 이르르니, 문천상(文天祥)이 충성을 다하여 송(宋)나라에 보답하려 하다가 마침내 연(燕)나라 옥중에서 죽었다. 오랑캐인 원(元)나라가 송(宋)나라를 멸망시키고 천하를 통일하여 면면히 백년을 지냈으니, 오랑캐의 강성함이 이와 같은 적은 있지 아니하였다.

天厭穢德하여 大明이 中天하고, 聖繼神承하니, 於!
천염예덕   대명 중천   성계신승   오

千萬年이로다. 嗚呼라! 三綱五常之道가 與天地로
천 만 년　　　오 호　　삼 강 오 상 지 도　　여 천 지

相終始하니, 三代以前에는 聖帝明王과 賢相良
상 종 시　　　삼 대 이 전　　　성 제 명 왕　　현 상 량

佐가 相與講明之라. 故로, 治日常多하고, 亂日
좌　　상 여 상 멍 지　　고　　치 일 상 다　　　난 일

常少하더니, 三代以後에는 庸君暗主와 亂臣賊
상 소　　　삼 대 이 후　　　용 군 암 주　　난 신 적

子가 相與敗壞之라. 故로, 亂日常多하고, 治日
자　　상 여 패 괴 지　　고　　난 일 상 다　　치 일

常少하니, 其所以世之治亂安危와 國之興廢
상 소　　　기 소 이 세 지 치 란 안 위　　국 지 흥 폐

存亡이 皆由於人倫之明不明如何耳니, 可不
존 망　　개 유 어 인 륜 지 명 불 명 여 하 이　　가 불

察哉아?
찰 재

　　하늘은 오랑캐의 누추한 덕을 싫어하여 명나라가 천운을 받아 성자가 이어지고 신손(神孫)이 계승하니, 아! 천만 년을 이르리라. 아! 삼강(三綱)과 오상(五常)의 도가 천지와 더불어 시종을 같이 하니, 삼대(三代) 이전에는 성스러운 임금과 밝은 군주와 어진 재상과 착한 보좌관이 함께 이 도리를 강론하여 밝혔다. 때문에 다스려진 날이 항상 많고, 어지러운 날이 항상 적었는데, 삼대 이후에는 용렬한 임금과 어두운 군주와 나라를 어지럽히는 신하와 역적들이 서로 싸우고 파괴하였다. 그러므로, 어지러운 날이 항상 많고, 다스려진 날이 항상 적었으니, 그 세상의 치란(治亂)·안위(安危)와 나라의 흥폐(興廢)·존망(存亡)이 모두 인륜이 밝고 밝지 못하느냐의 여하에 달려 있으니, 어찌 살피지 않겠는가?

東方에 初無君長하더니, 有神人이 降于太白山
동 방　　초 무 군 장　　　유 신 인　　강 우 태 백 산

檀木下하여 神靈明智어늘, 國人이 立以爲君하니,
단 목 하   신 령 명 지   국 인   입 이 위 군

與堯竝立하여 國號를 朝鮮이라 하니, 是爲檀君이라.
여 요 병 립   국 호   조 선   시 위 단 군

동방에 일찍이 임금이 없었는데, 신인이 태백산 박달나무 아래에 내려오니 신령스럽고 지혜가 밝거늘, 나라 사람들이 이를 임금으로 세웠다. 중국의 요(堯)임금과 같은 시기에 즉위하여 국호를 조선이라 하니, 이분이 단군(檀君)이시다.

周武王이 封箕子于朝鮮하니, 敎民禮義하고, 設
주 무 왕   봉 기 자 우 조 선   교 민 예 의   설

*八條之敎하여 有仁賢之化하더라. 燕人衛滿이
팔 조 지 교   유 인 현 지 화   연 인 위 만

因盧綰亂하여 亡命來하여 誘逐箕準하고, 據王
인 로 관 란   망 명 래   유 축 기 준   거 왕

儉城하더니, 至孫右渠하여 漢武帝가 討滅之하고,
검 성   지 손 우 거   한 무 제   토 멸 지

分其地하여 置樂浪·臨屯·玄菟·眞蕃四郡하다.
분 기 지   치 낙 랑 임 둔 현 도 진 번 사 군

昭帝가 以平那·玄菟로 爲平州하고, 臨屯·樂
소 제   이 평 나 현 도   위 평 주   임 둔 낙

浪으로 爲東府二都督府하다.
랑   위 동 부 이 도 독 부

주(周)나라 무왕(武王)이 기자(箕子)를 조선에 봉했는데 기자는 백성들에게 예의를 가르치고 8조의 법을 베풀어 인현(仁賢)의 교화가 있었다. 연(燕)나라 사람 위만(衛滿)이 노관(盧綰)의 난리로 인하여 망명하여 와서 기준(箕準)을 꾀어 내쫓고 왕검성을 점거하니니, 그 손자인 우거(右渠) 때에 이르러 한(漢)나라 무제(武帝)가 이를 쳐서 멸망시키고, 그 땅을 나누어 낙랑(樂浪)·임둔(臨屯)·현도(玄菟)·진번(眞蕃)의 네 군을 두었다. 소제(昭帝)는 평나(平那)와 현도(玄菟)를 합쳐서 평

주(平州)를 만들고, 임둔과 낙랑을 합쳐서 동부(東府)의 두 도독부를 삼았다.

* 八條之敎 : 고조선(古朝鮮) 사회에서 시행된 8조목의 금법(禁法). 살인자는 사형에 처하고, 상해(傷害)한 자는 곡식으로 갚고, 도둑질한 자는 그 집의 노비로 삼는다는 것 등의 3조목만 전함. 기자(箕子)가 베푼 것이라고 하나 이론(異論)이 많음.

箕準이 避衛滿하여 浮海而南히여, 居金馬郡하니,
기 준 피 위 만 부 해 이 남 거 금 마 군

是爲馬韓이라. 秦亡人이 避入韓이어늘 韓割東界
시 위 마 한 진 망 인 피 입 한 한 할 동 계

以與하니, 是爲辰韓이라. 弁韓則立國於韓地하니,
이 여 시 위 진 한 변 한 즉 입 국 어 한 지

不知其始祖年代라. 是爲三韓이라.
부 지 기 시 조 년 대 시 위 삼 한

기준(箕準)이 위만을 피하여 바닷길로 남쪽으로 내려가 금마군(金馬郡)에 살았으니, 이것이 마한(馬韓)이 되었다. 진(秦)나라에서 망명한 사람이 피신하여 한(韓)나라로 들어오거늘 한나라가 동쪽 경계를 분할하여 주니, 이것이 진한(辰韓)이 되었다. 변한(弁韓)은 한나라 땅에 나라를 세우니, 그 시조와 연대는 알지 못한다. 이를 삼한(三韓)이라 한다.

新羅始祖赫居世는 都辰韓地하여 以朴爲姓하고,
신 라 시 조 혁 거 세 도 진 한 지 이 박 위 성

高句麗始祖朱蒙은 至卒本하여 自稱高辛之
고 구 려 시 조 주 몽 지 졸 본 자 칭 고 신 지

後라 하여, 因姓高하고, 百濟始祖溫祚는 都河南
후 인 성 고 백 제 시 조 온 조 도 하 남

慰禮城하여, 以扶餘爲氏하며, 三國이 各保一隅
위 례 성 이 부 여 위 씨 삼 국 각 보 일 우

하여 互相侵伐하다.
호 상 침 벌

신라의 시조 혁거세(赫居世)는 진한(辰韓)의 땅에 도읍하여 박씨로 성을 삼았고, 고구려의 시조 주몽(朱蒙)은 졸본(卒本)에 이르러 고신(高辛)씨의 후손이라 칭하여 성을 고씨라 하였고, 백제의 시조 온조(溫祚)는 하남 위례성에 도읍하여 부여로 성씨를 삼아, 세 나라가 각기 한 모퉁이씩을 차지하고는 서로 침범하였다.

其後에 唐高宗이 滅百濟·高句麗하고, 分其地
기 후   당고종   멸백제 고구려   분기지

하여 置都督府하고, 以劉仁願·薛仁貴로 留鎭
     치도독부   이류인원 설인귀   류진

撫之하니, 百濟는 歷年六百七十八年이요, 高句
무지   백제   역년육백칠십팔년   고구

麗는 七百五年이라.
려   칠백오년

그 후에 당(唐)나라 고종(高宗)이 백제와 고구려를 멸망시키고, 그 땅을 나누어 도독부(都督府)를 두고, 유인원(劉仁願)과 설인귀(薛仁貴)를 시켜 그곳에 머물러 있으면서 진무하게 하니, 백제는 역년이 678년이요, 고구려는 705년이었다.

新羅之末에 弓裔가 叛于北京하여 國號를 泰
신 라 지 말   궁예   반 우 북 경   국 호   태

封이라 하고, 甄萱이 叛據完山하여 自稱後百濟라 하다.
봉   견원   반거완산   자 칭 후 백 제

新羅亡하니 朴·昔·金三姓이 相傳하여 歷年九
신 라 망   박 석 김 삼 성   상 전   역 년 구

百九十二年이라.
백 구 십 이 년

신라 말기에 궁예가 북경에서 반란을 일으켜 국호를 태봉(泰封)이라 하였고, 견훤이 반란을 일으켜 완산을 점거하여 후백제(後百濟)라 스스로 칭하였다. 신라가 멸망하니, 박·석·김씨 세 성이 서로 번갈아 전위(傳位)하여 역년이 992년이었다.

泰封諸將_이 立王建爲王_{하고,} 國號_를 高麗_{라 하다.}
태 봉 제 장　　입 왕 건 위 왕　　　국 호　　고 려

剋剗群兇_{하고,} 統合三韓_{하여} 移都松嶽_{이러니,} 至
극 잔 군 흉　　통 합 삼 한　　이 도 송 악　　　　지

于季世_{하여} 恭愍_이 無嗣_{하고,} 僞主辛禑_가 昏暴
우 세 세　　공 민　무 사　　위 주 신 우　　혼 포

自恣_{하며,} 而王瑤(恭讓)不君_{하여} 遂至於亡_{하니,}
자 자　　이 왕 요 공 양 불 군　　수 지 어 망

歷年四百七十五年_{이라.}
역 년 사 백 칠 십 오 년

　태봉의 여러 장수들이 왕건을 세워 왕으로 삼고, 국호를 고려(高麗)라 하였다. 모든 흉적들을 제거하고 삼한을 통합하여 송악에 도읍을 옮겼는데, 말기에 이르러 공민왕이 후사가 없고, 가짜 임금인 신우(辛禑)는 어둡고 포악하고 방자했으며, 왕요(공양왕)도 임금 노릇을 못하여 마침내 망하니, 역년이 475년이었다.

天命_이 歸于眞主_{하니,} 大明太祖高皇帝_가 賜改
천 명　귀 우 진 주　　대 명 태 조 고 황 제　　사 개

國號曰朝鮮_{이라 하다.} 定鼎于漢陽_{하여} 聖子神孫_이
국 호 왈 조 선　　정 정 우 한 양　　성 자 신 손

繼繼繩繩_{하고,} 重熙累洽_{하여} 式至于今_{하니,} 實
계 계 승 승　　중 희 누 흡　　식 지 우 금　　실

萬世無疆之休_{라.}
만 세 무 강 지 휴

　천명이 참된 군주에게 돌아가니, 명나라 태조 고황제가 나라 이름을 고쳐 국호를 조선(朝鮮)이라고 하였다. 한양(漢陽)에 도읍을 정하고 거룩한 자손들이 대대로 계승하여, 거듭 빛나고 더욱 흡족하여 지금에 이르르니, 실로 만세에 끝이 없는 아름다움이다.

於戱라! 我國이 雖僻在海隅하여, 壤地褊小하나,
오 희   아국   수 벽 재 해 우   양 지 편 소

禮樂·法度와 衣冠·文物을 悉遵華制하여 人
예 악 법 도   의 관 문 물   실 준 화 제   인

倫이 明於上하고, 敎化가 行於下하여 風俗之美가
륜   명 어 상   교 화   행 어 하   풍 속 지 미

侔擬中華하니, 華人이 稱之曰小中華라 하니, 玆
모 의 중 화   화 인   칭 지 왈 소 중 화   자

豈非箕子之遺化耶리오? 嗟爾小子는 宜其觀
기 비 기 자 지 유 화 야   차 이 소 자   의 기 관

感而興起哉인저!
감 이 흥 기 재

아! 우리 나라는 비록 궁벽하게 바다 한귀퉁이에 치우쳐 있어 땅이 좁고 작으나, 예악·법도·의관·문물을 모두 중국의 제도를 따라 인륜이 위에서 밝고, 교화가 아래에서 행해져 풍속의 아름다움이 중국과 비슷하여, 중국인이 작은 중화라 칭송하니, 이 어찌 기자(箕子)가 남긴 교화가 아니겠는가? 아! 여러 어린이들은 마땅히 이것을 보고 느껴 분발하여야 할 것이다.

四字小學(改定版)

「사자소학(四字小學)」은 선조들이 아동에게 한자를 가르치기 위하여 편찬한 기초 한문 교과서로 아동들이 반드시 어릴 때부터 지켜야할 생활규범인 윤리도덕과 어른을 공경해야 하는 효행 등을 구체적이고 상세하게 일깨워주는 생활철학이 담긴 책이다.

이 「개정된 사자소학」은 시대 조류에 맞지 않는 몇몇 구를 삭제하고 효도·형제·장유·사은·적선·인의에 대하여 기술하였고 친구와의 사귐은 인생의 중요 사항 인만큼 대폭적으로 수정·보완하였으며 학문의 중요성도 강조하여 재편집(再編輯)을 시도했다.

오락실 3 한자 퍼즐 놀이

Puzzle Training ②

다음 □속의 한자로 三字成語로 만들어 봅시다.

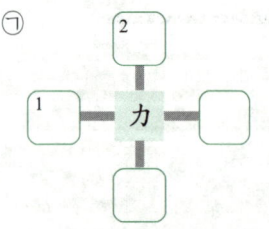

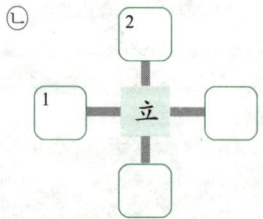

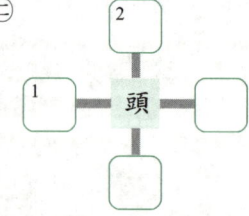

ㄱ 1. **가로 열쇠**
  힘을 들이고 애를 쓰는 사람
2. **세로 열쇠**
  어떤 일을 감당해내는 힘을 가진 사람

ㄴ 1. **가로 열쇠**
  스스로의 힘으로 살아가겠다는 마음
2. **세로 열쇠**
  나라의 독립을 위하여 침략자와 싸우는 군대

ㄷ 1. **가로 열쇠**
  실행이 따르지 않는 헛된 말
2. **세로 열쇠**
  우리나라에서 제일 높은 2.744m가 되는 산

漢 字 Puzzle② (19 한자어)

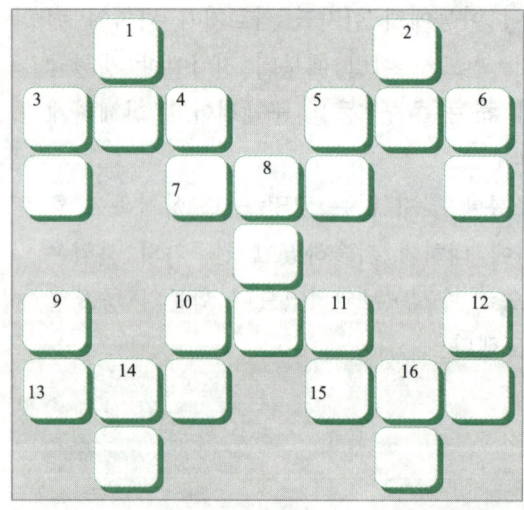

[가로 열쇠]
3. 세한삼우(歲寒三友)라고 일컬으는 것
5. 일을 성취하기위해 전 인원을 동원함
7. 성이 같은 일가끼리의 친목회
10. 새 학기
13. 중등학교에 재학 중인 학생
15. 부수를 한정하여 발간하는 출판물

[세로 열쇠]
1. 아직 마르지 아니한 싱싱한 대나무
2. 기운차게 움직임
3. 소나무로 이룬 숲. 솔숲
4. 이른 봄에 다른 나무보다 먼저 향기로운 꽃이 피는 나무 또는 그 꽃
5. 전체 구성 인원의 회합
6. 사람의 수효
8. 임학(林學)의 한 분야. 수목의 분류, 분포 따위는 다름
9. 한 가지 일에 정신을 쏟아 골몰함
10. 새로 생겨남
11. 미리 한정한 시기
12. 서적의 첫출판
14. 학문을 연구하거나 통달한 사람
16. 정하여 진 값 또는 일정한 가격

해답은 p.271에

아버지 부 날 생 나 아 몸 신
父生我身
(부생아신)아버지는 내 몸을 낳게 하시고

어머니 모 기를 양 나 아 몸 신
母養我身
(모양아신)어머니는 내 몸을 기르셨으니,

배 복 써 이 품을 회 나 아
腹以懷我
(복이회아)배로 나를 품어 주시고

젖 유 써 이 먹일 포 나 아
乳以哺我
(유이포아)젖으로 나를 먹이시며,

써 이 옷 의 따뜻할 온 나 아
以衣溫我
(이의온아)옷으로 나를 따뜻하게 하시고

써 이 밥 식/사 살 활 나 아
以食活我
(이식활아)밥으로 나를 살게 하셨다.

은혜 은 높을 고 같을 여 하늘 천
恩高如天
(은고여천)은혜는 높기가 하늘과 같고

큰 덕 두터울 후 같을 사 땅 지
德厚似地
(덕후사지)덕은 두텁기가 땅과 같으니,

할 위 사람 인 아들 자 놈 자
爲人子者
(위인자자)사람의 자식이 된 자로서

어찌 갈 아니 불 할 위 효도 효
曷不爲孝
(갈불위효)어찌 효도를 다하지 않으리오?

하고자할 욕 갚을 보 의 지 은혜 은
欲報之恩
(욕보지은)부모님의 은혜를 갚고자 하나

하늘 호 하늘 천 없을 망 다할 극
昊天罔極
(호천망극)하늘같이 높고 넓어 가이없도다.

새벽 신 반드시 필 먼저 선 일어날 기
晨必先起
(신필선기)새벽에 반드시 먼저 일어나서

씻을 세 얼굴 안 반드시 필 양치질할 수
洗顔必漱
(세안필수)세수하고 반드시 양치질하라.

어두울 혼 정할 정 새벽 신 살필 성
昏 定 晨 省
(혼정신성)저녁에 자리펴고 새벽 안후 살피며

겨울 동 따뜻할 온 여름 하 서늘할 정
冬 溫 夏 凊
(동온하정)겨울엔 따뜻이 여름엔 서늘하게 해드려라.

아버지 부 어머니 모 부를 호 나 아
父 母 呼 我
(부모호아)부모님이 나를 부르시면

오직 유 말이을 이 달릴 추 갈 지
唯 而 趨 之
(유이추지)바로 대답하고 달려가고,

아버지 부 어머니 모 부릴 사 나 아
父 母 使 我
(부모사아)부모님이 나를 부리시면

말 물 거스를 역 말 물 게으를 태
勿 逆 勿 怠
(물역물태)거스르지 말고 게을리하지 말라.

아버지 부 어머니 모 있을 유 명할 명
父 母 有 命
(보모유명)부모님의 명하심이 있으면

숙일 부 머리 수 들을 청 이 지
俯 首 聽 之
(부수청지)머리를 숙이고 들어야 한다.

아버지 부 어머니 모 날 출 들 입
父 母 出 入
(부모출입)부모님께서 출입하실 때에는

매양 매 반드시 필 일어날 기 설 립
每 必 起 立
(매필기립)언제나 반드시 일어서라.

아버지 부 어머니 모 옷 의 입을 복
父 母 衣 服
(부모의복)부모님의 의복을

말 물 넘을 유 말 물 밟을 천
勿 踰 勿 踐
(물유물천)넘어다니지 말고 밟지도 말라.

아버지 부 어머니 모 있을 유 앓을 병
父 母 有 病
(부모유병)부모님께서 병환이 있으시거든

근심할 우 말이을 이 꾀할 모 병고칠 료
憂 而 謀 療
(우이모료)근심하여 치료할 것을 도모하라.

대할 대 밥상 안 아니 불 먹을 식/사

對案不食

(대안불식) 밥상을 대하여 잡수시지 않거든

생각 사 얻을 득 어질 량 반찬 찬

思得良饌

(사득양찬) 좋은 반찬을 얻을 것을 생각하라.

날 출 반드시 필 아뢸 고/곡 이 지

出必告之

(출필곡지) 나갈 때에는 반드시 아뢰야 하고

돌아올 반 반드시 필 절 배 뵐 알

返必拜謁

(반필배알) 돌아오면 반드시 뵈어야 한다.

날 출 아니 불 바꿀 역 모 방

出不易方

(출불역방) 밖에 나가면 가는 곳을 바꾸지 말고

놀 유 반드시 필 있을 유 모 방

遊必有方

(유필유방) 놀되 반드시 일정한 곳에 있으라.

날 출 들 입 문 문 집 호

出入門戶

(출입문호) 방문을 출입할 때는

열 개 닫을 폐 반드시 필 공손할 공

開閉必恭

(개폐필공) 열고 닫기를 반드시 공손히 하라.

말 물 설 립 문 문 가운데 중

勿立門中

(물립문중) 문 한가운데 서지 말고

말 물 앉을 좌 방 방 가운데 중

勿坐房中

(물좌방중) 방 한가운데 앉지 말라.

다닐 행 말 물 거만할 만 걸음 보

行勿慢步

(행물만보) 다닐 때는 거만하게 걷지 말고

앉을 좌 말 물 의지할 의 몸 신

坐勿倚身

(좌물의신) 앉을 때에는 몸을 기대지 말라.

입 구 말 물 섞일 잡 말씀 담

口勿雜談

(구물잡담) 입으로는 잡담을 하지 말고

손 수 말 물 섞일 잡 희롱할 희

手勿雜戲

(수물잡희) 손으로는 장난을 하지 말라.

모실 시 앉을 좌 어버이 친 곁 측
侍 坐 親 側
(시좌친측)어버이 곁에 모시고 앉았을 때는

나아갈 진 물러갈 퇴 반드시 필 공손할 공
進 退 必 恭
(진퇴필공)나아가고 물러감을 반드시 공손히 하라.

줄 여 나 아 마실 음 먹을 식/사
與 我 飮 食
(여아음식)나에게 음식을 주시거든

꿇어앉을 궤 말이을 이 받을 수 이 지
跪 而 受 之
(궤이수지)꿇어앉아 공손히 받아라.

만약 약 얻을 득 아름다울 미 맛 미
若 得 美 味
(약득미미)만약에 맛있는 음식을 얻으면

돌아갈 귀 드릴 헌 아버지 부 어머니 모
歸 獻 父 母
(귀헌부모)돌아가 부모님께 드려야 한다.

옷 의 입을 복 비록 수 악할 악
衣 服 雖 惡
(의복수악)의복이 비록 나쁘더라도

줄 여 이 지 반드시 필 입을 착
與 之 必 着
(여지필착)주시거든 반드시 입어야 하고,

마실 음 먹을 식 비록 수 악할 악
飮 食 雖 惡
(음식수악)음식이 비록 좋지 않더라도

줄 여 이 지 반드시 필 먹을 식/사
與 之 必 食
(여지필식)주시거든 반드시 먹어야 한다.

몸 신 몸 체 터럭 발 살갗 부
身 體 髮 膚
(신체발부) 신체와 머리털과 피부를

받을 수 이 지 아버지 부 어머니 모
受 之 父 母
(수지부모) 부모님에게서 받았으니,

아니 불 감히 감 훼손할 훼 상할 상
不 敢 毁 傷
(불감훼상)감히 헐고 상하게 하지 않는 것이

효도 효 의 지 비로소 시 이끼 야
孝 之 始 也
(효지시야) 효도의 시작이다.

옷 의 입을 복 띠 대 신 화
衣 服 帶 靴
(의복대화)의복과 허리띠와 신발을

말 물 잃을 실 말 물 찢을 렬
勿 失 勿 裂
(물실물렬)잃어버리지 말고 찢지 말라.

아버지 부 어머니 모 사랑할 애 이 지
父 母 愛 之
(부모애지)부모님이 사랑해 주시거든

기쁠 희 말이을 이 말 물 잊을 망
喜 而 勿 忘
(희이물망)기뻐하고 잊지 말고,

아버지 부 어머니 모 꾸짖을 책 이 지
父 母 責 之
(부모책지)부모님이 꾸짖으시거든

돌이킬 반 살필 성 말 물 원망할 원
反 省 勿 怨
(반성물원)반성하고 원망하지 말라.

말 물 더불어 여 사람 인 싸움 투
勿 與 人 鬪
(물여인투)남과 더불어 싸우지 말라.

아버지 부 어머니 모 아니 불 편안할 안
父 母 不 安
(부모불안)부모님께서 불안해 하신다.

방 방 집 옥 있을 유 티끌 진
房 屋 有 塵
(방옥유진)방과 집안에 먼지가 있거든

항상 상 반드시 필 맑을 청 쓸 소
常 必 淸 掃
(상필청소)항상 반드시 깨끗이 청소하라.

설 립 몸 신 행할 행 길 도
立 身 行 道
(입신행도)출세하고 도를 행하여

날릴 양 이름 명 뒤 후 인간 세
揚 名 後 世
(양명후세)이름이 후세까지 드날려,

써 이 나타날 현 아버지 부 어머니 모
以 顯 父 母
(이현부모)부모님을 현양하게 함이

효도 효 의 지 마칠 종 이끼 야
孝 之 終 也
(효지종야)효도의 마침이다.

말 무	얻을 득	오로지 전	행할 행
毋	得	專	行

(무득전행)제 마음대로 하지 말고

아뢸 품	어조사 어	집 가	어른 장
稟	於	家	長

(품어가장)집안 어른에게 여쭈어보고 하라.

눈 설	속 리	구할 구	죽순 순
雪	裏	求	筍

(설리구순)눈 속에서 죽순을 구해옴은

맏 맹	마루 종	의 지	효도 효
孟	宗	之	孝

(맹종지효)맹종의 효성이요,

두드릴 고	얼음 빙	얻을 득	잉어 리
叩	氷	得	鯉

(고빙득리)얼음을 깨고 잉어를 얻는 것은

임금 왕	상서로울 상	의 지	효도 효
王	祥	之	孝

(왕상지효)왕상의 효도이다.

섬길 사	어버이 친	지극할 지	효도 효
事	親	至	孝

(사친지효)어버이 섬기는 지극한 효도는

기를 양	뜻 지	기를 양	몸 체
養	志	養	體

(양지양체)뜻을 받들고 몸을 봉양함이니라.

나 아	몸 신	아니 불	어질 현
我	身	不	賢

(아신불현)내 몸이 어질지 못하면

욕될 욕	미칠 급	아버지 부	어머니 모
辱	及	父	母

(욕급부모)욕이 부모님에게 미친다.

따를 추	멀 원	갚을 보	근본 본
追	遠	報	本

(추원보본)선조를 추모하고 근본에 보답하여

제사 제	제사 사	반드시 필	정성 성
祭	祀	必	誠

(제사필성)제사를 반드시 정성스럽게 지내라.

아닐 비	있을 유	먼저 선	조상 조
非	有	先	祖

(비유선조)조상이 있지 않았으면

나 아	몸 신	어찌 갈	날 생
我	身	曷	生

(아신갈생)내 몸이 어찌 태어났겠는가?

어릴 유 말이을 이 아니 불 배울 학

幼 而 不 學

(유이불학)어려서 배우지 않으면

늙을 로 없을 무 바 소 알 지

老 無 所 知

(노무소지)늙어서 아는 바가 없고,

봄 춘 만약 약 아니 불 밭갈 경

春 若 不 耕

(춘약불경)봄에 만약 밭갈지 않으면

가을 추 없을 무 바 소 바랄 망

秋 無 所 望

(추무소망)가을에 바랄 것이 없다.

배울 학 나을 우 날 출 벼슬 사

學 優 出 仕

(학우출사)배움이 넉넉하여 벼슬에 나아가서

위할 위 나라 국 다할 진 충성 충

爲 國 盡 忠

(위국진충)나라를 위해 충성을 다하라.

할 위 정사 정 의 지 중요할 요

爲 政 之 要

(위정지요)정치를 하는 데 중요한 점은

가로 왈 공평할 공 더불 여 맑을 청

曰 公 與 淸

(왈공여청)공평하고 청렴함에 있다고 말한다.

사람 인 인륜 륜 의 지 가운데 중

人 倫 之 中

(인륜지중)인륜 가운데서도

충성 충 효도 효 할 위 근본 본

忠 孝 爲 本

(충효위본)충성과 효도가 근본이 되니,

효도 효 마땅 당 다할 갈 힘 력

孝 當 竭 力

(효당갈력)효도는 마땅히 힘을 다해야 하고

충성 충 곧 즉 다할 진 목숨 명

忠 則 盡 命

(충즉진명)충성은 목숨을 다해야 한다.

사내 부 화목할 화 아내 부 순할 순

夫 和 婦 順

(부화부순)남편이 화목하고 부인이 순하면

집 가 길 도 이룰 성 어조사 의

家 道 成 矣

(가도성의)가도가 순조롭게 이루어지리라.

아버지 부 옳을 의 어머니 모 사랑 자
父 義 母 慈
(부의모자)아버지는 의롭고 어머니는 자애하며

형 형 벗 우 아우 제 공손할 공
兄 友 弟 恭
(형우제공)형은 우애하고 아우는 공손하다.

형 형 아우 제 맏누이 자 누이 매
兄 弟 姉 妹
(형제자매)형제와 자매는

한가지 동 기운 기 말이을 이 날 생
同 氣 而 生
(동기이생)같은 기운을 받고 태어났으니,

잘 침 곧 즉 연할 련 이불 금
寢 則 連 衾
(침즉연금)잘 때는 이불을 같이 덮고

먹을 식 곧 즉 한가지 동 밥상 안
食 則 同 案
(식즉동안)먹을 때에는 밥상을 함께 한다.

형 형 없을 무 옷 의 입을 복
兄 無 衣 服
(형무의복)형에게 의복이 없거든

아우 제 반드시 필 드릴 헌 이 지
弟 必 獻 之
(제필헌지)동생은 반드시 드려야 하고,

아우 제 없을 무 마실 음 먹을 식
弟 無 飮 食
(제무음식)동생에게 먹을 것이 없거든

형 형 반드시 필 줄 여 이 지
兄 必 與 之
(형필여지)형이 반드시 나누어 주어야 한다.

형 형 주릴 기 아우 제 배부를 포
兄 飢 弟 飽
(형기제포)형이 굶는데 동생만 배부르다면

새 금 짐승 수 의 지 이를 수
禽 獸 之 遂
(금수지수)날짐승·길짐승들이나 할 짓이다.

한 일 낱알 립 의 지 곡식 곡
一 粒 之 穀
(일립지곡)한 알의 곡식이라도

반드시 필 나눌 분 써 이 먹을 식/사
必 分 以 食
(필분이식)반드시 나누어 먹어야 한다.

죽을 사 날 생 있을 유 목숨 명

死生有命

(사생유명)죽고 사는 것은 명에 있고

부자 부 귀할 귀 있을 재 하늘 천

富貴在天

(부귀재천)부귀하게 되는 것은 하늘에 있다.

일만 만 일 사 좇을 종 너그러울 관

萬事從寬

(만사종관)모든 일을 너그럽게 하면

그 기 복 복 스스로 자 두터울 후

其福自厚

(기복자후)그 복이 스스로 두터워진다.

상할 상 사람 인 의 지 말씀 어

傷人之語

(상인지어)남을 해하는 말은

돌아올 환 이 시 스스로 자 상할 상

還是自傷

(환시자상)도리어 자기를 해치는 것이다.

편안 안 나눌 분 없을 무 욕될 욕

安分無辱

(안분무욕)자기 분수를 지키면 욕됨이 없고

알 지 기미 기 스스로 자 한가할 한

知機自閒

(지기자한)세상 이치를 알면 스스로 한가하다.

알 지 넉넉할 족 항상 상 넉넉할 족

知足常足

(지족상족)족한 것을 알아 늘 만족해 하면

마칠 종 몸 신 아니 불 욕될 욕

終身不辱

(종신불욕)평생 욕을 보지 않는다.

스승 사 아버지 부 한 일 몸 체

師父一體

(사부일체)스승과 아버지는 같으시니

반드시 필 공손할 공 반드시 필 공경할 경

必恭必敬

(필공필경)반드시 공손하고 반드시 공경하라.

은혜 은 스승 사 베풀 시 가르칠 교

恩師施教

(은사시교)선생님이 가르침을 펴시면

아우 제 아들 자 본받을 효 이 지

弟子效之

(제자효지)제자들은 본받아라.

일찍 숙	일어날 흥	밤 야	잘 매		말 물	게으를 라	읽을 독	글 서
夙	興	夜	寐		勿	懶	讀	書

(숙흥야매)일찍 일어나고 밤늦게 자며 　(물라독서)책 읽기를 게을리 하지 말라.

비로소 시	익힐 습	글월 문	글자 자		글자 자	그을 획	해서 해	바를 정
始	習	文	字		字	畫	楷	正

(시습문자)처음에 문자를 익히려거든 　(자획해정)자획을 똑똑하고 바르게 써라.

석 삼	해 세	의 지	익힐 습		이를 지	어조사 우	여덟 팔	열 십
三	歲	之	習		至	于	八	十

(삼세지습)세살 적 버릇이 　(지우팔십)여든까지 이른다.

배울 학	같을 여	아니 불	미칠 급		오직 유	두려울 공	잃을 실	이 지
學	如	不	及		惟	恐	失	之

(학여불급)배우기는 미치지 못함 같이하고 　(유공실지)배운 것은 잃을까 두려워하라.

능할 능	어질 현	능할 능	굳셀 강		없을 막	아닐 비	스승 사	은혜 은
能	賢	能	强		莫	非	師	恩

(능현능강)능히 어질고 능히 강해진 것은 　(막비사은)스승의 은혜 아님이 없고,

가르칠 훈	기를 육	느낄 감	될 화		스승 사	공 공	지극할 지	큰 대
訓	育	感	化		師	功	至	大

(훈육감화)가르침을 받고 착하게 된 것은 　(사공지대)스승의 공이 아주 크다.

어른 장	놈 자	사랑 자	어릴 유		어릴 유	놈 자	공경할 경	어른 장
長	者	慈	幼		幼	者	敬	長

(장자자유)어른은 어린이를 사랑하고 　(유자경장)어린이는 어른을 공경하라.

열 십　해 년　써 이　긴/어른 장
十 年 以 長
(십년이장)열 살이 더 많으면

형 형　써 이　섬길 사　이 지
兄 以 事 之
(형이사지)형으로 받들어 섬겨라.

물 수　맑을 청　없을 무　물고기 어
水 淸 無 魚
(수청무어)물이 맑으면 물고기가 없고

지극할 지　살필 찰　없을 무　무리 도
至 察 無 徒
(지찰무도)지극히 살피면 친구가 없다.

길/말할 도　나 오　착할 선　놈 자
道 吾 善 者
(도오선자)나를 착하다고 말해주는 사람은

이 시　말이을 이　나 오　도둑 적
是 而 吾 賊
(시이오적)이는 내게 해로운 사람이고,

길/말할 도　나 오　악할 악　놈 자
道 吾 惡 者
(도오악자)나의 나쁜 점을 말해주는 사람은

이 시　말이을 이　나 오　스승 사
是 而 吾 師
(시이오사)이는 나의 스승이다.

손 빈　손 객　올 래　찾을 방
賓 客 來 訪
(빈객내방)손님이 찾아오거든

대접할 접　기다릴 대　반드시 필　정성 성
接 待 必 誠
(접대필성)반드시 정성스럽게 접대하라.

볼 견　착할 선　같을 여　목마를 갈
見 善 如 渴
(견선여갈)착한 것을 보거든 목마른 것처럼 하고

들을 문　악할 악　같을 여　귀먹을 롱
聞 惡 如 聾
(문악여롱)악한 것을 듣거든 귀머거리처럼 하라.

마칠 종　몸 신　행할 행　착할 선
終 身 行 善
(종신행선)한평생 착한 일을 행하여도

착할 선　오히려 유　아니 불　넉넉할 족
善 猶 不 足
(선유부족)착한 것은 오히려 부족하다.

한가지 동 마음 심 의 지 말씀 언
同 心 之 言
(동심지언)마음과 뜻을 같이 하는 말은

그 기 냄새 취 같을 여 난초 란
其 臭 如 蘭
(기취여란)그 냄새가 난초처럼 향기롭다.

가까울 근 붉을 주 놈 자 붉을 적
近 朱 者 赤
(근주자적)주사를 가까이하는 자는 붉어지고

가까울 근 먹 묵 놈 자 검을 흑
近 墨 者 黑
(근묵자흑)먹을 가까이하는 자는 검어진다.

다닐 행 어조사 어 흐릴 탁 땅 지
行 於 濁 地
(행어탁지)(군자는) 혼탁한 곳에 갈지라도

아니 불 물들일 염 어지러울 란 마음 심
不 染 亂 心
(불염난심)어지러운 마음에 물들지 않는다.

살 거 반드시 필 가릴 택 이웃 린
居 必 擇 隣
(거필택린)반드시 이웃을 가려 살고

나아갈 취 반드시 필 있을 유 큰 덕
就 必 有 德
(취필유덕)덕있는 이에게 나아가라.

사귈 교 반드시 필 가릴 택 벗 우
交 必 擇 友
(교필택우)벗은 반드시 가려 사귀고

믿을 신 옳을 의 길 영 이을 속
信 義 永 續
(신의영속)믿음과 의를 오래 지속시켜라.

벗 붕 벗 우 있을 유 허물 과
朋 友 有 過
(붕우유과)친구가 잘못이 있거든

충성 충 말할 고 착할 선 인도할 도
忠 告 善 導
(충고선도)충고하고 선도하라.

하고자할 욕 알 지 그 기 사람 인
欲 知 其 人
(욕지기인)그 사람을 알고자 한다면

먼저 선 볼 시 그 기 벗 우
先 視 其 友
(선시기우)먼저 그 벗을 보라.

아닐 비 사람 인 아니 불 참을 인

非 人 不 忍

(비인불인)사람이 아니면 참지 못하고

아니 불 참을 인 아닐 비 사람 인

不 忍 非 人

(불인비인)참지 못하면 사람이 아니다.

말씀 언 행실 행 서로 상 어길 위

言 行 相 違

(언행상위)말과 행실이 서로 다르면

욕 욕 미칠 급 어조사 우 먼저 선

辱 及 于 先

(욕급우선)욕이 선조에게 미치고,

행실 행 아니 불 같을 여 말씀 언

行 不 如 言

(행불여언)행실이 말과 같지 않으면

욕 욕 미칠 급 어조사 우 몸 신

辱 及 于 身

(욕급우신)욕이 자기에게 미친다.

한 일 말씀 언 아니 불/부 가운데 중

一 言 不 中

(일언부중)한마디 말이 이치에 맞지 않으면

일천 천 말씀 어 없을 무 쓸 용

千 語 無 用

(천어무용)천마디 말도 쓸모 없다.

볼 견 착할 선 좇을 종 이 지

見 善 從 之

(견선종지)착한 것을 보면 이를 따르고

알 지 허물 과 반드시 필 고칠 개

知 過 必 改

(지과필개)허물을 알았거든 반드시 고쳐라.

순힐 순 하늘 천 놈 자 있을 존

順 天 者 存

(순천자 존)하늘의 뜻에 순종하는 사람은 살고

거스를 역 하늘 천 놈 자 망할 망

逆 天 者 亡

(역천자 망)하늘 뜻을 거역하는 사람은 망한다.

으뜸 원 형통할 형 이로울 리 곧을 정

元 亨 利 貞

(원형이정)원·형·리·정은

하늘 천 길 도 의 지 떳떳할 상

天 道 之 常

(천도지상)천도의 떳떳함이요.

어질 인　옳을 의　예도 례　지혜 지
仁 義 禮 智
(인의예지)인·의·례·지는

사람 인　성품 성　의 지　벼리 강
人 性 之 綱
(인성지강)사람 성품의 근본이라.

임금 군　할 위　신하 신　벼리 강
君 爲 臣 綱
(군위신강)임금은 신하의 본이 되고

아버지 부　할 위　아들 자　벼리 강
父 爲 子 綱
(부위자강)아버지는 자식의 본이 되고

사내 부　할 위　아내 부　벼리 강
夫 爲 婦 綱
(부위부강)남편은 아내의 본이 되니

이 시　이를 위　석 삼　벼리 강
是 謂 三 綱
(시위삼강)이것을 삼강이라고 이른다.

아버지 부　아들 자　있을 유　친할 친
父 子 有 親
(부자유친)부자간에는 친애함이 있으며

임금 군　신하 신　있을 유　옳을 의
君 臣 有 義
(군신유의)군신간에는 의리가 있으며

사내 부　아내 부　있을 유　분별 별
夫 婦 有 別
(부부유별)부부간에는 분별이 있으며

긴/어른 장　어릴 유　있을 유　차례 서
長 幼 有 序
(장유유서)장유간에는 차례가 있으며

벗 붕　벗 우　있을 유　믿을 신
朋 友 有 信
(붕우유신)친구간에는 신의가 있으니

이 시　이를 위　다섯 오　인륜 륜
是 謂 五 倫
(시위오륜)이것을 오륜이라고 이른다..

꾸짖을 책　사람 인　의 지　마음 심
責 人 之 心
(책인지심)남을 책망하는 마음으로

꾸짖을 책·몸 기　적을 과　허물 과
責 己 寡 過
(책기과과)나를 책망하면 허물이 적다.

발 족 모습 용 반드시 필 무거울 중

足 容 必 重

(족용필중)발 모양은 반드시 무겁게 하고

손 수 모습 용 반드시 필 공손할 공

手 容 必 恭

(수용필공)손 모양은 반드시 공손하게 하고,

눈 목 모습 용 반드시 필 단정할 단

目 容 必 端

(목용필단)눈 모양은 반드시 단정하게 하고

입 구 모습 용 반드시 필 그칠 지

口 容 必 止

(구용필지)입 모양은 반드시 다물어 있고,

소리 성 모습 용 반드시 필 고요할 정

聲 容 必 靜

(성용필정)음성은 반드시 조용하게 하고

머리 두 모습 용 반드시 필 곧을 직

頭 容 必 直

(두용필직)머리 모습은 반드시 곧게 하고,

기운 기 모습 용 반드시 필 엄숙할 숙

氣 容 必 肅

(기용필숙)숨쉬는 모양은 반드시 엄숙하게 하고

설 립 모습 용 반드시 필 큰 덕

立 容 必 德

(입용필덕)선 모습은 반드시 덕있게 하고,

빛/낯빛 색 모습 용 반드시 필 장중할 장

色 容 必 莊

(색용필장)안색은 반드시 장중해야 하니

이 시 이를 위 아홉 구 모습 용

是 謂 九 容

(시위구용)이것을 구용이라 한다.

아닐 비 예도 례 말 물 볼 시

非 禮 勿 視

(비례물시)예가 아니거든 보지 말며

아닐 비 예도 례 말 물 들을 청

非 禮 勿 聽

(비례물청)예가 아니거든 듣지 말며,

아닐 비 예도 례 말 물 말씀 언

非 禮 勿 言

(비례물언)예가 아니거든 말하지 말며

아닐 비 예도 례 말 물 움직일 동

非 禮 勿 動

(비례물동)예가 아니거든 행동하지 말라.

볼 시 생각 사 반드시 필 밝을 명
視 思 必 明
(시사필명)볼 때는 반드시 분명함을 생각하고

들을 청 생각 사 반드시 필 귀밝을 총
聽 思 必 聰
(청사필총)들을 때는 반드시 잘들을 것을 생각하고,

빛/낯빛 색 생각 사 반드시 필 온화할 온
色 思 必 溫
(색사필온)안색은 반드시 온순할 것을 생각하고

모양 모 생각 사 반드시 필 공손할 공
貌 思 必 恭
(모사필공)용모는 반드시 공손할 것을 생각하고,

말씀 언 생각 사 반드시 필 충성 충
言 思 必 忠
(언사필충)말은 반드시 충실히 할 것을 생각하고

일 사 생각 사 반드시 필 공경할 경
事 思 必 敬
(사사필경)섬길 때는 반드시 공경할 것을 생각하고,

의심할 의 생각 사 반드시 필 물을 문
疑 思 必 問
(의사필문)의문 나면 반드시 물을 것을 생각하고

분할 분 생각 사 반드시 필 어려울 난
憤 思 必 難
(분사필난)분이 나면 반드시 환난을 생각하고,

볼 견 얻을 득 생각 사 옳을 의
見 得 思 義
(견득사의)이득을 얻으면 의를 생각해야 하니

이 시 이를 위 아홉 구 생각 사
是 謂 九 思
(시위구사)이것을 구사라 한다.

말씀 언 반드시 필 충성 충 믿을 신
言 必 忠 信
(언필충신)말은 반드시 충직하고 미덥게 하며

행할 행 반드시 필 독실할 독 공경할 경
行 必 篤 敬
(행필독경)행동은 반드시 돈독하고 공손히 하라.

얼굴 용 모양 모 바를 단 씩씩할 장
容 貌 端 莊
(용모단장)용모는 단정하고 씩씩해야 하며

옷 의 갓 관 엄숙할 숙 정돈할 정
衣 冠 肅 整
(의관숙정)의관은 반듯하고 엄숙해야 한다.

걸음 보 밟을 리 편안 안 자세할 상

步 履 安 詳

(보리안상)걸음걸이는 안전하고 점잖게 하며

살 거 곳 처 바를 정 고요할 정

居 處 正 靜

(거처정정)거처는 바르고 고요하게 하라.

시을 작 일 시 꾀할 모 비로소 시

作 事 謨 始

(작사모시)할 일은 반드시 계획을 세우며

날 출 말씀 언 돌아볼 고 행할 행

出 言 顧 行

(출언고행)말을 할 땐 행할 것을 돌아보라.

떳떳할 상 큰 덕 굳을 고 잡을 지

常 德 固 持

(상덕고지)떳떳한 덕을 굳게 지니고

그럴 연 승낙할 낙 무거울 중 응할 응

然 諾 重 應

(연낙중응)대답할 때엔 신중하게 응하라.

마실 음 먹을 식 삼갈 신 마디 절

飮 食 愼 節

(음식신절)음식은 절제있게 조심해야 하며

말씀 언 할 위 공손할 공 순할 순

言 爲 恭 順

(언위공순)말씨는 공손하게 하라.

큰 덕 일 업 서로 상 권할 권

德 業 相 勸

(덕업상권)덕행은 서로 권장하고

허물 과 잃을 실 서로 상 법 규

過 失 相 規

(과실상규)과실을 서로 규제하며,

예도 례 풍속 속 서로 상 사귈 교

禮 俗 相 交

(예속상교)예의의 풍속으로 서로 사귀고

근심 환 어려울 난 서로 상 구제할 휼

患 難 相 恤

(환난상휼)환난을 당하면 서로 구휼하라.

가난 빈 궁할 궁 곤할 곤 지경 경

貧 窮 困 境

(빈궁곤경)빈궁과 곤경에 처했을 때

친할 친 겨레 척 서로 상 구원할 구

親 戚 相 救

(친척상구)친척들이 서로 구원하며,

혼인할 혼	혼인할 인	죽을 사	상사 상
婚	姻	死	喪

(혼인사상)혼인이나 초상 때에는

이웃 린	보호할 보	서로 상	도울 조
隣	保	相	助

(인보상조)이웃끼리 서로 도와야 한다.

닦을 수	몸 신	가지런할 제	집 가
修	身	齊	家

(수신제가)몸을 닦고 집안을 다스리는 것은

다스릴 치	나라 국	의 지	근본 본
治	國	之	本

(치국지본)나라를 다스리는 근본이요,

읽을 독	글 서	부지런할 근	검소할 검
讀	書	勤	儉

(독서근검)독서하며 부지런하고 검소함은

이룰 성	집 가	의 지	근본 본
成	家	之	本

(성가지본)집안을 이루는 근본이다.

인할 인	패할 패	할 위	이룰 성
因	敗	爲	成

(인패위성)실패로 인해 성공을 이루게 되니

참을 인	괴로울 고	다할 진	힘 력
忍	苦	盡	力

(인고진력)괴로움을 참고 있는 힘을 다하라.

사람 인	의 지	큰 덕	행실 행
人	之	德	行

(인지덕행)사람의 어진 행실은

겸손 겸	사양 양	가장 최	윗 상
謙	讓	最	上

(겸양최상)겸손하게 사양함이 최상이다.

말 막	말씀 담	다를 타	짧을 단
莫	談	他	短

(막담타단)남의 단점을 말하지 말고

말 물	믿을 시	몸 기	긴 장
勿	恃	己	長

(물시기장)자기의 장점을 믿지 말라.

몸 기	바 소	아니 불	하고자할 욕
己	所	不	欲

(기소불욕)내가 하고자 하지 않는 것을

말 물	베풀 시	어조사 어	사람 인
勿	施	於	人

(물시어인)남에게 베풀지 말라.

행할 행 있을 유 아니 불/부 얻을 득

行 有 不 得

(행유부득)행하고서도 얻음이 없거든

돌이킬 반 구할 구 어조사 저/제 몸 기

反 求 諸 己

(반구저기)돌이켜 자신에게 반문하라.

쌓을 적 착할 선 의 지 집 가

積 善 之 家

(적선지가)선을 쌓은 집안에는

반드시 필 있을 유 남을 여 경사 경

必 有 餘 慶

(필유여경)반드시 남는 경사가 있으며,

쌓을 적 악할 악 의 지 집 가

積 惡 之 家

(적악지가)악을 쌓은 집안에는

반드시 필 있을 유 남을 여 재앙 앙

必 有 餘 殃

(필유여앙)반드시 남는 재앙이 있다.

재앙 화 복 복 없을 무 문 문

禍 福 無 門

(화복무문)재앙과 행복은 문이 없고

오직 유 사람 인 바 소 부를 소

惟 人 所 召

(유인소소)오직 사람이 부르는 대로 온다.

쓸 고 다할 진 달 감 올 래

苦 盡 甘 來

(고진감래)괴로움이 다하면 즐거움이 오고

일 흥 다할 진 슬플 비 올 래

興 盡 悲 來

(홍진비래)즐거움이 다하면 슬픔이 온다.

알 지 저 피 알 지 몸 기

知 彼 知 己

(지피지기)그(적)를 알고 나를 알면

일백 백 싸움 전 아니 불 위태할 태

百 戰 不 殆

(백전불태)백 번 싸워도 위태롭지 않다.

사람 인 날 생 있을 재 부지런할 근

人 生 在 勤

(인생재근)인생은 부지런함에 보람이 있고

부지런할 근 곧 즉 반드시 필 이룰 성

勤 則 必 成

(근즉필성)부지런하면 반드시 이루어진다.

사람 인	없을 무	멀 원	생각 려		반드시 필	있을 유	가까울 근	근심 우
人	無	遠	慮		必	有	近	憂

(인무원려)사람이 먼일을 생각하지 않으면 　(필유근우)반드시 가까운 데서 근심이 생긴다.

살 거	편안 안	생각 사	위태할 위		있을 유	갖출 비	없을 무	근심 환
居	安	思	危		有	備	無	患

(거안사위)편안할 때 위험을 생각하고 　(유비무환)미리 준비하면 근심할 일이 없다.

어질 량	약 약	쓸 고	입 구		충성 충	말씀 언	거스릴 역	귀 이
良	藥	苦	口		忠	言	逆	耳

(양약고구)좋은 약은 입에 쓰고 　(충언역이)충고의 말은 귀에 거슬린다.

알/지혜 지	놈 자	좋아할 요	물 수		어질 인	놈 자	좋아할 요	산 산
知	者	樂	水		仁	者	樂	山

(지자요수)지혜로운 사람은 물을 좋아하고 　(인자요산)어진 사람은 산을 좋아한다.

어질 인	사람 인	마음 심	이끼 야		옳을 의	사람 인	길 로	이끼 야
仁	人	心	也		義	人	路	也

(인 인심야)인은 사람의 마음이며 　(의 인로야)의는 사람이 지켜야 할 길이다.

아닐 비	나 아	말씀 언	늙을 로		오직 유	성인 성	의 지	꾀할 모
非	我	言	老		唯	聖	之	謨

(비아언로)내 말은 늙은이의 말이 아니라 　(유성지모)오직 성인의 계책이니,

탄식할 차	탄식할 차	작을 소	아들 자		공경할 경	받을 수	이 차	글 서
嗟	嗟	小	子		敬	受	此	書

(차차소자)아! 아! 어린이들아 　(경수차서)공경히 이 글을 받아라.

5 推句集(新編)

　　원래 우리나라의 「추구집(推句集)」은 선조들이 애송했던 좋은 시 중에서 대구가 되는 오언시구(五言詩句)를 모은 책이다.

　　그러나 시대가 바뀜에 따라 옛 시풍(詩風)이 현대에와서는 좀 굼뜨고, 진부한 느낌이 들어, 이 「신편 추구집」은 요즘 중고등학교 교재에 흔히 보이는 오언 절구(五言絶句), 오언율시(五言律詩) 중에서 현대 감각에 맞는 시구를 한국과 중국시에서 균형있게 채취해서 모아 보았다.

　　시(詩)에는 인생살이에 스며있는 지혜와 슬기가 담겨 있어 이 아름다운 시귀를 즐거운 마음으로 가볍게 애송하면 자연의 오묘함을 알고 한시학습에도 큰 도움이 될 것이다.

　　옛날의 「추구집」은 누구의 한시인지 모르게 시구만을 그냥 나열했으나 이 책에서는 각 시귀의 뜻을 풀이하고 현토(懸吐)와 아울러 그 시(詩)의 작자(作者)와 시제(詩題)까지도 밝혀서 학생들이 참고삼도록 하였다.

오락실 4 한자 퍼즐 놀이

Puzzle Training ③

다음 □속의 한자로 三字成語를 만들어 봅시다.

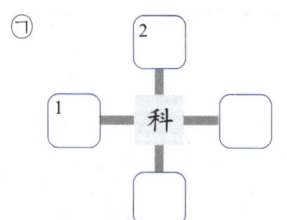

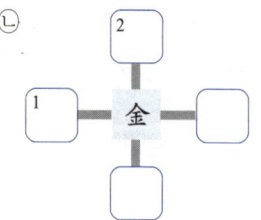

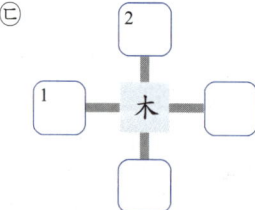

ㄱ 1. **가로 열쇠**
    내과에 관한 병을 전문으로
    치료하는 의사
  2. **세로 열쇠**
    학교에서 규정한 모든 교과나
    학과

ㄴ 1. **가로 열쇠**
    돈이 들어온 액수
  2. **세로 열쇠**
    돈을 지급할 때 쓰는 전표

ㄷ 1. **가로 열쇠**
    건축용 나무를 파는 상인
  2. **세로 열쇠**
    4월 5일

漢 字 Puzzle③ (19 한자어)

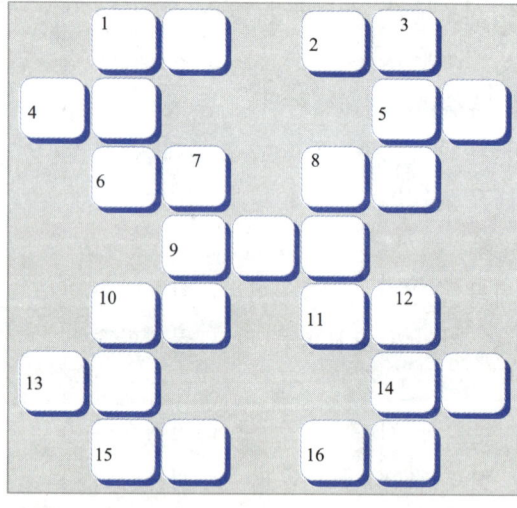

[가로 열쇠]
 1. 둘 이상의 사람이 같은 자격으로 모이는 결합
 2. 너무 많음. 과소의 반대말
 4. 전쟁의 반대말
 5. 섬에 사는 주민
 6. 나라. 영어의 nation
 8. 대양과 같은 큰 바다
 9. 정권을 탐하는 마음
10. 증자(曾子)가 지었다는 유학의 4서의 하나
11. 고향을 그리워함
13. 연극을 연구·상연하기 위하여 조직된 단체
14. 근심하는 마음
15. 영어의 round-table
16. 환자를 간호함. 병구완의 한자어

[세로열쇠]
 1. 국민에게서 선출된 대통령이 국가의 대표자
    가 되는 나라
 3. 많은 섬이 점재해 있는 해역
 7. 가정생활의 모든 문제를 연구하는 학문
 8. 크나큰 욕망
10. 삼자로 된 '맨 끝'이나 '대미(大尾)'의 딴 말
12. 타향에 있는 사람이 너무나 고향을 그리워
    하다 생긴 병

해답은 p.271에

(1) 五言詩句 (韓國詩)

柳色絲絲綠　　桃花點點紅 [1]

(유색사사록)버들빛은 가지마다 푸르고　(도화점점홍)복사꽃은 점점이 붉네.

秋風惟苦吟　　世路少知音

(추풍유고음)가을바람에 한갓 시를 읊으니　(세로소지음)세상에 내 마음 알아주는 이 없어,

窓外三更雨　　燈前萬里心 [2]

(창외삼경우)창밖엔 밤중까지 비는 내리고　(등전만리심)등불 앞 마음은 고국을 그리네.

春雨細不滴　　夜中微有聲

(춘우세부적)봄날에 보슬비 소리없이 내리다가 (야중미유성)밤되니 빗방울 소리 들려오누나,

雪盡南溪漲　　草芽多少生 [3]

(설진남계창)눈녹아 남쪽 시냇물 불었을테고 (초아다소생)새싹은 얼마쯤 돋아났겠지.

花開昨夜雨　　花落今朝風

(화개작야우)어젯밤 비에 꽃이 피더니　(화락금조풍)오늘 아침 바람에 꽃이 떨어지네,

可憐一春事　　往來風雨中 [4]

(가련일춘사)아! 모든 봄의 흥취가　(왕래풍우중)비바람 가운데 오고가누나.

草蟲鳴入床　　坐覺秋意深

(초충명입상)평상아래 귀뚜라미 슬피 울어　(좌각추의심)깨고나니 가을밤 깊어만 가네,

雲山明月出　　靑天如我心 [5]

(운산명월출)산 위에 밝은 달 솟아오르니　(청천여아심)푸른 하늘 깨끗하길 내맘같구나.

1. 鄭知常 : 詩話集　2. 崔致遠 : 秋夜雨　3. 鄭夢周 : 春雨　4. 宋翰弼 : 偶吟　5. 李最中 : 卽景(九歲作)

一萬二千峯　高低自不同
(일만이천봉)금강산 일만이천봉이　(고저자부동)높고 낮음이 다 같지 않네,

君看日輪上　何處最先紅 ①
(군간일륜상)그대여 솟아오른 저 태양을 보라　(하처최선홍)어느 봉우리가 먼저 불타는가를?

山與雲俱白　雲山不辨容
(산여운구백)산도 희고 구름 또한 희니　(운산불변용)구름인지 산인지 분별치 못하겠네,

雲歸山獨立　一萬二千峯 ②
(운귀산독립)구름걷혀 산만 홀로 우뚝하니　(일만이천봉)그 산봉우리 일만이천일세.

春日江南雁　連行復北飛
(춘일강남안)봄날 강남갔던 기러기들이　(연행부북비)떼지어 다시 북으로 날아가네,

來時見吾弟　何事不同歸 ③
(내시견오제)올 때 내 아우를 보았을텐데　(하사부동귀)어찌하여 동행하지 않았는가?

山形秋更好　江色夜猶明
(산형추갱호)산모습은 가을에 더욱 좋고요　(강색야유명)강물색은 밤에 더욱 또렷하네요,

白鳥高飛盡　孤帆獨去輕 ④
(백조고비진)백조는 높이 날아오르고　(고범독거경)외로운 배는 저멀리 가물거리네.

天涯各南北　見月幾想思
(천애각남북)하늘끝 멀리 남북으로 나뉘어　(견월기상사)달을 보며 얼마나 그리워했던가,

一去無消息　死生長別離 ⑤
(일거무소식)한번 가고 소식조차 없으니　(사생장별리)사생간에 기나긴 이별이외다.

1. 成石璘：送僧之楓岳　2. 宋時烈：金剛山　3. 洪世泰：聞雁　4. 金富軾：甘露寺次韻　5. 金應河：別恨

四月綠陰多　　山禽終日語

(사월녹음다) 녹음방초 우거진 사월에　　(산금종일어) 산새들은 온종일 지저귀다가,

驚人不遠飛　　又向西山去 ①

(경인불원비) 사람에 놀라 가까이 옮아 앉더니　(우향서산거) 또다시 서산으로 날아가너라.

春去山花落　　子規勸人歸

(춘거산화락) 봄이 가니 꽃은 떨어지고　　(자규권인귀) 두견은 사람더러 돌아가라네,

天涯幾多客　　空望白雲飛 ②

(천애기다객) 외로이 떠도는 저 나그네　　(공망백운비) 부질없이 흰구름만 바라보누나.

秋堂夜氣淸　　危坐到深更

(추당야기청) 가을이라 밤기운 차고 맑은데　(위좌도심경) 밤이 깊도록 잠못들어 앉아있네,

獨愛天心月　　無人亦自明 ③

(독애천심월) 하늘높이 걸린 달을 사랑하노니　(무인역자명) 보는 사람 없어도 절로 밝아라.

夜燭房中月　　朝烟屋上雲

(야촉방중월) 달빛은 환하게 방안에 스미고　(조연옥상운) 아침 연기 지붕위에 서려 감돌아,

山立千年色　　江流萬里心 ④

(산립천년색) 산은 우뚝솟아 천년을 변함없고　(강류만리심) 강물은 쉬지않고 멀리 흘러가네.

衆鳥同枝宿　　天明各自飛

(중조동지숙) 뭇새들은 같은 가지에서 자고　(천명각자비) 날이 새면 제각기 날아가듯이,

人生亦如此　　何必淚沾衣 ⑤

(인생역여차) 우리네 인생도 이와 같거늘　　(하필누첨의) 무엇이 서러워 옷깃을 적시는가?

1. 朴靖 : 雜詠　2. 崔昌大 : 杜鵑啼　3. 李秉林 : 夜坐有感　4. 銀河 : 七歲作　5. 失名氏 : 題驛亭

林亭秋已晚　　騷客意無窮

(임정추이만)숲속 정자에 가을이 저무니　(소객의무궁)시인의 생각은 끝간데 없네,

遠水連天碧　　霜風向日紅

(원수연천벽)강물은 하늘까지 닿아 푸르고　(상풍향일홍)단풍은 햇빛받아 붉게 타누나.

山吐孤輪月　　江含萬里風

(산토고윤월)산위로 외로운 달 솟아오르고　(강함만리풍)강물은 저멀리 바람에 일렁거려요.

寒鴻何處去　　聲斷暮雲中 ①

(한홍하처거)기리기떼는 어디로 날아가는지　(성단모운중)저무는 구름속에 울음소리 사라지네.

庭前一葉落　　床下百蟲悲

(정전일엽낙)뜰앞에 나뭇잎 하나 둘 떨어지니　(상하백충비)평상아래 뭇벌레 슬피우네요,

片心山盡處　　孤夢月明時 ②

(편심산진처)저 산 너머로 치닫는 내 마음　(고몽월명시)달밝은 밤 꿈길에나 알게 되리라.

水國秋光暮　　驚寒雁陣高

(수국추광모)섬 안에 가을이 저무니　(경한안진고)추위에 놀란 기러기떼 높이 날아요,

憂心輾轉夜　　殘月照弓刀 ③

(우심전전야)근심으로 뒤척이며 잠못이루는 밤　(잔월조궁도)새벽달은 활과 칼을 비치누나.

孤烟生曠野　　殘月下平蕪

(고연생광야)안개는 드넓은 들에서 피어나고　(잔월하평무)새벽달은 지평선으로 넘어가는데,

爲問南來雁　　家書寄我無 ④

(위문남래안)기러기에 묻노니 남으로 올 때　(가서기아무)우리집 편지가 혹시 없었던가를?

1. 李珥 : 花石亭　2. 鄭知常 : 送人　3. 李舜臣 : 陣中夜吟　4. 楊士彦 : 秋思

故國三韓遠
(고국삼한원)삼한땅 고국은 아득히 멀고

秋風客意多
(추풍객의다)쓸쓸한 가을바람에 시름도 많아,

孤舟一夜夢
(고주일야몽)외로운 배에서의 하룻밤 꿈길

月落洞庭波 ①
(월락동정파)달은 지고 동정호는 물결만 이네.

天地何疆界
(천지하강계)이 세상에 무슨 국경이 있나?

山河自異同
(산하자이동)산하는 어디나 다를 바 없는데,

君毋謂宋遠
(군무위송원)그대여 송나라 가는 길 멀다 마오

回首一帆風 ②
(회수일범풍)저 돛단배 타면 곧 갈 것 아닌가.

月白寒松夜
(월백한송야)한송정에 달은 밝고

波安鏡浦秋
(파안경포추)경포 호수에 물결은 잔잔한데,

哀鳴來又去
(애명내우거)슬피 울어대며 오가는

有信一沙鷗 ③
(유신일사구)저 갈매기는 소식을 가졌으리!

江月圓復缺
(강월원부결)강에 뜬 저 달도 차면 기울고

庭梅落又開
(정매낙우개)뜰앞 매화도 졌다 다시 피거늘,

逢春歸未得
(봉춘귀미득)봄이 와도 돌아가지 못하고

獨上望鄉臺 ④
(독상망향대)외로이 망향대에 올랐습니다.

清朝白雲起
(청조백운기)맑은 아침에 흰 구름 생기니

人與雲出門
(인여운출문)사람과 구름이 함께 문을 나선다,

微雨幽花落
(미우유화락)가랑비에 슬며시 꽃이 지는데

臨溪又一村 ⑤
(임계우일촌)냇가에는 한 마을이 자리잡았네.

1. 朴寅亮：舟中夜吟　2. 崔恩齊：使宋船上　3. 張延祐：寒松亭曲　4. 林億齡：送白光勳還鄉　5. 李聖中：出郭

誰斷崑山玉　　裁成織女梳

(수단곤산옥)누가 곤륜산의 옥을 끊어　　(재성직녀소)직녀의 빗을 만들었는고?

牽牛一去後　　愁擲碧空虛 ①

(견우일거후)견우와 이별한 뒤에　　(수척벽공허)시름없이 텅빈 하늘에 던져버렸네.

人言江南樂　　我見江南愁

(인언강남락)사람들은 강남을 즐겁다지만　　(아견강남수)나는 강남의 수심을 보았네,

年年沙浦口　　腸斷望歸舟 ②

(연년사포구)해마다 이 포구에서　　(장단망귀주)떠나는 배를 바라보며 애를 끊누나.

有約來何晚　　庭梅欲謝時

(유약내하만)약속을 하고 왜 오지 않는지?　　(정매욕사시)뜰의 매화꽃은 지려고 하는데,

忽聞枝上鵲　　虛畫鏡中眉 ③

(홀문지상작)문득 나뭇가지의 까치소리 듣고　　(허화경중미)부질없이 거울속 눈썹을 그려요.

霜雁墮寒聲　　寂寞過山城

(상안타한성)기러기소리 찬바람결에 들리고　　(적막과산성)적막한 산성을 쓸쓸히 지나누나,

思君孤夢罷　　秋月照窓明 ④

(사군고몽파)님 그리는 꿈을 깨고 보니　　(추월조창명)휘영청 가을달이 창을 비추네.

落葉風前語　　寒花雨後啼

(낙엽풍전어)바람 앞에 나뭇잎 흩날리고　　(한화우후제)비온 뒤 국화는 떨어지누나,

相思今夜夢　　月白小樓西 ⑤

(상사금야몽)서로 그리는 오늘밤 꿈을 깨보니　　(월백소루서)달이 서쪽 누각위에 걸려 있네.

1.黃眞伊 : 咏半月　2.許蘭雪軒 : 江南曲　3.李淑媛 : 閨情　4.憶春 : 秋懷　5.申翊聖婢 : 懷人

春去花猶在
(춘거화유재)봄은 가도 꽃은 아직 피었고

天晴谷自陰
(천청곡자음)하늘은 맑아도 골짜기는 어둡구나,

杜鵑啼白晝
(두견제백주)소쩍새는 한낮에도 울어대니

始覺卜居深 ①
(시각복기심)깊은 산속에 사는 줄 이제 알았네.

愛君如愛父
(애군여애부)임금을 아버지같이 사랑하고

憂國如憂家
(우국여우가)나라 걱정을 집 걱정 같이 하노라,

白日臨下土
(백일임하토)청천백일이 아래로 땅에 임하듯

昭昭照丹心 ②
(소소조단심)환하게도 충심을 비추고 있네.

覺來推戶看
(각래추호간)잠을 깨서 문을 열고 보니

微雨過方塘 ③
(미우과방당)가랑비가 연못을 지나가네.

半天明月好
(반천명월호)반너머 기운 저 밝은 달이

幽室照輝光 ④
(유실조휘광)그윽한 방안을 밝게 비추네.

東國金剛山
(동국금강산)우리 나라엔 금강산이 솟고

中原五嶽低
(중원오악저)중국에는 오악이 낮았는데,

仙人多窟宅
(선인다굴택)신선이 사는 굴이나 집이 많으니

王母恨生西 ⑤
(왕모한생서)서왕모가 서쪽에서 태어남을 한하였으리.

落葉埋歸路
(낙엽매귀로)나뭇잎은 떨어져 길에 쌓이고

寒枝掛宿煙
(한지괘숙연)밤안개 앙상한 가지에 자욱한데,

江東行未盡
(강동행미진)언제나 내 고향 강동엘 가나

秋盡水村邊 ⑥
(추진수촌변)쓸쓸한 강마을에 가을이 저무네.

1. 李仁老 : 山房 2. 趙光祖 3. 洪禹績 : 郡事 4. 李知深 : 感秋回文 5. 無名女流 6. 高兆基 : 宿金壤縣 (中)

偶到山邊寺　香煙一室開

(우도산변사)우연히 산기슭에 절을 찾으니　(향연일실개)향불 연기 속에 방문이 열렸구나.

林深惟竹柏　境靜絕塵埃 ①

(임심유죽백)숲에는 대나무와 측백나무뿐　(경정절진애)속세를 멀리한 선경이로세.

世愛牧丹紅　栽培滿院中

(세애목단홍)세상에선 모란꽃이 곱다고　(재배만원중)꽃밭에 가득히 심어놓건만,

誰知荒草野　亦有好花叢 ②

(수지황초야)누가 알리 잡초 우거진 들에도　(역유호화총)좋은 야생화가 피어 있는 것을.

耕田消白日　採藥過靑春

(경전소백일)들에서 밭갈며 날을 보내고　(채약과청춘)산에서 약초캐다 청춘이 갔네,

有水有山處　無榮無辱身 ③

(유수유산처)물좋고 산좋은 이곳에서　(무영무욕신)영화도 굴욕도 없이 살아요.

事君當盡忠　遇物當至誠 ④

(사군당진충)임금을 섬길 때는 충성 다하고　(우물당지성)모든 일 앞에 놓고 지성드릴 뿐.

谷靜無人跡　庭空有月痕 ⑤

(곡정무인적)골짜기 고요해 오가는 사람 없고　(정공유월흔)뜰은 비었는데 달빛만 교교하네.

一夜山中雨　風吹屋上茅

(일야산중우)지난밤 산중에 비가 오더니　(풍취옥상모)바람불어 지붕이 날라갔구나,

不知溪水長　只覺釣船高 ⑥

(부지계수장)시냇물 얼마쯤 불었나 모르지만　(지각조선고)떠도는 낚싯배로 가늠하지요.

1. 金敎中 : 宿樂安郡禪院　2. 鄭襄明 : 石竹花 (中)　3. 申淑 : 棄官歸鄉　4. 趙仁規 : 示諸子　5. 嚴義吉 : 夜坐　6. 僾遜 : 山中雨

清曉日將出

(청효일장출)맑은 새벽 하늘에 해가 돋으니

雲霞光陸離

(운하광륙리)구름과 노을 눈부시게 찬란하구나,

江山更奇絶

(강산갱기절)강산은 더욱 기이하고 빼어나니

老子不能詩 ①

(노자불능시)천하문장도 이 풍경 시로 못지으리.

平生忠孝意

(평생충효의)한평생 품은 충성과 효도를

今日有誰知

(금일유수지)오늘날 그 누가 아랴?

一死吾休恨

(일사오휴한)한번 죽는 일 나는 한탄하지 않아

九原應有知 ②

(구원응유지)구천에서도 내 뜻 알고 있으니.

歸雲映夕塘

(귀운영석당)떠도는 구름 연못에 비치고

落照飜秋木

(낙조번추목)석양은 나뭇가지를 비치는구려,

開戸對靑山

(개호대청산)창문 열어 청산을 마주 대하니

悠然太古色 ③

(유연태고색)언제나 옛모습 그대로일세.

善竹橋邊血

(선죽교변혈)선죽교의 아롱진 핏자국을

人悲我亦悲

(인비아역비)사람들이 슬퍼하니 나도 슬프네,

孤臣亡國後

(고신망국후)외로운 충신 나라 망한 후에

不死竟何爲 ④

(불사경하위)무슨 일 하려고 끝내 죽질 못하실까?

世味衰年別

(세미쇠년별)늙어가니 세상 재미 별로 없어

人生末路難

(인생말로난)인생의 끝가는 길 참말 어려워,

悟來成一笑

(오래성일소)깨달으면 모두가 한바탕 웃음인걸

會是夢槐安 ⑤

(회시몽괴안)일찍부터 내마음 허황하였소.

1. 成承慶：野行 2. 金子粹：絶命詞 3. 范慶文：蒼軒秋日 4. 李俟：善竹橋 5. 李滉：次友人韻 (中)

春來花正盛
(춘래화정성) 봄이 오니 꽃들은 곱게 피는데

歲去人漸老
(세거인점로) 세월가니 우리네 인생 늙어만 가네,

歎息將何爲
(탄식장하위) 탄식한들 무엇하리오

只要一善道 ①
(지요일선도) 다만 하나라도 착한 도리 닦아나갈뿐.

萬木迎秋氣
(만목영추기) 모든 나무는 가을빛 띠고

蟬聲亂夕陽
(선성난석양) 석양에 매미소리 요란하구나,

沈吟感物性
(침음감물성) 느끼는 그대로 읊지 못하고

林下獨彷徨 ②
(임하독방황) 혼자서 숲속을 서성거리네.

澤畔有孤竹
(택반유고죽) 못가에 있는 푸른 대나무

霜梢秀衆林
(상초수중림) 서리맞은 숲속에 푸르름 빼어나,

斜陽雖萬變
(사양수만변) 지는 해 억만 번이 변한다 해도

終不改淸陰 ③
(종불개청음) 언제나 서늘한 그늘만은 변함없어라.

月下庭梧盡
(월하정오진) 달빛아래 오동잎 다 떨어지고

霜中野菊黃
(상중야국황) 서릿속에 들국화 곱게 피었네,

明朝相別後
(명조상별후) 내일 아침 서로 이별한 뒤에도

情與碧波長 ④
(정여벽파장) 깊은 정 강물처럼 길게 이어지리라.

赤葉明村逕
(적엽명촌경) 단풍잎은 호젓한 시골길을 밝히고

淸泉漱石根
(청천수석근) 맑은 샘물 바위틈을 흘러가네요,

地偏車馬少
(지편거마소) 외진 곳이라 오가는 행객 적고

山氣自黃昏 ⑤
(산기자황혼) 안개 자욱하여 황혼인가 하노라.

1. 只一堂 全氏：絶句　2. 靜一堂 姜氏：聽秋聲　3. 洪柱世：詠竹　4. 黃眞伊：送別蘇判書 世讓　5. 李崇仁：村居

陰風生巖谷　溪水深更綠 ①

(음풍생암곡)차가운 바람 바윗골에서 불어오고　(계수심갱록)시냇물은 깊고도 푸르르네.

日落沙逾白　雲移水更淸 ②

(일락사유백)석양에 모래는 더욱 희고　(운이수갱청)구름 걷히니 물은 한결 맑아라.

今朝入足底　氷雪生五內

(금조입족저)오늘 아침 산속으로 들어가니　(빙설생오내)순결한 마음 오장에서 나오더라.

西南皆大海　霧靄自千態 ③

(서남개대해)서남쪽은 모두 큰바다라서　(무애자천태)안개와 아지랑이 천태만상이로다.

擊鼓催人命　西風日欲斜

(격고최인명)북소리 인명을 재촉하는데　(서풍일욕사)서풍은 불고 해는 지려하누나,

黃泉無客店　今夜宿誰家 ④

(황천무객점)황천길에 쉴 만한 집도 없는데　(금야숙수가)오늘밤은 뉘 집에서 자야 하나.

綠竹條條動　浮萍個個輕

(녹죽조조동)푸른대는 가지마다 움직이고　(부평개개경)마름풀은 한잎한잎 하늘거려요,

願郞如綠竹　不願似浮萍 ⑤

(원랑여록죽)님의 마음 대쪽같기만을 바라고　(불원사부평)저 부평초 같음은 원치 않아요.

簾影依依轉　荷香續續來

(염영의의전)발그림자는 한들한들 움직이고　(하향속속래)연꽃 향기는 끊임없이 풍겨오는데,

夢回高枕上　桐葉雨聲催 ⑥

(몽회고침상)꿈을 깬 베갯머리에　(동엽우성최)오동잎에 빗방울 소리 요란하구나.

1. 李齊賢 : 菩德窟　2. 李穡 : 漢浦弄月　3. 朴闇 : 普賢峯 (中)　4. 成三問 : 臨死賦絶命詩　5. 成侃 : 囉嗊曲　6. 徐居正 : 睡起

我自彈吾琴　　不必求賞音
(아자탄오금)내 흥에 취해 스스로 거문고 타니　(불필구상음)굳이 누구를 들게 하리요,

鐘期亦何物　　强辨絃上心 [1]
(종기역하물)종자기는 어떤 사람이길래　(강변현상심)백아를 위하여 거문고를 탔는가.

水澤魚龍國　　山林鳥獸家
(수택어룡국)못은 고기가 뛰노는 천국이고　(산림조수가)숲은 새와 짐승의 집이지,

孤舟明月在　　何處是生涯 [2]
(고주명월재)조각배에 밝은 달 비치니　(하처시생애)어느 곳에 머물러 살아가야 하나.

人之愛正士　　好虎皮相似
(인지애정사)사람이 선비를 사랑하는 것은　(호호피상사)호피를 좋아하는 것과 같아,

生前欲殺之　　死後方稱美 [3]
(생전욕살지)생전에 죽인다 해도　(사후방칭미)사후에 더욱 칭찬하는 것을.

來從何處來　　去向何處去
(내종하처래)어디서 왔다가　(거향하처거)어디로 가느뇨?

去來無定縱　　悠悠百年計 [4]
(거래무정종)오가는 것이 정처없으니　(유유백년계)되는 대로 유유히 인생을 살밖에.

寺在白雲中　　白雲僧不掃
(사재백운중)절이 흰구름 속에 있으니　(백운승불소)흰구름을 중이 쓸지 않네요,

客來門始開　　萬壑松花老 [5]
(객래문시개)객이 찾아와 그제서야 문을 여니　(만학송화로)모든 골짜기에 송화가루 날리네.

1. 申洬 : 伯牙　2. **崔壽峸** : 題壁　3. 曹植 : 偶吟　4. 金麟厚 : 題沖庵詩卷　5. 李達 : 山寺

菊 垂 雨 中 在

(국수우중재)국화꽃은 빗속에 드리워져 있고

秋 驚 庭 上 梧 ①

(추경정상오)가을은 뜰 위의 오동잎에 놀라네

日 暖 花 如 錦

(일난화여금)날이 따뜻하니 꽃은 곱게 피고

風 輕 柳 拂 絲 ②

(풍경유불사)가벼운 바람에도 버들가지 흔들리네.

紅 樹 映 日 屛

(홍수영일병)단풍에 해 비쳐 병풍같고

碧 溪 瀉 潭 鏡

(벽계사담경)시냇물 거울같은 못에 쏟아진다,

行 吟 玉 界 中

(행음옥계중)별천지 가운데서 읊조리니

陡 覺 心 情 淨 ③

(두각심정정)갑자기 마음이 청정한 걸 느껴오네.

白 玉 堂 中 樹

(백옥당중수)화분에 심은 매화나무가

開 花 近 客 杯

(개화근객배)꽃이 피어 술잔을 들게 하니,

滿 天 風 雪 裏

(만천풍설리)이 추운 눈바람 속에

何 處 得 夫 來 ④

(하처득부래)어디서 이 꽃을 얻어왔느뇨?

士 有 親 在 堂

(사유친재당)어버이가 집에 계신데

甘 旨 貧 不 具

(감지빈불구)고기를 못사니 가난이 원수로다,

微 禽 亦 感 人

(미금역감인)미물들도 어미를 먹여 살리거늘

淚 落 林 烏 哺 ⑤

(누락임오포)까마귀를 보면서 눈물 흘려요.

古 木 黃 雲 裏

(고목황운리)고목은 노을에 싸여 있고

秋 山 白 雲 邊

(추산백운변)가을 산자락엔 흰구름 자욱해,

暮 江 風 浪 起

(모강풍랑기)저무는 강물에 풍랑이 이니

漁 子 急 回 船 ⑥

(어자급회선)어부는 급히 뱃머리를 돌리네.

1. 鄭鎔：秋懷 2. 柳根：題畵障 3. 徐敬德：朴淵 4. 林泳：盆梅 5. 朴長遠：反哺烏 6. 金得臣：題畵

蕭蕭落葉聲
(소소낙엽성)우수수 떨어지는 나뭇잎 소리를

錯認爲疎雨
(착인위소우)빗방울 소리인가 착각하였소,

呼童出門看
(호동출문간)동자 불러 문밖을 나가보라니

月掛溪南樹 ①
(월괘계남수)시냇가 나무에 달이 걸렸네.

十五越溪女
(십오월계녀)15살 아리따운 아가씨가

羞人無語別
(수인무어별)부끄러워 말없이 님을 보내고,

歸來掩重門
(귀래엄중문)돌아와 문을 굳게 닫아 걸고서

泣向梨花月 ②
(읍향이화월)배나무에 걸린 달 보며 눈물짓누나.

白露下秋空
(백로하추공)찬이슬 내리는 이 가을에

山中桂花發
(산중계화발)산중에 활짝 핀 계수나무꽃을,

折得最高枝
(절득최고지)높은 가지 하나를 꺾어들고

歸來伴明月 ③
(귀래반명월)돌아오려니 달빛도 따라오네요.

旅館殘燈夜
(여관잔등야)여관방 등잔불은 깜박거리고

孤城細雨秋
(고성세우추)옛성터에 가랑비는 오락가락,

思君意不盡
(사군의부진)밤낮없이 그리운 님 생각

千里大江流 ④
(천리대강류)끝없이 흐르는 저 강물같아라.

風雨到君家
(풍우도군가)비바람 맞으며 그대 집에 이르니

雨晴山日斜
(우청산일사)비는 개고 해는 서산에 기우네,

今年秋色早
(금년추색조)올해 따라 가을이 유난히 빨라

八月已黃花 ⑤
(팔월이황화)팔월인데도 벌써 국화가 피었구려.

1. 鄭澈:秋夜 2. 林悌:閨怨 3. 劉希慶:山中秋雨 4. 申欽:旅燈 5. 李明漢:醉題金自珍家

十 里 無 人 響
(십리무인향) 십리를 가도 사람소리 없고

山 空 春 鳥 啼
(산공춘조제) 텅빈 산에 새소리만 들리네,

逢 僧 問 前 路
(봉승문진로) 중을 만나 길을 물었는데

僧 去 路 還 迷 ①
(승거노환미) 중은 가고 다시 길을 잃었노라.

日 入 投 孤 店
(일입투고점) 해저물어 외딴 주막에 드니

山 深 不 掩 扉
(산심불엄비) 깊은 산속이라 사립문도 닫지 않아,

鷄 鳴 問 前 路
(계명문전로) 닭이 울자 새벽길을 떠나는데

黃 葉 向 人 飛 ②
(황엽향인비) 단풍잎이 나를 향해 휘날리네.

爲 問 桃 花 泣
(위문도화읍) 묻노니 복숭아꽃이여

如 何 細 雨 中
(여하세우중) 어찌 가랑비 속에서 흐느끼는가?

主 人 多 病 久
(주인다병구) 주인이 병으로 누운 지 오래니

無 意 笑 春 風 ③
(무의소춘풍) 봄바람에도 웃을 뜻이 없어서겠지?

作 客 南 中 久
(작객남중구) 나그네로 남쪽땅에 오래 머물러

南 中 多 舊 知
(남중다구지) 남쪽땅에도 친구가 많건만은,

南 中 今 亦 別
(남중금역별) 남쪽땅을 또 이별하게 되니

如 別 故 鄕 時 ④
(여별고향시) 고향 떠날 때와 같은 심정일세.

微 草 幽 貞 趣
(미초유정취) 국화꽃의 그윽한 멋은

正 猶 君 子 人
(정유군자인) 군자와 같음에 있음이어라,

斯 人 不 可 見
(사인불가견) 군자는 만나지 못하고

徒 與 物 相 親 ⑤
(도여물상친) 국화꽃만 바라보며 좋아하였소.

1. 姜栢年 : 山行　2. 權韠 : 途中　3. 李行遠 : 詠花　4. 邵泰挺 : 作客　5. 高徵厚 : 詠菊

山寺葉初飛　　清霜九月暮 [1]

(산사엽초비)산사에는 낙엽이 날고 있는데　(청상구월모)찬서리에 구월이 저무누나.

閑臥松陰夕　　淸風不讓秋 [2]

(한와송음석)소나무 그늘 아래 한가히 누었으니　(청풍불양추)맑은 바람에 가을인가 하노라.

口耳聾啞久　　猶餘兩眼存

(구이농아구)벙어리 귀머거리 된지 오래고　(유여양안존)다만 두 눈만 남아 있으니,

紛紛世上事　　能見不能言 [3]

(분분세상사)저토록 어지러운 세상일을　(능견불능언)보고만 있고 말할 것 없노라.

梅花莫嫌小　　花小風味長

(매화막혐소)매화송이 적다하여 비웃지 마소　(화소풍미장)꽃은 작아도 풍치만은 으뜸이죠,

乍見竹外影　　時聞月下香 [4]

(사견죽외영)이따금 대나무 자태 보노라니　(시문월하향)달빛 아래 좋은 향기 풍겨오누나.

採藥忽迷路　　千峯秋葉裏

(채약홀미로)약초 캐다 길 잃고 두루 살피니　(천봉추엽리)봉우리마다 가을단풍 곱기도 해라,

山僧汲水歸　　林末茶烟起 [5]

(산승급수귀)산승은 물길어 절로 가는데　(임말다연기)숲속에 이는 연기 차를 대리나.

正色黃爲貴　　天姿白亦奇

(정색황위귀)노랑 국화 너만 홀로 고울소냐　(천자백역기)고결한 흰 국화도 역시 귀여워,

世人看雖別　　均是傲霜枝 [6]

(세인간수별)사람마다 보는 것이 다르다지만　(균시오상지)모두가 찬서리에도 굴하지 않지요.

1. 李誠國：述懷　2. 金錫龜：流頭　3. 朴遂良：浪吟　4. 成允諧：詠梅 5. 李珥：山中 6.高敬明：詠黃白二菊

細雨孤村暮　　寒江落木秋 [1]

(세우고촌모) 이슬비에 산마을이 저무는데　(한강낙목추) 찬 강물에 낙엽지는 가을이로세.

物外知誰是　　人間問孰非 [2]

(물외지수시) 자연의 진리를 누가 시비하랴　(인간문숙비) 인간이 그르나 따져 무엇하리요.

雪月前朝色　　寒鐘故國聲

(설월전조색) 밝은 달은 전조의 그 달빛이고　(한종고국성) 은은한 종소리는 고국의 그 소리로다.

南樓愁獨立　　殘郭暮烟生 [3]

(남루수독립) 남문에 홀로 올라 시름에 잠기니　(잔곽모연생) 쓸쓸한 성넘어 저녁연기 일고 있네.

日落江天碧　　烟昏山火紅

(일락강천벽) 해지니 강도 푸르고 하늘도 푸르러　(연혼산화홍) 연기낀 어둠속에 불빛만 가물거려,

漁舟殊未返　　浦口夜多風 [4]

(어주수미반) 고기잡이 떠난 배 미처 못돌아왔는데　(포구야다풍) 포구에 밤이 되니 바람만 거세누나.

夜靜魚登釣　　波殘月滿舟

(야정어등조) 밤은 고요하고 고기 제법 무는구나　(파잔월만주) 물결은 잔잔한데 조각배에 달빛만 가득.

一聲南去雁　　啼送海山秋 [5]

(일성남거안) 남쪽으로 먼길 떠나는 기러기　(제송해산추) 가을바다 울음소리 들으며 보내누나.

水綠山無厭　　山靑水自親

(수록산무염) 푸른 물은 산을 싫다 아니하고　(산청수자친) 푸른 산은 물을 좋다 하네,

浩然山水裏　　來往一閒人 [6]

(호연산수리) 넓고 높은 산수좋은 이 속에서　(내왕일한인) 한가로이 오가는 손이로세.

1. 柳成龍 : 齋居有懷　2. 李志賤 : 次玄梧軸中韻　3. 權韠 : 松都懷古　4. 洪慶臣 : 江東卽事　5. 車天輅 : 江夜　6. 韓舜繼 : 山水歌

松花金粉落
(송화금분락)송화가루 금가루처럼 날리고

春澗玉聲寒
(춘간옥성한)시냇물 맑은 소리 시원하구려,

盤石客來坐
(반석객래좌)손들이 찾아드는 이 반석은

仙人舊有壇 ①
(선인구유단)아마도 옛날에 신선이 노든 곳.

獨鳥孤城外
(독조고성외)외로운 성터 새들만 오가고

殘鐘古寺秋
(잔종고사추)고찰엔 쓸쓸히 종만 남았구나,

興亡千載事
(흥망천재사)덧없는 흥망성쇠 오랜 옛일로

長嘯倚南樓 ②
(장소의남루)남문에 기댄 길손 만감이 교차하네.

夕照轉江沙
(석조전강사)저녁 노을 강줄기를 물들이고

秋聲生遠樹
(추성생원수)가을 소리 먼 숲에서 들려오네,

牧童叱犢歸
(목동질독귀)목동이 송아지 몰고 돌아올제

衣濕前山雨 ③
(의습전산우)소낙비에 옷이 흠뻑 젖었구나.

短短梅花樹
(단단매화수)작고 예쁜 매화 한 그루

相隨渡海來
(상수도해래)나를 따라 바다 건너 멀리 왔구나,

不知人已病
(부지인이병)병들어 누웠음을 알지 못하고

猶向枕邊開 ④
(유향침변개)베갯머리 바라보며 빵끗 웃어요.

雨霽山猶濕
(우제산유습)비개인 산모습 젖은 듯하고

風高葉自吟
(풍고엽자음)바람에 잎사귀 우수수 소리내니,

草堂良夜寂
(초당양야적)고즈넉한 초당에 밤은 고요한데

明月照幽襟 ⑤
(명월조유금)밝은 달만 나의 옷깃을 비치고 있네.

---

1. 河偉量：紫霞洞　2. 李志完：松京南樓　3. 金得臣：絶句　4. 申曮：病中詠梅絶筆　5. 朱震楨：偶吟

屋上烟初起　　林間鳥欲棲

(옥상연초기)저녁 연기 지붕위로 피어오르고　(임간조욕서)새들은 숲사이로 날아드네요,

牧童橫短笛　　驅犢下山蹊 ①

(목동횡단적)목동은 피리를 불며　　(구독하산혜)송아지 몰고 오솔길로 내려옵니다.

江水綠如染　　天涯又暮春

(강수녹여염)강물은 물들인 양 푸르른데　(천애우모춘)하늘 끝 저멀리 봄이 또 가네,

相逢偶一醉　　皆是故鄕人 ②

(상봉우일취)서로 만나 즐겁게 취하고 보니　(개시고향인)모두가 고향 친구들 같구려.

莫恨無書信　　無書勝有書

(막한무서신)서신 끊어졌다고 한하지 마오　(무서승유서)무소식이 희소식인걸,

書來人不見　　愁緖更何如 ③

(서래인불견)서신은 오더라도 사람 못보면　(수서갱하여)애타는 이내 심정 더욱 크다오.

往事皆陳迹　　山川尙不迷

(왕사개진적)지나간 모든 일은 자취뿐인데　(산천상불미)산천만은 옛모습 그대로 있어,

衣冠晨月上　　花草野禽啼 ④

(의관신월상)새벽달 떠올라 옷에 비칠 때　(화초야금제)우거진 풀꽃속에 새들만 지저귀네.

暮雲連廢堞　　寒雨洗荒臺

(모운연폐첩)저무는 구름 옛성터에 자욱하고　(한우세황대)찬비는 만월대를 씻어내리네,

山色靑依舊　　英雄幾去來 ⑤

(산색청의구)산색은 예같이 푸르르건만　(영웅기거래)영웅들 몇몇이나 오고 갔는가?

1. 韓友琦 : 山村暮景　2. 許穆 : 熊淵泛舟　3. 洪宇遠 : 寄答鄭進士子修　4. 李師命 : 夫餘古都　5. 權大運 : 過古都

風定花猶落　鳥鳴山更幽

(풍정화유락)바람이 자건마는 꽃은 떨어지고　(조명산갱유)새들이 지저귀니 산은 더욱 그윽해,

天共白雲曉　水和明月流 [1]

(천공백운효)하늘은 흰구름과 함께 밝아오고　(수화명월류)밝은 달은 물에 잠겨 흘러가누나.

草草人間世　居然八十年

(초초인간세)초로같은 우리네 세상살이　(거연팔십년)어느덧 팔십년이 지나갔구나,

生平何所事　要不愧皇天 [2]

(생평하소사)한평생 하는 일 무엇이런가　(요불괴황천)하늘을 우러러 부끄럼 없기만을.

禽語亦可喜　流鶯最多情 [3]

(금어역가회)어여쁜 새소리 또한 좋고요　(유앵최다정)노니는 꾀꼬리 다정도 하다.

許國丹心在　死生任彼蒼 [4]

(허국단심재)나라 위한 단심이 있을 뿐이고　(사생임피창)이내몸 죽고 살기는 하늘에 달렸네.

彼美采蓮女　繫舟橫塘渚

(피미채련녀)아름다운 저 연 캐는 아가씨　(계주횡당저)드넓은 못가에 배를 대다가,

羞見馬上郎　笑入荷花去 [5]

(수견마상랑)말탄 사내 눈에 띠자 얼굴 붉히며　(소입하화거)수줍은 듯 연꽃에 몸을 숨기네.

隔岸兩三家　炊煙生暗樹 [6]

(격안양삼가)강건너 두서넛인 초가집에서　(취연생암수)저녁 연기 숲사이로 피어오르네.

夕鳥空林下　紅葉落兩三 [7]

(석조공림하)저녁새는 빈 숲으로 날아내리고　(홍엽낙양삼)단풍잎 두셋이 떨어지누나.

---

1. 李萬元：古意　2. 李玄逸：絶筆　3. 金壽增：華陰書事　4. 李健命：絶筆　5. 洪萬宗：采蓮曲　6. 許源：自博義洞還來　7. 崔錫恒：秋景

一抹炊烟生　　孤村在山下
(일말취연생)모락모락 저녁연기 피어오르는　(고촌재산하)산밑의 호젓한 마을,

柴門老樹枝　　不繫行人馬 ①
(시문노수지)사립문 밖 늘어진 나뭇가지에　(불계행인마)나그네의 말을 못 매어두네.

籬菊開花早　　秋風有意催 ②
(이국개화조)울타리 양지쪽에 일찍 국화피니　(추풍유의최)서리온다 가을바람 재촉함이여.

落日登樓好　　秋風古木淸 ③
(낙일등루호)해질녘 다락 오르기 더욱 좋은데　(추풍고목청)나무 사이로 가을 바람 시원하구나.

落日照流水　　東風花自飛
(낙일조유수)석양은 물에 비치고　(동풍화자비)동풍에 꽃잎이 휘날리는데,

花飛不足惜　　人老易沾衣 ④
(화비부족석)꽃잎 날림은 아쉽지 않으나　(인로이첨의)사람 늙으니 눈물로 옷적시기 쉽네.

海國連宵雨　　春天盡日風
(해국연소우)섬나라엔 밤마다 비가 내리고　(춘천진일풍)봄철이라 온종일 바람만 불어,

空齋睡初罷　　窓外落花紅 ⑤
(공재수초파)빈 서재에서 고이든 잠 깨니　(창외낙화홍)창밖에는 붉은 꽃 떨어지더라.

白鷗波萬里　　黃鶴月千秋
(백구파만리)갈매기 나는 물길 몇만리인가　(황학월천추)황학루 비치는 달 천년을 한결같아,

憔萃三韓客　　登臨淚不收 ⑥
(초췌삼한객)초췌한 모습의 삼한 나그네　(등림누불수)황학루에 올라와 눈물 흘리네.

1. 任埅：山村　2. 朱椊：詠菊　3.尹淳鄭：淸心樓　4. 白孝明：傷春　5. 金璹：睡餘口占　6. 李密：黃鶴樓

溪上離離草　侵人坐處生

(계상이리초)시냇가 언덕의 무성한 풀이　(침인좌처생)사람이 앉은 곳까지 자라났어요,

不知衣露濕　猶自聽溪聲 ①

(부지의로습)이슬에 옷젖는 줄 알지 못하고　(유자청계성)흐르는 시냇물소리 듣고만 있네.

秋雨下碧池　綠荷聲暗動

(추우하벽지)가을비 푸른 연못에 떨어지니　(녹하성암동)푸른 연잎 소리내며 슬며시 움직여,

蕭蕭半夜寒　驚起鴛鴦夢 ②

(소소반야한)쓸쓸한 한밤중 날씨도 차니　(경기원앙몽)놀란 원앙새 꿈에서 깨어난다.

薰風何處來　吹我庭前樹

(훈풍하처래)훈풍은 어디에서 불어오는고　(취아정전수)뜰앞 나무에서 불어온다네,

啼鳥愛繁陰　飛來不飛去 ③

(제조애번음)새들은 무성한 나무숲 좋아 울며　(비래불비거)날아와선 다른 데로 가지 않아요.

輕雲華月吐　芳樹澹烟沈

(경운화월토)밝은 달 구름 사이로 보이고　(방수담연침)푸른 연기 나무에 자욱한데,

夜久孤村靜　淸泉響竹林 ④

(야구고촌정)밤깊어 외딴 마을 더욱 고요해　(청천향죽림)대숲 사이로 맑은 샘소리 들리네.

白雲抱幽巖　靑鼠窺蓬戶

(백운포유암)흰구름은 산마루의 바위를 휘감고　(청서규봉호)청솔모는 초가집을 엿보는구나,

山人不出山　石逕蒼苔老 ⑤

(산인불출산)산사람 산을 나가지 않아　(석경창태로)돌길에는 오래도록 이끼만 푸르네.

1. 金富賢：三淸洞　2. 沈安世：效崔國體　3. 鄭澈：啼鳥　4. 金鎭圭：夜景　5. 李珥：山人

玉 琴 爲 誰 彈

(옥금위수탄)가냘픈 거문고 뉘를 위해 타는고

空 山 對 明 月 ①

(공산대명월)텅빈 산 밝은 달만 대하였네.

岸 柳 迎 人 舞

(안류영인무)언덕의 버들은 사람맞아 춤추고

林 鶯 和 客 吟 ②

(임앵화객음)숲속 꾀꼬리는 나그네 흥을 돋우네.

落 日 溪 邊 路

(낙일계변로)시냇가 길에 해떨어지니

孤 煙 山 下 村

(고연산하촌)산밑 마을에 저녁 연기 한가로워,

主 人 迎 我 笑

(주인영아소)주인이 웃음으로 나를 맞으며

繫 馬 入 柴 門 ③

(계마입시문)말을 매고 사립문 들어오라 하네.

書 傳 千 古 心

(서전천고심)책은 천고의 마음을 전하건만

讀 書 知 不 易

(독서지불이)책을 읽어도 알기가 쉽지 않네,

卷 中 對 聖 賢

(권중대성현)책 속에서 성현을 대하니

所 言 皆 吾 師 ④

(소언개오사)말씀한 바 모두 나의 스승 삼으리.

世 上 長 年 苦

(세상장년고)세속에서 오래 고생하다가

山 中 每 日 閒

(산중매일한)산속에 들어오니 매일 한가롭구나,

濺 濺 巖 下 水

(천천암하수)졸졸 흐르는 바위아래 저 물아

何 事 出 人 間 ⑤

(하사출인간)무슨 일로 세상에 나가려느냐?

此 身 難 去 就

(차신난거취)이 몸이 어디서 살아야 하나

南 北 自 沈 浮

(남북자침부)남북으로 정처없이 떠도는 신세,

縱 是 思 鄕 切

(종시사향절)타향에선 고향 생각 간절했건만

還 家 亦 有 愁 ⑥

(환가역유수)집에 돌아오니 또다시 시름에 잠기네.

1. 車雲輅 : 東屯八味 2. 李晬光 : 途中 3. 吳尙濂 : 訪仲剛 4. 李退溪 : 讀書 5. 金斗文 : 鼓巖齋偶吟 6. 玄德潤 : 思鄕

旅夢啼鳥喚　　歸思繞春樹

(여몽제조환)나그네 꿈길에 새소리 들으니　　(귀사요춘수)고향 생각 싹트는 나무에 맴돌아,

落花滿空山　　何處故鄉路 ①

(낙화만공산)떨어진 꽃잎이 온산에 쌓여　　(하처고향로)고향 가는 길이 보이지 않네.

皎皎月侵床　　蕭蕭風動竹

(교교월침상)교교한 달빛 평상을 비치고　　(소소풍동죽)쓸쓸한 바람 대숲을 움직여요,

幽人意悄然　　獨夜寒齋宿 ②

(유인의초연)숨어사는 사람 마음 더욱 서글퍼　　(독야한재숙)홀로 서재에서 밤을 지새우네.

濯足林泉間　　悠然臥白石

(탁족임천간)숲속 맑은 샘물에 발을 씻고　　(유연와백석)흰 바위에 누워 한가하여라,

夢驚幽鳥聲　　細雨前山夕 ③

(몽경유조성)새소리에 놀라 꿈을 깨니　　(세우전산석)저무는 앞산에 가랑비가 내리네.

天上雙星會　　人間一葉瓢

(천상쌍성회)하늘에서 견우직녀 만나는데　　(인간일엽표)이내몸은 떠도는 한잎 이파리,

年年銀河渚　　烏鵲自成橋 ④

(연년은하저)해마다 은하수 언저리에서　　(오작자성교)까막까치가 다리를 놓네.

海霧晴猶暗　　江風晚更斜

(해무청유암)바다 안개 걷히다가 끼다가　　(강풍만갱사)강바람에 지는 해도 비껴 있구나,

滿汀紅葉亂　　疑是泛桃花 ⑤

(만정홍엽란)강가에 단풍잎이 흩날리길래　　(의시범도화)복숭아 꽃잎인가 의심하였소.

1. 洪顯周 : 偶吟　2. 朴垍 : 山齋　3. 任瑋 : 水閣　4. 成德文 : 七夕　5. 吳漢卿 : 秋日泛舟

去年籬下菊　今歲又開花 ①

(거년이하국)지난해 핀 울타리밑 국화가　(금세우개화)금년에도 또다시 피었어요,

對花還多感　浮生鬢已華 ①

(대화환다감)꽃을 대하니 온갖 감회 떠오르는데　(부생빈이화)덧없는 인생 벌써 수염만 희었네.

白日有朝暮　靑山無古今 ②

(백일유조모)날은 밝기도 하고 저물기도 하나　(청산무고금)청산은 고금으로 푸르기만 하네.

柳色雨中新　桃花雨中落 ③

(유색우중신)버들빛은 비를 맞아 더욱 파란데　(도화우중락)복숭아꽃 비를 맞고 떨어지누나.

神物應藏岫　浮雲日往還

(신물응장수)신통한 물건이 뫼뿌리에 감춰 있어　(부운일왕환)뜬구름이 날마다 갔다가 돌아오네,

有時風送雨　涼人小亭間 ④

(유시풍송우)때마침 바람이 비를 보내니　(양인소정간)서늘하게 하는 곳 작은 정자로세.

春來花滿地　秋去葉飛天 ⑤

(춘래화만지)봄이 오니 꽃은 땅에 가득하고　(추거엽비천)가을이 가니 잎은 하늘을 나는구나.

遙野雲生樹　深山鳥語春 ⑥

(요야운생수)저멀리 구름은 나무에 자욱하고　(심산조어춘)깊은 산에 봄이 왔다 새들은 지저귀네.

湖水蓮花發　太守愛蓮花

(호수연화발)호수에 연꽃이 곱게 피었네　(태수애연화)우리 원님 연꽃을 사랑하오니,

乘舟莫深入　恐傷蓮花多 ⑦

(승주막심입)배타고 연못 깊이 들지를 마오　(공상연화다)고운 연꽃 떨어질가 걱정이네요.

1. 崔世衍：菊　2. 崔林：贈友人　3. 尹弘璨：春雨　4. 金文豹：龍岫山　5. 崔致遠：鸞郎碑序　6. 元仁孫：斗尾途　7. 許佖：酬仙槎令韻

石門雲正杳
(석문운정묘)석문에 구름은 자욱하고

潭島日方低
(담도일방저)섬넘어 나직하게 해는 지는데,

漁夫回舟去
(어부회주거)어부는 배를 돌려 저어가지만

仙源路更迷 ①
(선원노갱미)신선 사는 도원경 찾을 길 없소.

茅屋炊煙歇
(모옥취연헐)초가집에 저녁 연기 그치고

日暮飛鳥還
(일모비조환)해저무니 새들은 집을 찾아드네요,

樵客見明月
(초객견명월)나뭇꾼 밝은 달 떠오름을 보고

長歌下靑山 ②
(장가하청산)노래부르며 청산을 내려옵니다.

來與白雲來
(내여백운래)올 땐 흰구름과 함께 오더니

去隨明月去
(거수명월거)갈 땐 밝은달을 따라 가누나,

去來一主人
(거래일주인)바람처럼 오가는 님이시여

畢竟在何處 ③
(필경재하처)지금은 어디서 무얼 하실고.

世人看花色
(세인간화색)세상 사람 모두 꽃만 보는데

吾獨看花氣
(오독간화기)나는 홀로 꽃향기까지 좋아합니다,

此氣滿天地
(차기만천지)좋은 꽃향기 온세상에 가득하면

吾亦一花卉 ④
(오역일화훼)우리 또한 아름다운 꽃이 되리라.

山寒秋已盡
(산한추이진)날씨는 차고 가을은 이미 저무니

黃葉覆樵徑 ⑤
(황엽복초경)단풍들어 지는 잎 산길을 덮네.

鳥下孤峯夕
(조하고봉석)새들이 오니 산봉우리는 저녁이 되고

風凉大麥秋 ⑥
(풍량대맥추)바람 서늘하니 보리밭은 가을일세.

---

1. 黃景源 : 反棹   2. 朴胤源 : 松月樵歌   3. 鄭東浚 : 弔山人   4. 朴準源 : 看花   5. 石之嶸 : 山行   6. 羅致煜 : 溪村相逢

落 日 溪 頭 別

(낙일계두별)해지는 시냇가에서 이별을 하니

君 歸 水 亦 流

(군귀수역류)그대 떠나고 물도 또한 흘러가요,

空 留 春 草 色

(공류춘초색)팅빈 허늘에 봄풀색을 깔았건만

寂 寞 使 人 愁 ①

(적막사인수)적막하여 사람을 슬프게 하네.

月 黑 鳥 飛 渚

(월흑조비저)으스름 달밤 새들은 물가를 날고

煙 沈 江 自 波

(연침강자파)안개 자욱한데 물결만 일렁이네,

漁 舟 何 處 宿

(어주하처숙)고깃배는 어디로 돌아가는지

漠 漠 一 聲 歌 ②

(막막일성가)뱃노래만 아득히 들려오누나.

家 在 碧 山 岑

(가재벽산잠)집이 푸른산 높이 있어도

從 來 有 寶 琴

(종래유보금)예전부터 내려온 거문고 있어,

不 妨 彈 一 曲

(불방탄일곡)때로는 한 곡조 타고 싶건만

祇 是 少 知 音 ③

(지시소지음)다만 들어줄 이가 없네.

人 情 隨 世 變

(인정수세변)인심이야 때를 따라 변한다지만

岸 不 逐 波 流

(안불축파류)언덕은 물결따라 흐르지 않아,

細 雨 江 邊 立

(세우강변립)보슬비 내리는 강가에 서니

烟 中 迷 一 舟 ④

(연중미일주)안개속 외로운 배 보일 듯 말듯.

曲 曲 溪 回 複

(곡곡계회복)구비구비 시냇물 돌아 흐르고

登 登 路 屈 盤

(등등노굴반)꼬불꼬불 비탈길 오르고 올라,

黃 昏 方 到 寺

(황혼방도사)해질 무렵에나 절에 닿으니

淸 磬 落 雲 端 ⑤

(청경낙운단)맑은 풍경소리 구름끝에 들려오네.

1. 洪世泰：聽松堂別李秀才 2. 任奎：江村夜興 3. 李資玄：樂道吟 4. 崔壽峸：渡驢江 5. 羅湜：道峯寺

家近碧溪頭
(가근벽계두)맑은 시냇가에 집이 있으니

日夕溪風急
(일석계풍급)낮이나 밤이나 냇가에 바람이 일어,

脩竹不逢人
(수죽불봉인)대숲 속에 지나는 사람 없고

水田鷺影立 [1]
(수전노영립)논 가운데 백로만 우뚝 서 있네.

世俗有恒言
(세속유항언)세상 사람들이 항상 말하기를

文人無所用
(문인무소용)선비는 쓸 만한 곳이 없다고들 하니,

公爲一洗之
(공위일세지)공이 한번 이 누명을 씻어

使知文人重 [2]
(사지문인중)선비의 소중함을 알게 해주오.

坐愛綠槐樹
(좌애녹괴수)앉아 푸른 느티나무 바라보니

淸佳勝賞花
(청가승상화)맑은 기운이 꽃보다 아름답네,

井欄君莫掃
(정란군막소)그대여 우물 난간을 쓸지 마오

秋葉落來多 [3]
(추엽낙래다)단풍잎이 떨어져 쌓이지 않는가.

偶出靑山裏
(우출청산리)우연히 청산을 나와

仍來湖水邊
(잉래호수변)자주 호숫가를 거닐고 있다가,

坐看山水色
(좌간산수색)앉아 쉬어 산수를 즐기며

還與白鷗眠 [4]
(환여백구면)꿈결에 백구와 더불어 돌아왔네.

夜雨朝來歇
(야우조래헐)밤비가 아침에 개니

靑霞濕落花
(청하습낙화)새벽 안개는 낙화를 적시누나,

山僧留歸客
(산승유귀객)산승이 나그네를 머물게 하며

手自煮新茶 [5]
(수자자신다)손수 차를 끓이고 있네.

1. 李書九:自白雲復至西岡 2. 李用休:送申使君光洙之任漣川 3. 洪吉周:石井落槐 4. 李性天:漫興 5. 釋冲徽:遊安心寺

落雁下長洲
(낙안하장주)기러기는 강가 모래에 내려앉고

風帆歸遠浦
(풍범귀원포)돛단배는 포구 멀리 돌아가누나,

夜宿暮江頭
(야숙모강두)오늘밤 강마을에서 자는데

寒風秋夜雨 ①
(한풍추야우)찬바람 불고 가을비 밤새 내리네.

古佛巖前水
(고불암전수)옛절 바위앞의 시냇물이

哀鳴復嗚咽
(애명부오열)슬피 울며 다시 목이 메이네,

應恨到人間
(응한도인간)속세에 다다름을 한탄함이니

永與雲山別 ②
(영여운산별)영영 구름속 산들을 떠남이로세.

白水吾心事
(백수오심사)맑은 물은 나의 마음 같고요

靑山爾主人
(청산이주인)청산은 네가 주인이로세,

年年紫霞洞
(연년자하동)해마다 자하동을

來訪杜鵑春 ③
(내방두견춘)진달래꽃 피는 봄이면 찾아오네.

人事盛還衰
(인사성환쇠)사람은 젊으면 늙게 마련

浮生實可悲 ④
(부생실가비)덧없는 인생 참으로 슬프도다.

故國靑山在
(고국청산재)고국의 청산은 그대로이건만

荒臺落日斜 ⑤
(황대낙일사)쓸쓸한 만월대에 석양이 기우네.

水國春光動
(수국춘광동)섬나라에 봄빛이 깃드니

天涯客未行
(천애객미행)이국땅 떠도는 나그네 걸음을 머뭇거려,

草連千里綠
(초련천리록)풀은 천리길을 푸르르고

月共兩鄕明 ⑥
(월공양향명)달은 두 나라를 밝게 비추네.

1. 釋聖機 : 宿江頭 2. 釋正恩 : 詠溪水 3. 張昌復 : 紫霞洞 4. 崔致遠 : 夜贈樂官 5. 洪世泰 : 滿月臺 6. 鄭夢周 : 奉使日本

城空月一片　　石老雲千秋

(성공월일편)텅빈 성터에 조각달 뜨고　　(석로운천추)이끼낀 주춧돌은 천년이 흘러,

長嘯倚風磴　　山靑江自流 [1]

(장소의풍등)휘파람 불며 비탈길을 오르니　　(산청강자류)산은 푸르고 강물은 흘러가네.

帆急山如走　　舟行岸自移 [2]

(범급산여주)배가 빠르니 산이 달려가는 듯　　(주행안자이)배가 지나니 언덕이 옮겨가는 듯.

乾坤眞逆旅　　無處不居停 [3]

(건곤진역려)천지는 참으로 나그네집　　(무처불거정)가는 곳마다 쉬어가지 못할 곳 없네.

楊花雪欲漫　　桃花紅欲燒

(양화설욕만)버들꽃은 눈날리듯 어지럽고　　(도화홍욕소)복숭아꽃은 붉게 타누나,

繡作暮江圖　　天西餘落照 [4]

(수작모강도)해저무는 강물에 곱게 수놓으려고　　(천서여낙조)서쪽 하늘에 석양이 남았구나.

閑雲度峯影　　好鳥隔林聲

(한운도봉영)한가한 구름 봉우리에 그림자 드리우고　　(호조격림성)새들은 숲속에서 지저귀네요,

客去水邊坐　　夢回花裏行 [5]

(객거수변좌)손은 가고 시냇가에 앉았다가　　(몽회화리행)꿈에서 꽃속을 돌아다녔네.

白雲巖下起　　歸路駕靑牛 [6]

(백운암하기)흰구름이 바위틈에 피어나니　　(귀로가청우)돌아가는 길을 소타고 가네.

江山自古今　　往事幾春秋 [7]

(강산자고금)강산은 예나 지금이나 같건만　　(왕사기춘추)세월은 얼마나 흘러갔는가.

---

1. 李穡：浮碧樓　2. 金九容：帆急　3.兪好仁：沙斤驛亭　4. 車雲輅：東屯八咏 5.白光勳：閑居卽事 6.宋翼弼：嶺南嶽 7.奇大升：浮碧樓

春盡棠花晚　空留蜀鳥啼

(춘진당화만)봄은 가고 해당화는 지는데　(공류촉조제)부질없이 소쩍새만 울어대누나,

怨血聲聲落　歸心夜夜西 ①

(원혈성성락)피눈물 흘리며 애끓는 소리　(귀심야야서)돌아갈 마음 밤마다 서쪽을 향하네.

溪路幾回轉　中峯處處看

(계로기회전)산골짜기를 몇 번 돌으니　(중봉처처간)낮은 산봉우리 곳곳이 보이는구나.

逢人問前路　遙指赤雲端 ②

(봉인문전로)사람 만나 길을 물으니　(요지적운단)멀리 붉은구름 끝을 가리키네.

乾坤分上下　日月見西東

(건곤분상하)하늘과 땅은 상하로 나뉘어지고　(일월견서동)해와 달은 동서에 나타나네,

萬象孤吟裏　千山一望中 ③

(만상고음리)삼라만상은 읊조리는 풍류속에 있고　(천산일망중)수많은 산들은 한눈에 보이누나.

世事有如此　流光無奈何

(세사유여차)세상사가 모두 이러하니　(유광무내하)흐르는 세월 어찌할 수 있으리,

菊花秋後少　蟲語夜深多 ④

(국화추후소)국화는 늦가을까지 피어 있고　(충어야심다)벌레는 밤이 깊어 더욱 울어댄다.

秋草前朝寺　殘碑學士文

(추초전조사)오래된 사찰 가을풀에 묻혀 있고　(잔비학사문)선비의 문장은 비석에 남아있어,

千年有流水　落日見歸雲 ⑤

(천년유유수)긴세월 물같이 흘러갔으니　(낙일견귀운)석양에 돌아가는 구름만 바라보네.

1. 辛應時 : 海棠花下杜鵑啼 2. 朴泰輔 : 踰水落山腰 3. 劉希慶 : 江亭次雙泉韻 4. 權鞸 : 夜坐書懷 5. 白光勳 : 弘慶寺

連天草色晚
(연천초색만)온누리에 풀빛은 짙어가는데

離別欲依依
(이별욕의의)그대와 이별하니 마음 서러워,

千里南歸客
(천리남귀객)천리길 남쪽으로 가는 나그네요

三韓一布衣
(삼한일포의)삼한땅 떠도는 한 풍류객이라.

春雲鴻雁杳
(춘운홍안묘)봄구름에 기러기는 멀리 날아가고

湖水鯉魚肥
(호수이어비)호수에는 잉어가 살이 찌누나.

滿地梨花白
(만지이화백)땅에 가득히 떨어진 흰 배꽃이

皆君去後飛 ①
(개군거후비)그대 떠나니 바람에 휘날리네.

結茆伋補屋
(결묘급보옥)억새 엮어 급히 지붕을 덮고

種竹故爲籬
(종죽고위리)대심어 그 숲으로 울을 만드니,

多少山中味
(다소산중미)산중에 사는 이런 재미를

年年獨自知 ②
(연년독자지)뉘라서 알까 나 홀로만 아네.

庭草本非種
(정초본비종)본래 마당에 화초 심지 않아도

春風自發生
(춘풍자발생)봄바람 타고 저절로 생겨나요,

惟有色香別
(유유색향별)색도 다르고 향도 다르며

無數亦無名 ③
(무수역무명)이름도 없는 것들이 수없이 많구나.

見小常憶大
(견소상억대)작은것을 볼 때 항상 큰것을 생각하고

乘危却羨安
(승위각선안)위태로움을 겪고나면 문득 편안함이 그리워,

平生觀水志
(평생관수지)한평생 작은 강만 보던 이 마음

此日望洋嘆 ④
(차일망양탄)오늘 넓은 바다를 보고 탄식하였네.

1. 柳得恭 : 送李時叔南歸   2. 柳方善 : 偶題   3. 李愛益 : 庭草交翠   4. 洪奭周 : 初乘海船

我國天涯北　　他邦地角西

(아국천애북)우리 나라는 하늘끝 북쪽이고　(타방지각서)다른 나라는 땅모서리 서쪽이라,

日南無有雁　　誰爲向林飛 ①

(일남무유안)남쪽에는 기러기도 없으니　(수위향림비)누가 날 위해 고향숲을 향해 날아주리.

步入白雲洞　　洞虛雲影斜

(보입백운동)백운동에 한발 들여놓으니　(동허운영사)마을은 조용하고 구름만 비껴있어,

山深人不見　　獨坐澗邊花 ②

(산심인불견)산이 깊어 사람은 보이지 않아　(독좌간변화)시냇가에 외로이 핀 꽃옆에 앉았노라.

山中日亭午　　草露濕芒履

(산중일정오)산중에 날은 지금이 한나절인데　(초로습망리)아직도 풀이슬이 짚신을 적셔요,

古寺無居僧　　白雲滿庭戶 ③

(고사무거승)옛절에는 스님도 살지 않아　(백운만정호)흰구름만 마당에 가득하여라.

日暮朔風起　　天寒行路難

(일모삭풍기)해가 지자 매서운 바람불고　(천한행로난)날씨가 추워 길 걷기도 어려워,

白烟生凍樹　　山店雪中看 ④

(백연생동수)흰 연기 찬숲에 일고 있으니　(산점설중간)산골의 주막도 눈속에 쌓여 있네.

身退安愚分　　學退憂暮境

(신퇴안우분)몸은 은퇴하여 내 분수에 편하건만　(학퇴우모경)학문이 후퇴하니 늙어감이 근심이로다.

溪上始定居　　臨流日有省 ⑤

(계상시정거)시냇가에 자리잡고 살면서　(임류일유성)흐르는 물에 날마다 돌이켜 보네.

1. 慧超：南天竺路上作　2. 石希璞：白雲洞　3. 李齊賢：摩訶衍　4. 尹堦：途中　5. 李退溪：退溪

(2) 五言詩句 (中國詩)

去者日以疎　　生者日以親 ①

(거자일이소)떠난 사람과는 날로 소원해지고　　(생자일이친)함께 사는 사람과는 날로 친해지네.

昨日一花開　　今日一花開

(작일일화개)어제도 한송이 꽃이 피고　　(금일일화개)오늘도 한송이 꽃이 피었는데,

今日花正好　　昨日花已老 ②

(금일화정호)오늘 핀 꽃은 매우 곱지만　　(작일화이로)어제 핀 꽃은 이미 시드네.

春眠不覺曉　　處處聞啼鳥

(춘면불각효)봄의 곤한 잠에 새벽된 줄 몰랐더니　　(처처문제조)깨고 보니 곳곳에서 새소리 들리네,

夜來風雨聲　　花落知多少 ③

(야래풍우성)어젯밤 비바람 소리에　　(화락지다소)꽃은 많이 떨어졌겠지.

牀前看月光　　疑是地上霜

(상전간월광)책상머리에서 달빛을 보니　　(의시지상상)땅에 내린 서리인가 의심하였소,

舉頭望山月　　低頭思故鄕 ④

(거두망산월)머리 들어 산에 솟은 달을 보고　　(저두사고향)머리 숙여 고향을 생각하네요.

江碧鳥逾白　　山靑花欲然

(강벽조유백)강이 푸르니 갈매기는 더욱 희고　　(산청화욕연)산이 푸르니 꽃은 더욱 붉어,

今春看又過　　何日是歸年 ⑤

(금춘간우과)올봄도 또 객지에서 보내게 되니　　(하일시귀년)어느 날에나 고향에 돌아갈고.

1. 失名：古詩 2. 岑參：蜀葵花 3. 孟浩然：春曉 4. 李白：靜夜思 5. 杜甫：絶句

渡水復渡水
(도수부도수)물을 건너고 다시 물을 건너

看花還看花
(간화환간화)꽃을 보고 다시 꽃을 보면서,

春風江上路
(춘풍강상로)봄바람 부는 강가를 걷다가

不覺到君家 ①
(불각도군가)그대 집에 이른 것도 미처 몰랐네.

空山不見人
(공산불견인)텅빈 산에 사람은 보이지 않는데

但聞人語響
(단문인어향)어디선가 말소리만 들리고,

返景入深林
(반경입심림)석양이 숲속을 스미더니

復照靑苔上 ②
(부조청태상)다시 푸른 이끼 위를 비치네.

盛年不重來
(성년부중래)젊은 시절은 거듭 오지 않고

一日難再晨
(일일난재신)하루는 다시 새벽되기 어려우니,

及時當勉勵
(급시당면려)때가 미침에 마땅히 학업에 힘쓸지니

歲月不待人 ③
(세월부대인)세월은 사람을 기다려주지 않는다네.

江水三千里
(강수삼천리)저멀리 고향땅 삼천리 밖인데

家書十五行
(가서십오행)받아본 편지는 다만 15줄뿐,

行行無別語
(행행무별어)줄줄이 다른 말은 별반 없고

只道早還鄕 ④
(지도조환향)오로지 빨리 고향에 돌아오라네.

松下問童子
(송하문동자)소나무 아래서 동자에게 물으니

言師採藥去
(언사채약거)스승은 약초 캐러 가셨다 말하는데,

只在此山中
(지재차산중)다만 이 산중에 있으련만

雲深不知處 ⑤
(운심부지처)구름 자욱하여 있는 곳을 모르네.

1. 高啓 : 尋胡隱者 2. 王維 : 鹿柴 3. 陶淵明 : 勉學 4. 袁凱 : 京師得家書 5. 賈島 : 尋隱者不遇

春水滿四澤
(춘수만사택)봄물은 사방 연못에 가득하고

夏雲多奇峯
(하운다기봉)여름 구름은 기이한 봉우리가 많아,

秋月揚明輝
(추월양명휘)가을달은 밝은 빛을 떨치고

冬嶺秀孤松 [1]
(동령수고송)겨울 산마루에 소나무 우뚝 하구나.

長安一片月
(장안일편월)장안에 조각달이 비치고

萬戶擣衣聲
(만호도의성)집집마다 다듬잇소리 들려오는데,

秋風吹不盡
(추풍취부진)가을바람 그침없이 불고 있으니

總是玉關情 [2]
(총시옥관정)모두가 옥문관에 나간 님그리는 정이네.

國破山河在
(국파산하재)나라는 망해도 산하는 그대로이고

城春草木深
(성춘초목심)성에도 봄이 되니 초목이 우거져요,

感時花濺淚
(감시화천루)시절을 느낌에 꽃을 보아도 눈물뿌리고

恨別鳥驚心 [3]
(한별조경심)이별을 한탄함에 새소리에 마음 놀라네.

採菊東籬下
(채국동리하)동쪽 울타리에서 국화를 꺾다가

悠然見南山
(유연견남산)문득 아득한 남산을 바라보니,

山氣日夕佳
(산기일석가)산의 모습 언제나 아름다워라

飛鳥相與還 [4]
(비조상여환)나는 새와 더불어 집에 돌아가리.

鋤禾日當午
(서화일당오)한낮 땡볕에 김을 매니

汗滴禾下土
(한적화하토)땀방울이 벼밑 땅에 떨어지네,

誰知盤中飧
(수지반중손)누가 알랴 소반의 밥이

粒粒皆辛苦 [5]
(입립개신고)한알한알 피땀이 어려 있는 것을!

1.陶淵明 : 四時 2.李白 : 子夜吳歌 (中) 3.杜甫 : 春望 4.陶潛 : 飮酒 5.李紳 : 憫農

宿 昔 靑 雲 志
(숙석청운지)옛날 품었던 청운의 뜻을

蹉 跎 白 髮 年
(차타백발년)이루지 못한 채 백발의 나이가 되었네,

誰 知 明 鏡 裏
(수지명경리)누가 알리오 거울을 들여다보고

形 影 自 相 憐 ①
(형영자상련)나혼자 슬퍼하는 이 심정을!

美 人 捲 珠 簾
(미인권주렴)미인이 발을 걷어올리고

深 坐 嚬 蛾 眉
(심좌빈아미)방안 깊이 앉아 눈썹을 찡그리네,

但 見 淚 痕 濕
(단견누흔습)젖은 눈물자국을 보고 있지만

不 知 心 恨 誰 ②
(부지심한수)그것은 누구 때문인가?

已 見 寒 梅 發
(이견한매발)이미 매화꽃 핀 것을 보고

復 聞 啼 鳥 聲
(부문제조성)다시 새소리를 듣고 있으니,

愁 心 視 春 草
(수심시춘초)시름에 젖어 봄풀을 바라보며

畏 向 玉 階 生 ③
(외향옥계생)궁전뜰에 풀이 우거질까 두렵네요.

衆 鳥 高 飛 盡
(중조고비진)뭇새들은 멀리 날아가버리고

孤 雲 獨 去 閑
(고운독거한)조각 구름만 한가히 떠가네,

相 看 兩 不 厭
(상간양불염)언제 보아도 싫지 않은 것은

只 有 敬 亭 山 ④
(지유경정산)오직 경정산뿐이더라.

相 送 臨 高 臺
(상송임고대)그대를 보내고 높은 누대에 오르니

川 原 杳 無 極
(천원묘무극)천원으로 가는 길이 아득하여라,

日 暮 飛 鳥 還
(일모비조환)해가 지면 새들도 돌아오는데

行 人 去 不 息 ⑤
(행인거불식)그대는 쉬지않고 가기만 할건가.

1.張九齡:照鏡見白髮 2.李白:怨情 3.王維:雜詩 4.李白:獨坐敬亭山 5.王維:臨高臺

胡地無花草　　春來不似春

(호지무화초)오랑캐땅에 화초가 없으니　(춘래불사춘)봄이 와도 봄같지 않아,

自然衣帶緩　　非是爲腰身 ①

(자연의대완)자연히 옷이 헐렁거려요　(비시위요신)허리 가늘게 하려 함도 아닌데.

君自故鄕來　　應知故鄕事

(군자고향래)그대는 고향에서 왔으니　(응지고향사)응당 고향일을 알테지,

來日綺窓前　　寒梅著花未 ②

(내일기창전)오시는 날 우리집 창앞에　(한매착화미)매화꽃이 피었던가 안피었던가?

長信宮中草　　年年愁處生

(장신궁중초)장신궁에 돋은 풀이　(연년수처생)해마다 수심처럼 자라서,

時侵珠履跡　　不使玉階行 ③

(시침주리적)풀이 님의 발자국을 덮어　(불사옥계행)궁궐 뜰에 오르지 못하게 하네.

夕陽連雨是　　空翠落庭陰

(석양연우시)비가 줄기차게 내리는 석양에　(공취낙정음)하늘에 구름덮혀 뜰도 어두운데,

看取蓮花浮　　方知不染心 ④

(간취연화부)깨끗한 연꽃 보고 있노라니　(방지불염심)세속에 물들지 않은 마음을 알았네.

日暮長江裏　　相邀歸渡頭

(일모장강리)해저문 양자강에서　(상요귀도두)서로 만나 뱃노래 부르며 가네,

落花如有意　　來去逐船流 ⑤

(낙화여유의)낙화도 무심하지 않는듯　(내거축선류)오가는 뱃전따라 흘러가더라.

1. 李白：王昭君其二　2. 王維：雜詩　3. 崔國輔：長信草　4. 孟浩然：義公禪房　5. 儲光羲：江南曲

洛陽訪才子
(낙양방재자)낙양에서 님을 찾으니

江嶺作流人
(강령작유인)님은 강령으로 귀양갔다네,

聞道梅花早
(문도매화조)그곳은 매화가 일찍 핀다 들었는데

何如此地春 ①
(하여차지춘)이 낙양땅의 봄과 같은지 이닌지?

一雁過連營
(일안과련영)기러기떼 진영의 하늘을 지나니

繁霜覆古城
(번상복고성)옛 성에 서리가 하얗게 덮였네,

胡笳在何處
(호가재하처)어드매서 불고 있는 호가소리만

半夜起邊聲 ②
(반야기변성)밤새워 변방까지 들려오누나.

映門淮水綠
(영문회수록)문앞의 회강은 한결 푸른데

留騎主人心
(유기주인심)이별을 슬퍼하는 이 내 마음,

明月隨良掾
(명월수양연)밝은 달이 관속인 그대를 따라가면

春潮夜夜深 ③
(춘조야야심)밤마다 물결 소리만 듣겠네..

春來萬里客
(춘래만리객)봄이 왔으나 만리 밖 나그네

亂定幾年歸
(난정기년귀)난리가 그쳐 언제나 고향에 갈까,

腸斷江城雁
(장단강성안)강변 성 위에 기러기 애를 끊으며

高高正北飛 ④
(고고정북비)높이높이 북으로 날아가네.

渭水東流去
(위수동류거)위강이 동쪽으로 흘러서

何時到雍州
(하시도옹주)어느 때나 옹주에 이를 것인가,

憑添兩行淚
(빙첨양행루)두 줄기 흘리는 내 눈물을

寄向故園流 ⑤
(기향고원류)고향쪽을 행해 흘려보내리.

1. 孟浩然 : 洛陽訪袁拾遺不遇 2. 儲光羲 : 關山月 3. 王昌齡 : 送郭司倉 4. 杜甫 : 歸雁 5. 岑參 : 見渭水思秦川

出門無所見　春色滿平蕪
(출문무소견)문을 나서도 보이는 것 없고　(춘색만평무)들판에는 봄빛만 가득하여라,

可歎無知己　高陽一酒徒 ①
(가탄무지기)친구 없는 것을 한탄하다가　(고양일주도)고양땅에 한 술꾼이 되었소.

白日依山盡　黃河入海流
(백일의산진)해는 서산을 넘어가고　(황하입해류)황하는 바다로 흘러드는데,

欲窮千里目　更上一層樓 ②
(욕궁천리목)끝없이 펼쳐진 경치를 보려고　(갱상일층루)또다시 누다락 한층을 올라가네.

日暮蒼山遠　天寒白屋貧
(일모창산원)해가 저무니 산도 멀리 보이고　(천한백옥빈)날씨도 추운데 가난한 백성의 집에,

柴門聞犬吠　風雪夜歸人 ③
(시문문견폐)사립문에서 개짖는 소리 들리니　(풍설야귀인)눈보라치는 이밤 누가 찾아왔나?

亭亭玉芙蓉　迥立暎澄碧
(정정옥부용)우뚝 솟은 예쁜 연꽃　(형립영징벽)맑고 푸르게 홀로 서 있네,

只愁山月明　照作寒露滴 ④
(지수산월명)다만 산위에 달이 밝으면　(조작한로적)차가운 이슬에 비쳐 반짝거려요.

遠聽江上笛　臨觴一送君
(원청강상적)저멀리 강에서 부는 피리소리 들으며 (임상일송군)술잔들어 그대를 보내노라,

還愁獨宿夜　更向郡齋聞 ⑤
(환수독숙야)그대 떠나고 홀로 자는 쓸쓸한 밤에 (갱향군재문)또 피리소리 이 관사에 들려올테지.

1. 高適 : 田家春望　2. 王之渙 : 登鸛鵲樓　3. 劉長卿 : 逢雪宿芙蓉山　4. 朱子 : 蓮沼　5. 韋應物 : 聽江笛送陸侍御

歲月人間促　　煙霞此地多

(세월인간촉)세월은 사람의 명을 재촉하는데　(연하차지다)아름다운 자연경관 여기 모였네.

殷勤竹林寺　　更得幾回過 ①

(은근죽림사)다정스러운 이 죽림사를　(갱득기회과)앞으로 몇 번이나 다시 올 수 있을까?

返照入閭巷　　憂來誰共語

(반조입려항)저녁노을이 마을에 비치니　(우래수공어)이 시름을 누구와 함께 말하랴?

古道少人行　　秋風動禾黍 ②

(고도소인행)옛길에 다니는 사람 끊기고　(추풍동화서)가을 바람만 벼와 기장을 움직이네.

故園眇何處　　歸思方悠哉

(고원묘하처)고향은 아득히 먼데　(귀사방유재)돌아가고픈 생각 끝이 없어라,

淮南秋雨夜　　高齋聞雁來 ③

(회남추우야)낯선 회남에서 가을비 내리는 이 밤　(고재문안래)기러기 소리만 서제에 들리네.

知有前期在　　難分此夜中

(지유전기재)앞으로 만날 기약 있다고 해도　(난분차야중)오늘밤은 헤어지기 정녕 어렵네,

無將故人酒　　不及石尤風 ④

(무장고인주)그대 내가 권하는 이 술 때문에　(불급석우풍)역풍을 만난 듯 못간다 마오.

懷君屬秋夜　　散步咏凉天

(회군속추야)그대를 생각하는 가을밤에　(산보영량천)홀로 거닐면서 읊조리네,

空山松子落　　幽人應未眠 ⑤

(공산송자락)고요한 밤 솔방울 떨어지는 소리에　(유인응미면)그대도 잠 못 이루고 있으리.

1. 朱放：題竹林寺　2. 耿洪源：秋日　3. 韋應物：聞雁　4. 司空曙：別盧秦卿　5. 韋應物：秋夜寄丘二十二員 外

萬里路長在　六年今始歸
(만리노장재)천만리 타관객지 떠돌던 길을　(육년금시귀)육년만에 돌아와 보니,

所經多舊館　太半主人非 [1]
(소경다구관)묵었던 집은 옛집이로되　(태반주인비)주인은 거의가 옛주인이 아니더라.

帝城春欲暮　喧喧車馬度
(제성춘욕모)장안에 봄이 저물어가니　(훤훤거마도)거마도 시끄럽게 오가누나,

共道牧丹時　相隨買花去 [2]
(공도목단시)모두들 모란이 피는 때라 말하며　(상수매화거)서로서로 따르면서 꽃을 사가네.

井梧凉葉動　隣杵秋聲發
(정오양엽동)우물가 오동잎이 떨어지고　(인저추성발)이웃집 다듬잇소리에 가을 깊어가네,

獨向簷下眠　覺來半牀月 [3]
(독향첨하면)홀로 처마밑에서 졸다가　(각래반상월)깨보니 평상에 달빛만 가득.

松柏入冬靑　方能見歲寒
(송백입동청)송백은 겨울에도 푸르러　(방능견세한)바야흐로 세한에도 볼 수 있으니,

聲須風裡聽　色更雪中看 [4]
(성수풍리청)솔소리는 바람 속에서 들리고　(색갱설중간)솔색 또한 눈속에서도 보네.

池晚蓮芳謝　窓秋竹意深
(지만연방사)해가 기우니 연못에 연꽃은 지고　(창추죽의심)창가의 대나무도 가을 소리네,

更無人作伴　唯對一彈琴 [5]
(갱무인작반)더불어 이야기할 사람도 없어　(유대일탄금)홀로 거문고를 타는고야.

1. 白居易 : 商山路有感　2. 白居易 : 買花　3. 白居易 : 古秋獨夜　4. 邵康節 : 歲寒　5. 白居易 : 池窓

牽路緣江狹
(견로연강협)강물따라 이어진 좁은 비탈길

沙崩岸不平
(사붕안불평)모래가 무너져 언덕이 평탄치 않아,

盡知行處險
(진지행처험)가는 곳곳마다 모두 험해도

誰肯載時輕 ①
(수긍재시경)누구나 빨리 가려 할 것이네.

十年磨一劍
(십년마일검)십년 동안 칼을 갈았는데

霜刃未嘗試
(상인미상시)시퍼런 칼날 한번도 써보지 못해,

今日把似君
(금일파사군)오늘 그대에게 보이는 뜻은

誰有不平事 ②
(수유불평사)누군가 공평치 않기 때문이라오.

削成蒼石稜
(삭성창석능)세모꼴로 깎아놓은 듯한 이끼낀 돌이

到影寒潭碧
(도영한담벽)차가운 연못에 그림자 비치네,

永日靜垂竿
(영일정수간)온종일 조용히 낚싯대 드리우니

茲心竟誰識 ③
(자심경수식)이 마음 필경 누가 알리오?

長江悲已滯
(장강비이체)양자강이 가로막힘을 서러워하며

萬里念將歸
(만리창장귀)만리밖 내 고향에 돌아가고 싶을 뿐,

況屬高風晚
(황속고풍만)더구나 가을 바람 불고 있으니

山山黃葉飛 ④
(산산황엽비)산마다 단풍잎이 휘날리네.

向晚意不適
(향만의부적)해질녘에 마음이 울적하여

驅車登高原
(구거등고원)수레를 몰아 언덕에 올랐어요,

夕陽無限好
(석양무한호)석양의 아름다움 그지없더니

只是近黃昏 ⑤
(지시근황혼)곧바로 황혼이 찾아오네요.

1. 錢起 : 江行之一 2. 賈島 : 劍客 3. 朱子 : 釣磯 4. 王勃 : 山中 5. 李商隱 : 登樂遊原

夜半樟亭驛　愁人起望鄕

(야반장정역)한밤중 장정역사에서　(수인기망향)나그네 일어나 고향을 바라보네,

月明何所見　潮水白茫茫 ①

(월명하소견)달은 밝은데 보이는 것은　(조수백망망)바닷물만 아득히 출렁거려요.

早蛩啼復歇　殘燈滅又明

(조공제부헐)귀뚜라미 울다 그치고　(잔등멸우명)등불만 깜박이는데,

隔窓知夜雨　芭蕉先有聲 ②

(격창지야우)창밖에 내리는 밤비가　(파초선유성)파초잎에 떨어져 소리를 내네.

古墳何代人　不知姓與名

(고분하대인)어느 때 사람의 무덤인지　(부지성여명)성이나 이름을 알 수가 없어,

化爲路傍土　年年春草生 ③

(화위노방토)길가의 한 줌 흙으로 변하여　(연년춘초생)해마다 봄이 오면 풀만 돋아나네.

小苑鶯歌歇　長門蝶舞多

(소원앵가헐)동산에 꾀꼬리 노래 그치고　(장문접무다)문앞에서 나비들이 춤을 추니,

眼看春又去　翠輦不曾過 ④

(안간춘우거)봄이 또 지나는 것을 보지만　(취련부증과)우리 임금 연은 오지를 않네.

沅湘流不盡　屈子怨何深

(원상유부진)원강과 상강이 도도히 흐르니　(굴자원하심)굴원(屈原)의 한도 깊을 것이네,

日暮秋風起　蕭蕭楓樹林 ⑤

(일모추풍기)해지고 가을 바람 일어나니　(소소풍수림)우수수 단풍잎만 떨어지누나.

---

1. 白居易：宿樟亭驛　2.白居易：夜雨　3. 白居易：古墳　4. 令狐楚：思君恩　5. 載叔倫：三閭廟

月 到 天 心 處
(월도천심처)달은 중천에 떠 있고

風 來 水 面 時
(풍래수면시)바람은 불어 수면이 일렁이네,

一 般 淸 意 味
(일반청의미)이렇게 맑은 멋과 맛을

料 得 少 人 知 ①
(요득소인지)헤아려 아는 사람 많지 않으리.

我 慚 仁 智 心
(아참인지심)나는 인과 지가 없는 마음으로

偶 自 愛 山 水
(우자애산수)부질없이 산수를 사랑함이 부끄럽네요,

蒼 崖 無 古 今
(창애무고금)아스라한 절벽은 고금에 변함 없고

碧 澗 日 千 里 ②
(벽간일천리)푸른 시냇물은 날마다 천리를 흘러가네.

河 亭 收 酒 器
(하정수주기)강기슭 정자에 술잔 치우고

語 盡 各 西 東
(어진각서동)말이 끝나니 제각각 서쪽 동쪽으로,

回 首 不 相 見
(회수불상견)머리를 돌려도 보이지 않고

行 車 秋 雨 中 ③
(행거추우중)가을비 속에 수레만 멀어지네.

山 中 何 所 有
(산중하소유)산중에 있는 것이란

嶺 上 多 白 雲
(영상다백운)산마루에 흰구름만 많고 많은데,

只 可 自 怡 悅
(지가자이열)다만 홀로 즐길 수는 있어도

不 堪 持 贈 君 ④
(불감지증군)님에게 보내드릴 수는 없어라.

偶 來 松 樹 下
(우래송수하)우연히 소나무 아래에 와서

高 枕 石 頭 眠
(고침석두면)돌을 베고 곤하게 잠이 들었소,

山 中 無 曆 日
(산중무력일)산중에는 달력이 없어

寒 盡 不 知 年 ⑤
(한진부지년)해가 가도 날짜를 모르겠네.

1. 邵康節 : 淸夜吟   2. 朱子 : 仁智堂   3. 王建 : 送人   4. 陶弘景 : 詔聞山中何所有賦   5. 太上隱者 : 答人

千山鳥飛絕　　萬徑人蹤滅
(천산조비절)많은 산에 새도 날지 않고　(만경인종멸)모든 길에 인적도 끊겼는데,

孤舟蓑笠翁　　獨釣寒江雪 [1]
(고주사립옹)조각배 탄 늙은 어부가　(독조한강설)홀로 눈덮인 강에서 낚시질하네.

風露澹淸晨　　簾間獨起人
(풍로담청신)이슬이 반짝이는 맑은 새벽에　(염간독기인)발 안에서 쓸쓸히 일어나는 사람,

櫻花啼又笑　　畢竟是誰春 [2]
(앵화제우소)앵두꽃은 지고 피는데　(필경시수춘)이것은 누구를 위한 봄인가?

勸君金屈巵　　滿酌不須辭
(권군금굴치)그대에게 금잔으로 술을 권하니　(만작불수사)이 술을 사양말고 들게나그려,

花發多風雨　　人生足別離 [3]
(화발다풍우)꽃이 피면 비바람 몰아치듯이　(인생족별리)인생도 만나면 헤어지는 것을!

漢國山河在　　秦陵草樹深
(한국산하재)이 나라 산하는 예나 같거늘　(진능초수심)진시황 능에는 초목만 우거졌네,

暮雲千里色　　無處不傷心 [4]
(모운천리색)저녁 노을 저 멀리 펼쳐있으니　(무처불상심)모두가 내 마음을 슬프게 하노라.

落日五湖遊　　烟波處處愁
(낙일오호유)석양에 오호 기슭을 걸으니　(연파처처수)안개 자욱한 곳곳마다 시름뿐이라,

浮沈千古事　　誰與問東流 [5]
(부침천고사)천년 흥망성쇠의 역사를　(수여문동류)누구와 더불어 저 강물에 물을까?

1. 柳宗元：江雪　2. 李商隱：早起　3. 于武陵：勸酒　4. 荊叔：題慈恩塔　5. 薛瑩：秋日湖上

何 處 秋 風 至
(하처추풍지)어느 곳에서 가을바람 불어와

蕭 蕭 送 雁 群
(소소송안군)쓸쓸히 기러기떼를 보내네,

朝 來 入 庭 樹
(조래입정수)아침 일찍 나무에서 우는 소리를

孤 客 最 先 聞 [1]
(고객최선문)나그네가 가장 먼저 듣고 있겠지.

孤 舟 暮 歸 去
(고주모귀거)석양에 조각배 떠나 보내고

別 路 江 南 樹
(별로강남수)강남쪽 나무에서 이별하오니,

煙 外 有 鍾 聲
(연외유종성)안개낀 저 멀리서 종소리 들리는데

故 人 在 何 處 [2]
(고인재하처)그 벗은 지금 어디쯤 가고 있을까?

問 春 何 處 來
(문춘하처래)봄은 어느 곳에서 오는 걸까

春 來 在 何 許
(춘래재하허)봄이 와서 어느 곳에 있는가.

月 墜 花 不 言
(월추화불언)달은 지고 꽃은 말이 없으나

幽 禽 自 相 語 [3]
(유금자상어)새들만 다정하게 서로 속삭이네.

淡 淡 長 江 水
(담담장강수)맑고 맑은 양자강 물은

悠 悠 遠 客 情
(유유원객정)유유히 떠나가는 나그네 심정,

落 花 相 與 恨
(낙화상여한)지는 꽃과 더불어 한탄하노니

到 地 一 無 聲 [4]
(도지일무성)꽃잎이 땅에 떨어져도 소리가 없네.

牆 角 數 枝 梅
(장각수지매)담장머리 두서너 매화가지에

凌 寒 獨 自 開
(능한독자개)추위를 이기고 홀로 꽃을 피우니,

遙 知 不 是 雪
(요지불시설)멀리서 보면 눈도 아닌 것이

爲 有 暗 香 來 [5]
(위유암향래)그윽한 향기를 풍겨오네요.

1. 劉禹錫：秋風引 2. 王瑤湘(女流)：擬送別 3. 高靑邱：問梅閣 4. 韋承慶：南行別弟 5. 王安石：梅花

明月隱高樹　　長河沒曉天

(명월은고수)밝은 달은 나무사이에 숨고　(장하몰효천)은하수는 새벽 하늘에 사라지니,

悠悠洛陽去　　此會在何年 ①

(유유낙양거)유유히 낙양을 떠나가면　(차회재하년)다시 어느 해에나 만날 것인가?

淑氣催黃鳥　　晴光轉綠蘋

(숙기최황조)화창한 봄날 꾀꼬리 노래하고　(청광전녹빈)따스한 햇빛 마름풀을 비치는데,

忽聞歌古調　　歸思欲沾巾 ②

(홀문가고조)문득 흘러간 옛노래 들으니　(귀사욕첨건)고향 생각에 눈물이 수건 적시네.

凉風吹夜雨　　蕭瑟動寒林

(양풍취야우)가을바람 밤비를 몰고 오니　(소슬동한림)쓸쓸한 기운 숲속에 감도네,

正有高堂宴　　能忘遲暮心 ③

(정유고당연)고당에 잔치를 베풀어 주니　(능망지모심)늙어가는 마음에 시름도 잊어진다.

欲濟無舟楫　　端居恥聖明

(욕제무주즙)호수를 건너고 싶지만 배가 없고　(단거치성명)하는 일 없으니 세상이 부끄러워,

坐看垂釣者　　徒有羨魚情 ④

(좌간수조자)낚시질 하는 사람 바라보다가　(도유선어정)부질없이 고기잡을 생각을 하네.

風勁角弓鳴　　將軍獵渭城

(풍경각궁명)찬바람 몰아치니 활촉이 울고　(장군엽위성)장군은 위성에서 사냥하는데,

草枯鷹眼疾　　雪盡馬蹄輕 ⑤

(초고응안질)풀이 마르니 매는 무섭게 쏘아보고　(설진마제경)눈이 녹으니 말은 거침없이 달리네.

---

1. 陳子昂：春夜別友人 (中)　2. 杜審言：和晉陵陵丞　3. 張說：幽州夜飲　4. 孟浩然：臨洞庭　5. 王維：觀獵

青山橫北郭

(청산횡북곽) 청산은 성곽 북쪽에 비껴 있고

白水遶東城

(백수요동성) 맑은 물은 성곽 동쪽을 둘렀으니,

此地一爲別

(차지일위별) 이 땅에서 한번 이별하면

孤蓬萬里征

(고봉만리정) 홀로 정처없이 만리길을 떠나요.

浮雲遊子意

(부운유자의) 뜬구름은 나그네의 심사인가

落日故人情

(낙일고인정) 지는 해를 보니 친구가 그립구려.

揮手自茲去

(휘수자자거) 손을 흔들며 지금 떠나니

蕭蕭斑馬鳴 ①

(소소반마명) 얼룩말도 섭섭한 듯 울고 있구나.

白髮三千丈

(백발삼천장) 백발이 저리도 성성한 것은

緣愁似箇長

(연수사개장) 시름 때문에 생겨났으리,

不知明鏡裏

(부지명경리) 맑은 거울 속에서도 알지 못하겠네

何處得秋霜 ②

(하처득추상) 어디서 하얀 서리 얻었는지를.

海上生明月

(해상생명월) 바다에 떠오르는 밝은 달은

天涯共此時

(천애공차시) 하늘 끝 멀리서도 함께 보아요.

情人怨遙夜

(정인원요야) 님은 긴긴 밤을 원망하면서

竟夕起想思 ③

(경석기상사) 사무치는 그리움에 밤을 새우네.

千里作遠客

(천리작원객) 천리길 멀리 집을 떠난 나그네

五更思故鄕

(오경사고향) 새벽녘에 잠깨어 고향 그리네.

寒鴉數聲起

(한아수성기) 외로운 까마귀 두세 번 우니

窻外月如霜 ④

(창외월여상) 창밖의 달빛은 서리같구려.

1. 李白：送友人 2. 李白：秋浦歌 3. 張九齡：望月懷遠 4. 沈受宏：客曉

古木無人徑

(고목무인경)고목 아래는 길도 없는데

深山何處鐘

(심산하처종)깊은 산 어디선가 종소리 들려,

泉聲咽危石

(천성열위석)냇물은 바위틈을 졸졸 흐르고

日色冷靑松 ①

(일색냉청송)햇빛도 차갑게 청송에 비치도다.

匹馬行將夕

(필마행장석)필마로 가는 길 날은 저물고

征途去轉難

(정도거전난)길은 갈수록 험난하여라,

溪冷泉聲苦

(계랭천성고)졸졸 흐르는 시냇물 차가운데

山空木葉乾 ②

(산공목엽건)나뭇잎 떨어져 산은 텅 비었네.

白髮悲花落

(백발비화락)백발 노인은 지는 꽃 보고 슬퍼하고

靑雲羨鳥飛

(청운선조비)청춘은 날아가는 새를 부러워해,

聖朝無闕事

(성조무궐사)조정에 잘못한 일 거의 없으니

自覺諫書稀 ③

(자각간서희)간하는 글 드묾을 이제 알겠네.

海日生殘夜

(해일생잔야)바다에선 날이 새기 전에 해가 뜨고

江春入舊年

(강춘입구년)강변엔 한해가 가기 전에 봄이 오네,

鄕書何處達

(향서하처달)고향 편지를 어디에 전할건가

歸雁洛陽邊 ④

(귀안낙양변)기러기는 낙양으로 날아가는데.

楚山不可極

(초산불가극)초산은 끝없이 멀고 먼데

歸路但蕭條

(귀로단소조)돌아갈 길이 이다지도 쓸쓸해,

海色晴看雨

(해색청간우)바다는 개었는데 한곳은 비 내리니

江聲夜聽潮 ⑤

(강성야청조)강물소리 밤 되니 밀물처럼 들려오네.

1. 王維 : 過香積寺 2. 高適 : 使淸夷軍入居庸 3. 岑參 : 寄左省杜拾遺 4. 王灣 : 次北固山下 5. 祖詠 : 江南旅情

晨窓林影開　夜寢山泉響

(신창임영개) 새벽이면 창가에 숲이 비치고　(야침산천향) 밤이면 침실에 옹달샘소리 들려요,

隱此復何求　無言道心長 ①

(은차부하구) 이곳에 숨어 살며 무엇을 바랄소냐　(무언도심장) 말없이 도의심이나 키우리라.

細草微風岸　危檣獨夜舟

(세초미풍안) 솔솔바람 부는 풀이 파란 강가에서　(위장독야주) 돛 올리고 홀로 밤을 세우네,

星垂平野濶　月湧大江流 ②

(성수평야활) 별은 넓은 들을 따라 빛나고　(월용대강류) 달은 강속에서 솟아나 흘러간다오.

親朋無一字　老病有孤舟

(친붕무일자) 고향 친구는 소식 한 자 없고　(노병유고주) 늙어 병든 몸 조각배를 타고 있네,

戎馬關山北　憑軒涕泗流 ③

(융마관산북) 싸움이 고향쪽에서 있으니　(빙헌체사류) 난간에 기대어 눈물만 흘립니다.

野寺分晴樹　山亭過晩霞

(야사분청수) 들녘 절은 나무숲과 구분되고　(산정과만하) 산밑 정자에는 저녁노을이 지나누나,

春深無客到　一路落松花 ④

(춘심무객도) 봄은 한창인데 찾아오는 손 없고　(일로낙송화) 길에는 송화가루만 날리고 있네.

竹憐新雨後　山愛夕陽時

(죽련신우후) 대나무는 비온 뒤가 보기 좋고요　(산애석양시) 산은 석양 무렵에 사랑스럽죠,

家僮掃蘿徑　昨與故人期 ⑤

(가동소라경) 머슴애가 넝쿨길을 쓰는 것은　(작여고인기) 어제 당신이 온다 약속했기 때문이라오.

1. 朱子 : 隱求齋　2. 杜甫 : 旅夜書懷　3. 杜甫 : 登岳陽樓 (中)　4. 施閏章 : 山行　5. 錢起 : 谷口書齋寄楊補闕

晚景寒鴉集
(만경한아집)해저무니 까마귀떼 모이고

秋風旅雁歸
(추풍여안귀)가을바람에 기러기들 돌아가네,

水光浮日出
(수광부일출)물속에서 둥근해 떠오르니

霞彩映江飛
(하채영강비)노을빛이 강물에 비쳐 퍼져요.

洲白蘆花吐
(주백노화토)모래사장에 갈대꽃 피고

園紅柿葉稀
(원홍시엽희)후원에 감나무잎 거의 떨어져,

長沙卑濕地
(장사비습지)장사의 습한 땅에서

九月未成衣 ①
(구월미성의)구월인데 아직 옷을 보내오지 않네.

門開邊月近
(문개변월근)성문을 여니 변방의 달이 보이고

戰苦陣雲深
(전고진운심)싸움 어려운데 먹구름은 진영을 덮어,

旦夕更樓上
(단석갱루상)아침 저녁으로 성루에 오르니

遙聞橫笛音 ②
(요문횡적음)아득히 들려오는 청아한 피리소리.

山色遠含空
(산색원함공)산빛은 멀리 하늘까지 닿아

滄茫澤國東
(창망택국동)아득히 호수 많은 동쪽으로 뻗었네,

海明先見日
(해명선견일)바다가 개니 먼저 해가 보이고

江白迥聞風
(강백형문풍)파도가 일렁이니 멀리 바람소리 들려요.

鳥道高原去
(조도고원거)새가 나는 길 고원에 연하고

人煙小逕通
(인연소경통)연기나는 곳 오솔길이 보이네,

那知舊遺逸
(나지구유일)어찌 알리요 숨어사는 은자들이

不在五湖中 ③
(부재오호중)이 오호에는 살고 있지 않음을.

1. 張均 : 岳陽晚景 2. 張巡 : 聞笛 (中) 3. 張祐 : 題松汀驛

去夏疎雨餘

(거하소우여)지난 여름 비가 갠 뒤에

同倚朱欄語

(동의주란어)함께 난간에 기대어 속삭였지,

當時樓下水

(당시누하수)당시 다락 아래 흐르던 물이

今日到何處

(금일도하처)오늘은 어느 곳에 당았을까?

恨如春草多

(한여춘초다)한은 봄풀처럼 우거지고

事與孤鴻去

(사여고홍거)일은 기러기와 함께 사라졌지요.

楚岸柳何窮

(초안유하궁)초나라 언덕에 버들만 늘어졌는데

別愁紛若絮 [1]

(별수분약서)이별의 슬픔이 버들꽃처럼 어지럽네.

已訝衾枕冷

(이아금침랭)벌써 이부자리 차가움을 느끼네

復見窓戶明

(부견창호명)또다시 창문이 밝은 것을 보니,

夜深知雪重

(야심지설중)밤은 깊고 눈이 많이 쌓여

時聞折竹聲 [2]

(시문절죽성)때때로 대나무 부러지는 소리 들리네.

望君烟水闊

(망군연수활)님은 떠나고 물결만 아득하니

揮手淚沾巾

(휘수누점건)이별의 눈물이 수건을 적시누나.

飛鳥沒何處

(비조몰하처)날던 새들은 어디로 갔는지

青山空向人 [3]

(청산공향인)청산과 쓸쓸히 마주하였소.

城地百戰後

(성지백전후)성터에는 숱한 싸움 흔적 남고

耆舊幾家殘

(기구기가잔)옛노인 살던 집이 몇이나 남았나,

處處蓬蒿徧

(처처봉호편)곳곳마다 쑥풀만 우거져 있어

歸人掩淚看 [4]

(귀인엄루간)나그네 눈물 닦으며 바라보네요.

1. 杜牧 : 題安州浮雲寺   2. 白居易 : 夜雪   3. 劉長卿 : 錢別王十一南游   4. 劉長卿 : 穆陵關北逢人歸漁陽

煮豆燃豆萁
(자두연두기)콩깍지로 콩을 볶으니

豆在釜中泣
(두재부중읍)콩이 가마 속에서 우는구나,

本是同根生
(본시동근생)본래 한 뿌리에서 태어나

相煎何太急 ①
(상전하태급)어찌 서로 볶아 못살게 구는가?

夜中不能寐
(야중불능매)밤중에 잠못 이루고

起坐彈鳴琴
(기좌탄명금)일어나 앉아 거문고 타네,

徘徊將何見
(배회장하견)무엇 때문에 저리 서성이면서

憂思獨傷心 ②
(우사독상심)온갖 시름으로 홀로 마음 태우나.

結廬在人境
(결려재인경)초가집을 시골에 마련하니

而無車馬喧
(이무거마훤)시끄러운 거마 소리 들리지 않아,

問君何能爾
(문군하능이)나보고 왜 그러느냐고 묻지만

心遠地自偏 ③
(심원지자편)마음 편하고 이곳이 조용해 좋다오.

種豆南山下
(종두남산하)콩을 남산 아래 심어 놓으니

草盛豆苗稀
(초성두묘희)풀만 무성해 콩싹은 보이지 않아,

侵晨理荒穢
(침신이황예)새벽에 일어나 황폐한 밭을 갈고

帶月荷鋤歸
(대월하서귀)달빛을 맞으며 호미메고 돌아오네.

道狹草木長
(도협초목장)길은 좁고 초목은 무성하여

夕露沾我衣
(석로점아의)저녁 이슬 내 옷을 다 적시네,

衣沾不足惜
(의점부족석)옷이 젖는 것은 아깝지 않으나

但使願無違 ④
(단사원무위)다만 잘못이 없기만을 바라옵니다.

1. 曹子建 : 七步詩 2. 阮籍 : 詠懷 (中) 3. 陶淵明 : 飮酒 (中) 4. 陶淵明 : 歸園田居其四

少 無 適 俗 韻　　性 本 愛 邱 山

(소무적속운)어려서부터 속된 일이 맞지 않아 (성본애구산)타고난 성품 자연을 좋아하였지,

羈 鳥 戀 舊 林　　池 魚 思 故 淵

(기조연구림)나그네새는 옛숲을 그리워하고 (지어사고연)연못의 고기는 옛물을 생각하네.

戶 庭 無 塵 雜　　虛 室 有 餘 閑

(호정무진잡)집안에는 번거롭고 잡된 것 없고 (허실유여한)텅빈 방에는 여유롭고 한가함만 있어,

久 在 樊 籠 裏　　復 得 返 自 然 ①

(구재번롱리)오랫동안 새장 속에 얽매였다가 (부득반자연)다시 자연으로 돌아왔노라.

江 動 月 移 石　　溪 虛 雲 傍 花

(강동월이석)강이 움직이니 달빛이 돌에 옮기고 (계허운방화)시내가 비니 안개가 꽃에 어리네,

鳥 棲 知 故 道　　帆 過 宿 誰 家 ②

(조서지고도)새도 집을 찾는 옛길을 아는데 (범과숙수가)조각배 타고 가다 뉘 집에서 자야 하나.

朝 進 東 門 營　　暮 上 河 陽 橋

(조진동문영)아침엔 동문 군영에 나가고 (모상하양교)저물면 하양교를 올라가니,

落 日 照 大 旗　　馬 鳴 風 蕭 蕭 ③

(낙일조대기)석양은 군기를 비추는데 (마명풍소소)말은 울고 바람은 쓸쓸히 불어오네.

旅 館 無 良 伴　　凝 情 自 悄 然

(여관무양반)낮선 여관에 좋은 벗도 없어 (응정자초연)애타게 그리운 정 저절로 처량하다.

寒 燈 思 舊 事　　斷 雁 警 愁 眠 ④

(한등사구사)쓸쓸한 등불 아래 옛일을 생각하니. (단안경수면)외기러기 소리가 선잠을 깨우누나.

1. 陶淵明：歸園田居其六(中)　2. 杜甫：絶句　3. 杜甫：後出塞(中)　4. 杜牧：旅宿

擧杯邀明月　　對影成三人

(거배요명월)술잔 들자 밝은 달 떠오르니　(대영성삼인)달과 그림자와 나 세사람 되었네,

月旣不解飮　　影徒隨我身

(월기불해음)달은 이미 술을 마시지 못하고　(영도수아신)그림자만 부질없이 나를 따르오

暫伴月將影　　行樂須及春

(잠반월장영)잠시나마 달과 그림자와 어울리니　(행락수급춘)즐기는 기쁨은 봄이라야 하리,

我歌月徘徊　　我舞影零亂 ①

(아가월배회)내가 노래하면 달도 서성이고　(아무영령란)내가 춤추면 그림자 어지러이 움직이네.

子房未虎嘯　　破産不爲家

(자방미호소)장자방이 한고조를 만나기 전　(파산불위가)파산하고 집을 돌보지 않더니,

滄海得壯士　　椎秦博浪沙

(창해득장사)창해군한테 장사를 추천받아　(추진박랑사)진시황을 박랑사에서 철퇴로 쳤지만,

報韓雖不成　　天地皆震動

(보한수불성)한나라의 원수는 비록 갚지 못했으나　(천지개진동)이 때 천지가 모두 진동하였네,

嘆息此人去　　蕭條徐泗空 ②

(탄식차인거)장자방이 사라진 것을 탄식하노니　(소조서사공)서사땅이 텅비어 쓸쓸한 것을!

君言不得意　　歸臥南山陲

(군언부득의)그대는 말하기를 뜻을 얻지 못하여　(귀와남산수)남산자락에 돌아가 살려한다고,

但去莫復問　　白雲無盡時 ③

(단거막부문)떠나는 나에게 다시 묻지 마오　(백운무진시)흰구름과 더불어 살아가리라.

1. 李白 : 月下獨酌二 (中)　　2. 李白 : 經下邳圯橋懷張子房 (中)　　3. 王維 : 送別

貴 賤 雖 異 等
(귀천수이등)비록 사람마다 귀천이 다르나

出 門 皆 有 營
(출문개유영)집을 나서면 다 하는 일 있어,

獨 無 外 物 牽
(독무외물견)나홀로 세속에 끌리지 않고

遂 此 幽 居 情
(수차유거정)이렇게 조용한 생활을 하네.

微 雨 夜 來 過
(미우야래과)가랑비가 밤새 내렸으니

不 知 春 草 生
(부지춘초생)아마도 봄풀은 돋아났겠지?

靑 山 忽 已 曙
(청산홀이서)청산이 어느 결에 밝아오니

鳥 雀 繞 舍 鳴
(조작요사명)참새떼가 집을 돌며 재재거려요.

時 與 道 人 偶
(시여도인우)때로는 도인과 이야기하고

或 隨 樵 者 行
(혹수초자행)혹은 나뭇꾼을 따라 걷기도 하죠.

自 當 安 蹇 劣
(자당안건렬)스스로 병신인 체 하며 사는데

誰 謂 薄 世 榮 ①
(수위박세영)누가 세상 영화를 외면한다 말하리오.

靑 山 如 故 人
(청산여고인)청산은 옛친구 같고

江 水 似 美 酒
(강수사미주)강물은 좋은 술과 같아,

今 日 重 相 逢
(금일중상봉)오늘 다시 서로 만났으니

把 酒 對 良 友 ②
(파주대양우)술잔 들고 벗을 대하였구려.

連 山 若 波 濤
(연산약파도)겹겹의 산세는 파도같이 이어져

奔 走 似 朝 東
(분주사조동)바쁘게 치달으며 동해로 향하누나,

秋 色 從 西 來
(추색종서래)가을빛이 서쪽으로부터 오니

蒼 然 滿 關 中 ③
(창연만관중)저무는 빛이 장안에 가득하네.

1. 韋應物 : 幽居   2. 文點 : 渡江   3. 岑參 : 與高適薛據同登慈恩寺 (中)

白雲山上盡　　　　清風松下歇

(백운산상진)흰구름 산위에 떠가고　　(청풍송하헐)맑은 바람 소나무 아래에 그치네,

欲識離人悲　　　　孤臺見月明 ①

(욕식이인비)이별하는 슬픔을 알려면　　(고대견월명)이 정자에서 밝은 달을 보면 짐작하리.

秋氣集南磵　　　　獨遊亭午時

(추기집남간)가을이 남쪽 골짜기에 깊어가는데　(독유정오시)한낮에 혼자서 거닐고 있네,

迴風一蕭瑟　　　　林影久參差

(회풍일소슬)휘몰아치는 바람 이토록 쓸쓸하고　(임영구참치)나무의 그림자 언제나 들쭉날쭉.

始至若有得　　　　稍深遂忘疲

(시지약유득)처음 왔을 때 마음이 끌렸는데　(초심수망피)점점 깊이 들어갈수록 피로를 잊게 해요.

羈禽響幽谷　　　　寒藻舞淪漪

(기금향유곡)나그네새 그윽한 골짜기에서 울고　(한조무륜의)쓸쓸한 마름풀 물결에 나부낀다.

去國魂已游　　　　懷人淚空垂

(거국혼이유)고향을 떠난 마음 아득한데　(회인누공수)벗이 그리워 눈물만 흘리누나

孤生易爲惑　　　　失路少所宜

(고생이위혹)외로운 인생 자칫 미혹되기 쉬워　(실로소소의)벼슬을 잃었으니 있을 만한 곳 없네.

索莫竟何事　　　　徘徊祇自知

(삭막경하사)어찌하여 모든 일 이토록 삭막한가　(배회지자지)스스로 마음 달래며 서성이네,

誰爲後來者　　　　當與此心期 ②

(수위후래자)누가 이곳에 와서　(당여차심기)내 이 심정을 알아줄 것인가!

---

1. 張融 : 別詩　2. 柳宗元 : 南磵中題

梁 上 有 雙 燕

(양상유쌍연)들보 위에 한쌍의 제비 있어

翩 翩 雄 與 雌

(편편웅여자)다정한 자웅이 오락가락 날아들며,

銜 泥 兩 椽 間

(함니양연간)흙을 물어다 서까래 사이에 집짓더니

一 巢 生 四 兒

(일소생사아)한 둥지에 네 마리 새끼를 깠네.

四 兒 日 夜 長

(사아일야장)네 마리 새끼가 밤낮으로 자라

索 食 聲 孜 孜

(색식성자자)먹이를 찾아 짹짹거려요,

靑 蟲 不 易 捕

(청충불이포)어린 벌레 쉽게 잡을 수 없어

黃 口 無 飽 期

(황구무포기)새끼들의 배를 채울 수 없네.

喃 喃 敎 言 語

(남남교언어)지저귀며 말을 가르치고

一 一 刷 毛 衣

(일일쇄모의)일일이 털을 씻어주더니,

一 旦 羽 翼 成

(일단우익성)하루 아침에 날갯털이 돋아나

引 上 庭 樹 枝

(인상정수지)뜰의 나뭇가지에 이끌고 올라가네.

舉 翅 不 回 顧

(거시불회고)깃을 펴고 날더니 돌아오지 않고

隨 風 四 散 飛

(수풍사산비)바람따라 사방으로 흩어져 나니,

雌 雄 空 中 鳴

(자웅공중명)한쌍의 어미새가 공중에서 우는데

聲 盡 呼 不 歸

(성진호불귀)목이 쉬도록 울어대도 돌아오지 않네.

思 爾 爲 雛 日

(사이위추일)너도 새끼 때를 생각한다면

高 飛 背 母 時

(고비배모시)높이 날며 어미를 어찌 저버리는가,

當 時 父 母 念

(당시부모념)당시의 부모 생각을

今 日 爾 應 知 ①

(금일이응지)너는 오늘에야 응당 알겠지.

1. 白居易 : 燕詩示劉叟 (中)

遲日江山麗　　　春風花草香

(지일강산려)해가 긴 봄날 강산은 아름답고　(춘풍화초향)봄바람에 화초도 향기롭구나,

泥融飛燕子　　　沙暖睡鴛鴦 １

(이융비연자)진흙 녹으니 집 지으려 제비 날고　(사난수원앙)강변 모래 따뜻하니 원앙이 조네.

好雨知時節　　　當春乃發生

(호우지시절)단비도 시절을 아는지　(당춘내발생)봄이 되니 이렇게 조용히 내려,

隨風潛入夜　　　潤物細無聲

(수풍잠입야)바람을 따라 밤중에 오고　(윤물세무성)만물을 적시며 소리도 없어,

野徑雲俱黑　　　江船火獨明

(야경운구흑)들길은 구름에 싸여 함께 검고　(강선화독명)강에 뜬 배엔 등불만 외로이 밝아,

曉看紅濕處　　　花重錦官城 ２

(효간홍습처)새벽에 붉게 물든 곳을 보니　(화중금관성)금관성에 꽃이 만발하였더라.

淸川帶長薄　　　車馬去閑閑

(청천대장박)맑은 시냇가에 초목 우거지고　(거마거한한)거마들 떠나가니 이토록 한가로워.

流水如有意　　　暮禽相與還 ３

(유수여유의)흐르는 물도 무슨 뜻이 있음인지　(모금상여환)저녁에 새들과 함께 돌아오네.

魚戲新荷動　　　鳥散餘花落

(어희신하동)물고기 장난에 새 연잎 움직이고　(조산여화락)새가 흩어지니 남은 꽃 떨어져요,

不對芳春酒　　　還望靑山郭 ４

(부대방춘주)향기로운 봄날 술을 대하지 않고　(환망청산곽)도리어 청산의 성곽만을 바라보누나.

1. 杜甫:絶句其二　2. 杜甫:春夜喜雨(中)　3. 王維:歸嵩山作　4. 謝朓:游東田(中)

國正天心順 官淸民自安

(국정천심순)나라가 바르면 천심도 순하고 (관청민자안)관청이 맑아야 백성이 편안하며,

妻賢夫禍少 子孝父心寬 ①

(처현부화소)아내가 어질면 지아비의 화가 적고 (자효부심관)아들이 효도하면 아비맘이 너그러워지네.

草堂春睡足 窓外日遲遲

(초당춘수족)초당에 봄날 졸음이 쏟아지니 (창외일지지)창밖에 날이 더디만 가요,

大夢誰先覺 平生我自知 ②

(대몽수선각)큰꿈을 누가 먼저 깰까 (평생아자지)평생에 내 스스로 알고 있네.

馬得千里鞭 鶯失一枝春

(마득천리편)말은 채찍을 얻어 천리를 달리고 (앵실일지춘)꾀꼬리는 봄을 보내며 가지에서 우네,

十年燈下苦 三日馬頭榮 ③

(십년등하고)십년을 등불 아래서 공부한 고생이 (삼일마두영)사흘 누리는 말머리 영화였던가.

口是禍之門 舌是斬身刀

(구시화지문)입은 본시 재앙의 문이고 (설시참신도)혀는 본시 몸을 베는 칼이니,

閉口深藏舌 安身處處牢 ④

(폐구심장설)입을 닫고 깊이 혀를 감추면 (안신처처뢰)몸을 곳곳에서 튼튼히 지키리.

家貧思賢妻 國亂思良相 ⑤

(가빈사현처)집이 가난하면 어진 아내를 생각하고 (국란사양상)나라가 어지러우면 어진 재상을 생각하네.

金城不可破 鐵壁不可奪 ⑥

(금성불가파)금성이라도 가히 파괴할 수 없고 (철벽불가탈)철벽이라도 가히 빼앗을 수 없네.

1. 壯元 詩 2. 諸葛武侯 3. 失名氏：伊州歌 4. 瑪道 5. 李克 6. 徐積

泉渴則流涸　　根朽則葉枯 [1]

(천갈즉류학)샘이 마르면 물줄기도 마르고　(근후즉엽고)뿌리가 썩으면 잎도 마르네.

外面似菩薩　　內心如夜叉 [2]

(외면사보살)겉으로는 보살처럼 자비로우나　(내심여야차)속셈은 야차같이 잔인하구나.

海濶從魚躍　　天空任鳥飛 [3]

(해활종어약)바다 넓으니 물고기 쫓아 뛰놀고　(천공임조비)하늘이 비었으니 새가 맘대로 나네.

驟雨不終日　　飄風不終朝 [4]

(취우부종일)소나기는 온종일 오지 않으며　(표풍부종조)회오리바람은 아침에만 부네.

曲木惡直繩　　奸邪惡正法 [5]

(곡목오직승)굽은 나무는 곧은 먹줄을 미워하고　(간사오정법)간사한 자는 바른 법을 미워하네.

木從繩則直　　后從諫則聖 [6]

(목종승즉직)나무가 먹줄을 쫓으면 곧아지고　(후종간즉성)임금이 간언을 쫓으면 성인이 되네.

安分身無辱　　知幾心自閑

(안분신무욕)분수를 알면 몸에 욕됨이 없고　(지기심자한)위태한 것을 알면 마음이 한가하니,

雖居人世上　　却是出人間 [7]

(수거인세상)비록 인간 세상에 살고 있으나　(각시출인간)오히려 인간 세상을 벗어난 것이리라.

空山新雨後　　天氣晚來秋

(공산신우후)텅 빈 산에 비 개이고 나니　(천기만래추)서늘한 날씨는 어느새 가을이구나,

明月松間照　　淸泉石上流 [8]

(명월송간조)밝은 달은 솔 사이로 비추고　(청천석상류)맑은 샘물은 돌 위로 흐르네.

1. 曹岊　2. 列子　3. 古今詩話　4. 老子　5. 文學子　6. 書經:說命　7. 邵康節:安分　8. 王維:山居秋暝(中)

山 光 忽 西 落

(산광홀서락) 산빛이 홀연히 서쪽에 지고

池 月 漸 東 上

(지월점동상) 연못의 달은 차츰 동에서 오르니,

荷 風 送 香 氣

(하풍송향기) 연꽃에 부는 바람 향기를 보내고

竹 露 滴 淸 響

(죽로적청향) 댓잎에 맺은 이슬 떨어지는 맑은 소리.

欲 取 鳴 琴 彈

(욕취명금탄) 가야금 잡아 한곡조 타려는데

恨 無 如 音 賞

(한무여음상) 들어주는 사람 없어 한스럽네,

感 此 懷 故 人

(감차회고인) 감상에 젖어 옛친구를 그리다가

中 宵 勞 夢 想 [1]

(중소노몽상) 한밤중 꿈 속에서 행여 만나려나.

淸 晨 入 古 寺

(청신입고사) 맑은 첫새벽에 옛절을 찾으니

初 日 照 高 林

(초일조고림) 해는 떠서 우거진 숲을 비추네,

曲 徑 通 幽 處

(곡경통유처) 굽은길은 으슥한 곳으로 통하고

禪 房 花 木 深

(선방화목심) 승방은 꽃나무에 묻혀 있구나.

山 光 悅 鳥 性

(산광열조성) 산빛 좋아 새들이 노래하고

潭 影 空 人 心

(담영공인심) 못그림자 사람을 슬프게 해요.

萬 籟 此 俱 寂

(만뢰차구적) 만물이 소리 없어 이토록 적막한데

惟 聞 鐘 磬 音 [2]

(유문종경음) 오직 종소리·풍경소리만 들려오누나.

今 夜 鄜 州 月

(금야부주월) 오늘밤 부주(西安소재)에 뜬 달을

閨 中 只 獨 看

(규중지독간) 방안에서 당신 혼자 보고 있겠지,

遙 憐 小 兒 女

(요련소아녀) 멀리서 아이들을 생각하건만

未 解 憶 長 安 [3]

(미해억장안) 내가 장안에 있는 뜻을 알지 못하리.

1. 孟浩然：夏日南亭懷辛大 2. 常建：破山寺後禪院 3. 杜甫：月夜

斜光照墟落　窮巷牛羊歸

(사광조허락)석양은 촌락을 비치는데　(궁항우양귀)좁은 길로 소와 양이 돌아오누나,

野老念牧童　倚杖候荊扉

(야로염목동)촌로는 목동이 올 때가 되어　(의장후형비)지팡이에 기대 싸리문에서 기다리네.

田夫荷鋤至　相見語依依

(전부하서지)농부는 호미를 메고 오면서　(상견어의의)나를 보고 반가워 말하네,

卽此羨閒逸　悵然吟式微 [1]

(즉차선한일)이같은 정경에 이 한적함이 탐나　(창연음식미)시경의 식미편을 구슬피 읊조려요.

慈母手中線　遊子身上衣

(자모수중선)자애로운 어머니 손에 있는 실은　(유자신상의)여행 떠나는 아들 옷을 만들어요.

臨行密密縫　意恐遲遲歸 [2]

(임행밀밀봉)출발하려고 할 때까지 촘촘히 꼬매며　(의공지지귀)돌아오는 길 더딜까 걱정하네.

移舟泊烟渚　日暮客愁新

(이주박연저)배저어 저녁 안개낀 강변에 대니　(일모객수신)날저물어 나그네 설움 더욱 새로워,

野曠天低樹　江淸月近人 [3]

(야광천저수)들이 넓어 하늘은 나무에 닿고　(강청월근인)강물은 맑아 달이 손에 잡힐 듯하네.

獨坐幽篁裏　彈琴復長嘯

(독좌유황리)홀로 우거진 대숲 속에 앉아서　(탄금부장소)거문고 타다가 다시 읊조리니,

深林人不知　明月來相照 [4]

(심림인부지)깊은 숲속에 찾아오는 사람 없고　(명월내상조)밝은 달만 환하게 비쳐 주고 있네.

1. 王維：渭川田家　2. 孟郊：遊子吟　3. 孟浩然：旅情　4. 王維：竹里館

行行重行行
(행행중행행)집을 떠나 멀리멀리 가시고 또 가시니

與君生別離
(여군생별리)당신과 나는 생이별하는 몸,

相去萬餘里
(상거만여리)만리 밖에 서로 떨어져

各在天一涯
(각재천일애)하늘 끝에 따로히 있네.

道路阻且長
(도로조차장)가는 길은 험하고 머니

會面安可期
(회면안가기)다시 만날 날 어찌 알리오.

胡馬依北風
(호마의북풍)북쪽의 호마는 북풍에 의지하고

越鳥巢南枝
(월조소남지)남녘 월나라 새는 남쪽가지에 둥지트네.

相去日已遠
(상거일이원)헤어진 지가 날로 멀어지니

衣帶日已緩
(의대일이완)옷과 허리띠는 날로 헐거워져요.

浮雲蔽白日
(부운폐백일)뜬구름이 해를 가리고 있듯이

游子不復返
(유자불부반)나그네인 당신은 돌아올 줄 모르네.

思君令人老
(사군영인로)당신 그리다 이내몸 늙어가니

歲月忽已晚
(세월홀이만)세월은 덧없이 흘러 올해도 저무누나.

棄損勿復道
(기손물부도)버림받은 하소연 다시 말하지 않으리니

努力加餐飯 ①
(노력가찬반)모쪼록 식사를 잘해 몸조심하소서.

讀書生午倦
(독서생오권)책 읽다 낮잠이 와서

一枕曲肱斜
(일침곡굉사)팔베고 잠이 들었네,

忘却將窓掩
(망각장창엄)창문 닫는 것을 잊었더니

渾身是落花 ②
(혼신시낙화)온몸이 낙화로 덮였더라.

1. 失名氏 : 古詩 第十九首 其一   2. 袁枚 : 午倦

中原還逐鹿

(중원환축록)중원에서 패권을 서로 다투니

投筆事戎軒

(투필사융헌)문필을 버리고 전차를 다루노라.

杖策謁天子

(장책알천자)채찍들어 말을 달려 천자를 뵙고

驅馬出關門

(구마출관문)다시 말을 몰아 관문을 나서네.

豈不憚艱險

(기불탄간험)이 험난한 길 어찌 두려워하지 않을까

深懷國士恩

(심회국사은)국사로 대하는 천자의 은덕을 간직함이니,

人生感意氣

(인생감의기)사람으로 의기에 감격함인데

功名誰復論 ①

(공명수부론)공명을 뉘라 다시 논할 것인가?

天地有正氣

(천지유정기)천지에는 공명정대한 기운이 있어

雜然賦流形

(잡연부유형)뒤섞어 하나하나 모양을 만드니,

下則爲河嶽

(하즉위하악)아래로 가면 강과 산이 되고

上則爲日星

(상즉위일성)위로 올라가면 해나 별이 되네.

地維賴以立

(지유뢰이립)대지를 유지하는 벼리 굳게 서 있고

天柱賴以尊

(천주뢰이존)하늘을 버티는 기둥 높고 높아라.

三綱實係命

(삼강실계명)삼강은 이 정기의 명맥이 되고

道義爲之根 ②

(도의위지근)도의는 이 정기의 근본이 되오.

五老峯爲筆

(오로봉위필)여산의 오로봉으로 붓을 삼고

三湘作硯池

(삼상작연지)소흥부의 삼상호수를 벼루삼아,

靑天一張紙

(청천일장지)푸른 하늘 저 큰 종이에

寫我腹中詩 ③

(사아복중시)내 마음에 있는 시를 적어보리라.

1. 魏徵 : 述懷 (中) 2. 文天祥 : 正氣歌, 中 3. 李白 : 五老峯

附　　錄

(1) 三字成語集
(2) 韓國 四字成語
(3) 中國 四字成語

　　삼자성어(三字成語)는 의·식·주(衣食住), 진·선·미(眞善美), 미성년(未成年), 농어촌(農漁村) 등 많이 쓰이는 데, 이같은 삼자어를 총망라해서 집대성(集大成)한 작업은 없었다. 저자는 이「活用千字文」을 출간하면서 사자성어 이외에도 이렇게 훌륭한 3자성어가 많이 있는 것을 널리 알릴 필요를 느껴 이「삼자성어집」을 편찬했다. 삼자성어는 위의 의·식·주(□+□+□)와 같이 각각 병렬관계가 되는 것, 미성년(□+□□)처럼 접두사(接頭辭)가 붙는 것, 농어촌(□□+□)처럼 접미사(接尾辭)가 붙는 것 등 3가지 형식으로 구성된다.

　　「한국사자성어」는 순오지(旬五志), 고금석림(古今釋林), 이담속찬(耳談續纂), 송남잡지(松南雜識) 등에서 뽑았는데 주로 속담을 요약한 말들이므로 생활의 지혜가 담기어 흥미신진하다.

　　「중국사자성어」는 주로 고사통고(故事通考)나 중국성어대사전(대만판) 한이성어고석사전(상무인서관), 중국성어대사전(길림문화), 성어분류응용사전(북경대중문예출판사), 중국성어대사전(상해사서출판사) 등에서 채록했다.

오락실 5 부수(部首)를 알면 漢字가 보인다.

　부수를 알면 그 부수에 속한 漢字의 뜻을 짐작할 수 있는 것이 한자가 가지는 특징의 하나이다. 곧, 한자는 표의문자(表意文字)인 만큼 부수의 뜻만 알면 한자의 뜻을 대강 이해할 수가 있는 것이다.

▼ **날 일(日)**자를 알면 '이를 조(早)', '가물 한(旱)', '오를 승(昇)', '밝은 명(明)', '어두울 혼(昏)', '별 성(星)', '낮 주(晝)', '개일 청(晴)', '더울 서(暑)', '따뜻한 난(暖)', '어두울 암(暗)', '저물 모(暮)', '새벽 효(曉)' 등이 모두 날이나 해와 관계가 있는 것을 알 수 있다.

▼ **흙 토(土)**자를 알면 '땅 지(地)', '들 평(坪)', '묻을 매(埋)', '재 성(城)', '마당 장(場)', '무덤 묘(墓)', '고운흙 양(壤)' 등이 모두 땅이나 흙과 관계가 깊은 것은 알 수 있다.

▼ **산 산(山)**자를 알면 '섬 도(島)', '높을 숭(崇)', '낭떠러지 애(崖)', '산무너질 붕(崩)', '고개 령(嶺)', '봉우리 봉(峯)', '바위 암(巖)' 등이 모두 산과 관계가 있는 것은 알 수 있다.

▼ **물 수(水)**자와 삼수변(氵)을 알면, '강 강(江)', '못 지(池)', '잠길 침(沈)', '머리감을 목(沐)', '모래 사(沙)', '물 하(河)', '샘 천(泉)', '물결 파(波)', '물댈 주(注)', '큰바다 양(洋)', '바다 해(海)', '흐를 류(流)', '물결 랑(浪)', '뜰 부(浮)', '목욕 욕(浴)', '깊을 심(深)', '호수 호(湖)', '맑을 결(潔)', '조수 조(潮)', '못 택(澤)', '흐릴 탁(濁)', '젖을 습(濕)' 등이 모두 물과 관계가 있는 것을 알 수 있다.

▼ **비 우(雨)**자를 알면 '눈 설(雪)', '구름 운(雲)', '천둥 뢰(雷)', '우박 박(雹)', '번개 전(電)', '장마 림(霖)', '서리 상(霜)', '안개 무(霧)', '이슬 로(露)' 등이 비와 관계가 있는 것을 안다.

▼ **나무 목(木)**자를 알면 '근본 본(本)', '끝 말(末)', '오얏 리(李)', '살구 행(杏)', '재목 재(材)', '가지 지(枝)', '기둥 주(柱)', '버들 류(柳)', '밤 률(栗)', '뿌리 근(根)', '심을 재(栽)', '지팡이 장(杖)', '소나무 송(松)', '널조각 판(板)', '과실과(果)', '배 리(梨)', '수풀 림(林)', '심을 식(植)', '단풍 풍(楓)', '나무 수(樹)', '박달나무 단(檀)', '앵두 앵(櫻)' 등이 모두 나무와 관계가 있는 한자인 것을 안다.

▼ **힘 력(力)**자를 알면 '더할 가(加)', '도울 조(助)', '힘쓸 노(努)', '용감할 용(勇)', '힘쓸 면(勉)', '움직일 동(動)', '힘쓸 무(務)', '일할 로(勞)', '권세 세(勢)', '부지런할 근(勤)', '힘쓸 려(勵)' 등은 모두 힘이나 힘쓰는 것과 관계가 있는 한자인 것을 안다.

　또한 한자는 약 80%가 형성자(形聲字)로 되어 있는 만큼 형성자의 음부(音符)를 알면 아무리 처음 대하는 한자라도 그 음을 유추(類推)할 수가 있는 것이 또 하나의 특징이다. 즉,

① 「**방패 간(干)**」자를 알면 '肝(간 간)', '刊(삭일 간)', '竿(장대 간)', '奸(범할 간)'이 모두 '간'으로 발음되는 것을 알게 된다.

② 「**높을 고(高)**」자를 알면 '稿(원고 고)', '膏(기름 고)', '藁(볏짚 고)', '敲(두드릴 고)'가 모두 '고'로 발음 된다.

③ 「**장인 공(工)**」자를 알면 '功(공 공)', '攻(칠 공)', '空(하늘 공)', '杠(깃대 공)'이 모두 '공'으로 발음 된다.

④ 「**양 양(羊)**」자를 알면 '洋(큰바다 양)', '樣(모양 양)', '養(기를 양)', '恙(병 양)'이 모두 양으로 발음 된다.

⑤ 「**문 문(門)**」자를 알면 '問(물을 문)', '聞(들을 문)', '們(무리 문)', '捫(잡을 문)'이 모두 '문'으로 발음할 수가 있는 것이다.

1. 三 字 成 語 集

假契約(가계약) : 정식 계약을 맺기에 앞서 임시로 맺는 계약.

假需要(가수요) : 앞으로 가격 인상이나 물자 부족을 예상하고 당장 수요가 없는데도 미리 준비하려는 수요. ㉙ 실수요(實需要).

加一層(가일층) : 한층 더. 더욱더.

角逐戰(각축전) : 승부를 겨루는 싸움.

簡潔體(간결체) : 문장을 군더더기 없이 간단하게 줄여서 명쾌한 필치로 쓰는 방식. ㉙ 만연체(蔓衍體).

奸商輩(간상배) : 옳지 못한 짓을 하여 부당 이익을 취하는 상인들.

干潟地(간석지) : 조수가 드나드는 개펄. ㉞ 해택(海澤).

間選制(간선제) : 간접 선거 제도의 준말.

間一髮(간일발) : 시간적으로 아주 촉박함을 이르는 말.

間奏曲(간주곡) : ① 막간에 연주되는 짧은 음악. ② 두 악곡 사이에 넣는 짧은 기악곡.

感覺論(감각론) : 모든 인식의 근원이 모두 감각에 있다고 주장하는 학설.

甘露水(감로수) : 맛이 좋은 물.

強硬派(강경파) : 강경하게 나가자고 주장하는 파. ㉙ 온건파(穩健派).

強骨漢(강골한) : 남에게 잘 굽히지 않는 기질의 사나이. ㉕ 강골(強骨).

強攻策(강공책) : (운동 경기 등에서) 적극적 공격으로 나가는 방책.

江心水(강심수) : ① 강의 한복판을 흐르는 물. ② 조선조 때, 임금이 쓰기 위하여 한강의 한가운데서 길어다가 내궐에 바치던 물.

強心臟(강심장) : 배짱 좋고 좀처럼 놀라거나 겁내지 않는 성미. 또는 그런 사람.

開墾地(개간지) : 버려둔 거친 땅을 일구어 논밭을 만든 땅.

皆旣蝕(개기식) : 개기일식과 개기월식. ㉙ 부분식(部分蝕).

開途國(개도국) : 개발도상국(開發途上國)의 준말.

凱旋門(개선문) : 전승(戰勝)을 기념하거나 개선군을 환영하기 위해 세운 문.

改新敎(개신교) : 16세기에 종교 개혁 운동으로 카톨릭에서 갈라져 나온 기독교의 여러 교파를 통틀어 이르는 말. ㉞ 신교(新敎). 프로테스탄트.

蓋然性(개연성) : 어떤 일이 일어날 수 있는 확실성의 정도.

客觀的(객관적) : ① 보편 타당성을 가진 것. ② 객관으로 존재하는 것. ㉥ 주관적(主觀的).
居留民(거류민) : 거류지에 사는 외국인. ㉢ 재류민(在留民).
拒否權(거부권) : ① 거부할 수 있는 권리. ② 국제연합 안전보장이사회의 상임이사국에 주어진 결의 성립을 거부할 수 있는 권리. (veto power)
巨視的(거시적) : 사물의 전체를 크게 파악하고 이해하는 것을 말함. ㉥ 미시적(微視的).
擧族的(거족적) : 온 겨레가 모두 힘을 모으는 것.
擧重機(거중기) : 예전에 무거운 물건을 들어올리는 기계. ㉤ 기중기(起重機).
居之半(거지반) : 절반 이상. 거의. ㉢ 거반(居半).
健忘症(건망증) : 기억력이 부실하여 잘 잊어버리는 병증.
建蔽率(건폐율) : 대지의 면적에 대한 건평(建坪)의 비율.
隔世感(격세감) : 많은 진보·변화를 겪어서 딴 세상처럼 여겨지는 느낌. ㉢ 隔世之感.
隔月刊(격월간) : 한 달씩 거르거나 두 달에 한 번 간행함. 또는 그 간행물.
激戰地(격전지) : 격렬한 싸움이 벌어진 곳.
激情的(격정적) : 감정이 세차게 치미는 것.
牽引力(견인력) : 끌어당기는 힘.
牽制球(견제구) : 야구에서, 주자의 도루를 막거나 아웃시키기 위해 투수가 내야수에게 던지는 공.
頃刻間(경각간) : 아주 짧은 동안. ㉧ 경각(頃刻).
警覺心(경각심) : 정신을 가다듬어 경계하는 마음.
警戒線(경계선) : 경계가 되는 선, 적의 침입이나 죄인의 도망을 막기 위하여 경계하는 지대.
敬老堂(경로당) : 노인을 공경하는 뜻에서, 노인들이 여가를 선용하도록 지어놓은 집.
經綸家(경륜가) : 나라를 훌륭히 다스려 나갈 만한 능력이 있는 사람. ㉢ 經綸之士.
傾斜地(경사지) : 비탈진 땅.
經世家(경세가) : 세상을 다스리는 사람.
驚異的(경이적) : 놀랍고 이상스럽게 여길 만한 것.
季刊誌(계간지) : 1년에 네 번 철에 따라 펴내는 잡지.
季節風(계절풍) : 철따라 주기적으로 일정한 지역에 일정한 방향으로 부는 바람. ㉢ 철바람.
高踏的(고답적) : 실사회와 동떨어진 것을 고상한 것으로 여기는 태도를 가지는 것.
高麗葬(고려장) : 고구려 때 늙어서 쇠약한 이를 산채로 묘실에 옮겨두었다가 죽은 뒤에 장사지내던 습관.
高齡化(고령화) : 총인구에서 노인 인구 비율이 차차 높아져 가는 것.

固所願(고소원) : 본디 바라는 바.

姑息的(고식적) : 일시적이며 임시 변통인 것.

高壓的(고압적) : 위압하는 태도로 남을 억누르려고 하는 것.

鼓笛隊(고적대) : 북과 피리로 이루어진 행진용의 악대.

古典美(고전미) : 고전적인 아름다움.

固定票(고정표) : 선거 때에 항상 어떤 특정 정당이나 후보자를 지지하는 표.

高祖父(고조부) : 조부의 할아버지.

考終命(고종명) : 제 명대로 살다 죽음. 오복의 하나.

高周波(고주파) : 주파수가 큰 전파나 전류.

古參兵(고참병) : 군대에서 오래 복무하여 온 병사.

高下間(고하간) : 값이 많든지 적든지.

高血壓(고혈압) : 혈압이 정상보다 높은 현상. [반] 저혈압(低血壓).

曲馬團(곡마단) : 곡마를 중심으로 여러 가지 곡예를 보여주는 흥행 단체.

曲線美(곡선미) : ① 건축이나 조각 회화에서 곡선으로 표현된 아름다움. ② 육체의 곡선에서 나타나는 아름다움.

曲藝師(곡예사) : 곡예 등 서커스를 업으로 하는 사람.

袞龍袍(곤룡포) : 임금이 입던 정복. 어깨단에 용이 그려져 있음. [약] 용포(龍袍).

骨董品(골동품) : 희소 가치나 미술적 가치가 있는 오래된 세간이나 도자기. 미술품.

公權力(공권력) : 국가나 공공단체가 국민에 대하여 명령하거나 강제하는 권력.

公德心(공덕심) : 공중을 위하는 도덕적 의리를 가지는 마음.

功名心(공명심) : 공을 세워 이름을 떨치려는 마음.

公文書(공문서) : 공무에 관계된 서류. [반] 사문서(私文書).

空房殺(공방살) : 부부간의 사이가 나쁜 살.

恐水病(공수병) : 미친개에 물려 생긴 병으로 물을 무서워함. [동] 광견병(狂犬病).

空手票(공수표) : ① 예금 잔고가 없어 거절당하는 수표. ② 신용 없는 약속.

供養米(공양미) : 부처님께 공양으로 드리는 쌀.

空念佛(공염불) : ① 입 끝으로만 외는 헛된 염불. ② 실천이나 행동이 따르지 않는 실속 없는 빈말.

功致辭(공치사) : 자기의 공로를 스스로 칭찬하고 자랑함.

空閑地(공한지) : ① 빈터. 공지(空地). ② 토지를 활용하지 않고 놀리는 땅.

過渡期(과도기) : ① 어떤 단계에서 다른 단계로 넘어가는 시기. ② 사회가 혼란하고 민심이 불안정한 시기. [동] 과도시대(過渡時代).

過保護(과보호) : 어린이를 필요 이상으로 감싸고 돌봄.

過不足(과부족) : 남음과 모자람.

過失犯(과실범) : 과실로써 성립되는 범죄. [동] 무의범(無意犯).

官奴婢(관노비) : 관가의 남자종과 여자종. [반] 사노비(私奴婢).

官能的(관능적) : 육체적 쾌감이나 욕망을 일어나게 하는 것, 성적 감각을 자극하는 것.

觀察使(관찰사) : 조선조 때, 지방 행정 단위인 도의 장관. 그 도의 정치·군사·사법권을 갖고 있었음. [동] 감사(監司). 도백(道伯).

管絃樂(관현악) : 관악기·현악기·타악기에 의한 합주 음악.

狂想曲(광상곡) : 일정한 형식이 없이 자유분방하면서 즉흥적인 성격을 띤 기악곡. [동] 카프리치오.

光纖維(광섬유) : 광통신의 전송로(傳送路)에 이용되는 석영(石英) 유리로 된 섬유.

狂詩曲(광시곡) : 민족적·서사적인 느낌을 가진 자유로운 형식의 기악곡. [동] 랩소디

廣域化(광역화) : 지역이 넓어짐. 또는 넓어지게 함.

光熱費(광열비) : 전기·가스·석유·연탄 등 조명이나 연료에 드는 비용.

光通信(광통신) : TV나 전화 따위의 전기 신호를 레이저광선에 실어 광섬유 케이블을 통해서 보내는 통신.

傀儡軍(괴뢰군) : 자주성이 없는 꼭두각시 정부의 군대.

橋頭堡(교두보) : 전쟁에서 적의 진지를 공격하는 작전을 전개시키기 위한 거점.

敎唆犯(교사범) : 남을 꾀어 죄를 범하게 한 사람. 또는 그 범죄.

校友會(교우회) : 재학생·학교직원 또는 졸업생 등의 친목을 위하여 조직된 모임.

交響樂(교향악) : 현악기·관악기·타악기로써 연주되는 음악의 총칭. [반] 경음악(輕音樂).

九孔炭(구공탄) : 구멍이 19개 뚫린 원기둥 모양의 연탄.

九官鳥(구관조) : 찌르레기과의 새로 몸 빛깔은 까마귀 같이 검으나 눈 아래에 노란띠가 있고 발은 등황색임. 사람의 말을 흉내냄.

救急藥(구급약) : 응급치료에 필요한 약품.

救急車(구급차) : 위급한 환자나 부상자를 신속히 병원으로 실어 나르는 차.

句讀法(구두법) : 구두점의 사용법. [약] 구두(句讀).

口頭禪(구두선) : 실행이 따르지 않는 빈말. [동] 구두삼매(口頭三昧).

拘留狀(구류장) : 법관이 용의자를 구류할 때 발행하는 영장.

購買力(구매력) : 상품을 살 수 있는 재력(財力).

口上書(구상서) : 상대국에 대한 의사를 구두로 전하는 대신 글로 적어 전하는 외교문서.

口舌數(구설수) : 시비하거나 헐뜯는 말을 들을 운수.

救世主(구세주) : ① 인류를 죄악에서 구원하는 주로서의 예수를 말함. ② 중생을 고통에서 구해준 석가모니를 높이어 일컫는 말.

口述書(구술서) : 말로 이야기한 내용을 적은 문서. ㉠ 구공서(口供書).

求心力(구심력) : 물체가 원운동을 할 때 중심으로 쏠리는 힘. ㉇ 원심력(遠心力).

求心點(구심점) : 구심력의 중심이 되는 점.

枸櫞酸(구연산) : 레몬이나 감귤 등에 들어있는 염기성의 산.

拘引狀(구인장) : 법원이 피고인이나 증인 등을 구인하기 위하여 발부하는 영장.

購販場(구판장) : 조합 같은 데서 생활용품 등을 공동으로 구입하여 싸게 파는 곳.

國家觀(국가관) : 국가의 목적·의의·가치 등에 대하여 가지는 견해나 주장.

國稅廳(국세청) : 재무부에 딸린 행정기관. 내국세의 부과·징수 및 국유 재산의 관리 등의 사무를 맡아봄.

局外者(국외자) : 그 일에 관계가 없는 사람. ㉏ 국외인(局外人).

軍需品(군수품) : 군사상 필요한 물자들. ㉠ 군용품(軍用品).

軍資金(군자금) : ① 군용금(軍用金). ② 어떤 일을 하는 데 필요한 돈.

君主國(군주국) : 국가 주권이 군주에게 있는 나라. ㉏ 왕국(王國).

權利證(권리증) : 등기필증(登記畢證).

倦怠期(권태기) : 시들해져서 게으름을 피우거나 싫증을 느끼는 시기.

詭辯家(궤변가) : 이치에 닿지 않는 말을 그럴싸하게 잘하는 사람. ㉏ 소피스트.

歸去來(귀거래) : 벼슬을 버리고 고향으로 돌아감.

鬼哭鳥(귀곡조) : 부엉이의 하나. 음침한 날이나 밤에 구슬프게 욺.

貴公子(귀공자) : ① 귀한 집안에 태어난 남자. ② 용모나 풍채가 뛰어나고 고상한 남자.

貴金屬(귀금속) : 금·은 같이 공기 중에서 산화하지 않고 색깔이 변하지 않는 금속. ㉇ 비금속(卑金屬).

歸着點(귀착점) : 일정한 결말로 끝나는 점. ㉠ 귀결점(歸結點).

歸化民(귀화민) : 다른 나라에서 국적을 옮겨온 국민.

劇作家(극작가) : 연극의 각본 쓰는 일을 업으로 하는 사람.

極限的(극한적) : 궁극의 한계에 이른 것.

勤勞者(근로자) : 근로에 의한 소득으로 생활하는 사람. ㉏ 노동자(勞動者).

近似値(근사치) : 어떤 수값에 충분히 가까운 수값.

近視眼(근시안) : ① 가까운 데 것은 잘 보이나 먼 데 것은 잘 보이지 않는 눈. [반] 원시안(遠視眼) ② 눈앞의 일에 사로잡혀 앞일을 바로 보지 못함을 이르는 말.
根源地(근원지) : 본바닥. 근원이 되는 곳.
金剛石(금강석) : 다이아몬드.
金貫子(금관자) : 금으로 만든 망건 관자. 정2품·종2품 이상의 벼슬아치가 붙임.
金石學(금석학) : ① 금석 문자를 연구하는 학문. ② 광물학.
金字塔(금자탑) : 영원히 후세에 전하여질 만한 훌륭한 업적.
急降下(급강하) : 비행기 같은 물체가 공중에서 수직으로 급히 내려오는 일. [반] 急上昇.
及其也(급기야) : 결국에는. 마침내.
急騰勢(급등세) : 물가나 주가 등이 갑자기 오름.
給費生(급비생) : 국가·단체·개인 등으로부터 학비를 지급 받아 공부하는 학생.
急先務(급선무) : 가장 먼저 서둘러 해야 할 일.
急旋回(급선회) : ① 급격한 선회. ② 별안간 태도를 바꿈. [동] 급회전(急回轉).
急進的(급진적) : 목적이나 이상 따위를 급격히 실현하려고 하는 것. [반] 점진적(漸進的).
綺羅星(기라성) : 어두운 밤에 반짝이는 무수한 별.
麒麟兒(기린아) : 재주와 지혜가 뛰어난 아이. [동] 신동(神童).
氣分派(기분파) : 기분에 좌우되어 행동하는 사람.
騎士道(기사도) : 중세기 유럽에서 말탄 무사 계급이 지켜야 할 행동 윤리. 용맹·예절·인협·충성·명예 등의 덕목을 이상으로 하였음.
寄生蟲(기생충) : ① 다른 동물에 붙어서 사는 벌레. ② 남에게 의지하여 사는 사람.
祈雨祭(기우제) : 비 오기를 비는 제사. [반] 기청제(祈晴祭).
忌祭祀(기제사) : 해마다 망인의 죽은 날에 지내는 제사. [동] 기제(忌祭).
氣體候(기체후) : 웃어른께 편지로 문안할 때 그를 높여 그의 기분과 건강을 이르는 말.
緊縮味(긴축미) : 압축된 문장 표현에서 느껴지는 깔끔한 맛.
吉祥果(길상과) : 석류(石榴)의 열매를 풍류스럽게 이르는 말.
羅針盤(나침반) : 자침(磁針)으로 방위를 알도록 만든 기구. [동] 나침의(羅針儀).
樂觀論(낙관론) : 일이 잘될 것으로 낙관해야 한다는 주장. [반] 비관론(悲觀論).
樂觀的(낙관적) : 일이 잘되어 나갈 것으로 보고 걱정하지 않는 것. 앞날을 희망적으로 보는 것. [반] 비관적(悲觀的).
酪農品(낙농품) : 연유·분유·치즈·버터 등 우유로부터 생산되는 모든 제품. [동] 酪製品.
落成式(낙성식) : 건축물의 공사가 준공됨을 기념하는 의식.

落葉樹(낙엽수) : 가을에 잎이 떨어졌다가 봄에 새잎이 나는 나무의 총칭. ㉱常綠樹.

亂脈狀(난맥상) : 원칙이나 규칙이 지켜지지 않아 체계가 서지 않거나 질서가 없는 상태.

南極圈(남극권) : 남극을 중심으로 한 남위 66° 33′ 미만의 지역. ㉱북극권(北極圈).

南寺黨(남사당) : 패를 지어 떠돌며 농악과 노래와 춤을 파는 사내들.

浪漫的(낭만적) : 비현실적이며 이상적인 것을 구하는 것. 환상적이며 공상적인 것.

浪費癖(낭비벽) : 돈이나 물건을 헛되이 쓰는 나쁜 버릇.

內務班(내무반) : 병영에서 군인들이 평상시에 기거(起居)하는 방.

內服藥(내복약) : 먹는 약. ㉱외용약(外用藥).

來賓席(내빈석) : 초대받은 손이 앉도록 따로 마련한 자리.

內水面(내수면) : 하천·호소(湖沼)·운하 따위의 수면.

內視鏡(내시경) : 신체의 내부를 관찰하기 위한 의료 기구를 통틀어 이르는 말.

內外間(내외간) : 부부의 사이.

耐火性(내화성) : 높은 열에도 타지 아니하고 견디는 성질.

冷房病(냉방병) : 냉방이 된 방과 외기(外氣)와의 온도차가 스트레스가 되어 일어나는 병.

露骨的(노골적) : 숨기거나 꺼리지 아니하고 드러낸 상태.

老大家(노대가) : 나이가 많고 오랜 경험을 쌓아 그 방면에 권위가 있는 사람.

老益壯(노익장) : 나이가 들었으나 기력은 더욱 좋아짐. ㉦노당익장(老當益壯)

露天掘(노천굴) : 광물·광석 따위를 지표(地表)로부터 파냄.

綠藻類(녹조류) : 엽록소를 가지고 있어 녹색을 띠는 조류(藻類)를 통틀어 이르는 말.

綠地帶(녹지대) : 도시계획에서 도시의 안이나 그 주변에 시민 보건 및 미관 등을 위하여 조성한 녹지. ㉲ 녹지지대(綠地之帶). 그린벨트.

論說文(논설문) : 자기의 의견이나 주장을 이론적으로 체계를 세워서 적은 글.

農繁期(농번기) : (모내기·벼 베기 등) 농사일이 한창 바쁜 시기. ㉱농한기(農閑期).

農閑期(농한기) : 농사일이 그리 바쁘지 않은 시기. ㉱농번기(農繁期).

腦溢血(뇌일혈) : 고혈압이나 동맥경화 등으로 뇌속에 출혈을 일으키는 병. ㉦腦出血.

腦卒中(뇌졸중) : 뇌의 급격한 혈액 순환 장애로 일어나는 증상. 갑자기 의식을 잃고 운동 장애를 일으킴. ㉦졸중풍(卒中風). 중풍(中風).

腦震蕩(뇌진탕) : 머리를 몹시 부딪치거나 얻어맞아 일시적으로 의식 장애를 일으킨 상태.

能動的(능동적) : 남의 힘을 받지 않고 자체의 힘으로 움직여 다른 것을 작용하게 하는 것. ㉱ 수동적(受動的).

能率的(능률적) : 능률이 많이 오르는 성질의 것.

多角度(다각도) : 여러 모. 많은 각도.

茶飯事(다반사) : 보통 있는 예사로운 일.

單獨犯(단독범) : 혼자서 행한 범죄. 또는 그 범인. ㉰ 공범(共犯).

單獨制(단독제) : 한 사람의 법관이 단독으로 재판을 하는 제도. ㉰ 합의제(合議制).

斷頭臺(단두대) : 사형수의 목을 자르는 대.

斷末魔(단말마) : 숨이 끊어질 때의 마지막 고통.

蛋白質(단백질) : 탄소·산소·수소·질소·유황 등을 포함한 동물체의 주요 성분을 이루는 유기 화합물. ㉨ 흰자질. 계란소.

單元論(단원론) : 우주의 만상은 단 하나의 실체로부터 되었다는 학설.

單院制(단원제) : 의회(議會)가 단 하나의 의원(議院)으로 성립되어 있는 제도. ㉨ 일원제(一院制). ㉰ 양원제(兩院制).

斷層崖(단층애) : 깎아세운 듯한 험한 벼랑.

淡水化(담수화) : 바닷물의 염분(鹽分) 농도를 묽게 하여 담수로 만듦.

糖尿病(당뇨병) : 혈액 속에 포도당이 많아져서 오줌에 당분이 많이 섞여 나오는 병.

當分間(당분간) : 앞으로 얼마 동안. 잠시 동안.

當事者(당사자) : ① 어떤 일에 직접 관계가 있는 사람. ㉨ 본인 ② 어떤 법률 행위에 직접 관계하는 사람.

堂山祭(당산제) : 마을의 수호신에게 지내는 제사. ㉨ 도당굿.

堂上官(당상관) : 문무관의 정3품 이상의 벼슬아치. ㉰ 당하관(堂下官)

當爲性(당위성) : 마땅히 그렇게 해야 할 성질.

糖衣錠(당의정) : 먹기 좋도록 당의를 입힌 정제(錠劑)나 환약(丸藥)

大綱領(대강령) : 일의 중요한 부분을 추린 강령. ㉨ 대강(大綱).

大功親(대공친) : 종형제·자매·중자부(衆子婦)·중손(衆孫) 등.

大關節(대관절) : 도대체(都大體). 요점만 말하건대.

大局的(대국적) : 크고 전체적인 국면이나 입장에 서는 것.

大多數(대다수) : 전체수의 거의 대부분. ㉨ 다대수(多大數).

大團圓(대단원) : 소설·연극·사건 등에서 모든 게 잘 해결되는 최후의 장면. ㉨ 대미(大尾).

大動脈(대동맥) : ① 심장 좌실에서 나와 순환되는 동백의 으뜸 줄기. ㉰ 대정맥(大靜脈). ② 교통의 큰 간선(幹線)인 도로·철도 등의 비유.

大陸棚(대륙붕) : 대륙의 주위 해심이 200m까지의 얕은 경사면. ㉠ 육붕(陸棚).

大文章(대문장) : ① 잘 지은 훌륭한 글. ② 글을 매우 잘 짓는 사람.

大法官(대법관) : 국법상 법관의 명칭을 가지는 공무원으로서 대법원에 소속되어 재판 사무를 담당하는 사람.

大法院(대법원) : 우리 나라의 최고 법원.

大沙門(대사문) : 석가모니의 딴이름.

大司憲(대사헌) : 사헌부의 으뜸 벼슬.

大審院(대심원) : 미국의 대법원.

代用品(대용품) : 어떤 물품의 대신으로 쓰이는 물품. [동] 대품(代品).

大院君(대원군) : 방계로서 대통을 이어받은 임금의 아버지의 존칭. [동] 국태공(國太公).

大元帥(대원수) : ① 전군을 통솔하는 최고 통솔자. ② 육해공군을 통수하는 원수.

對位法(대위법) : 작곡에 있어서 정선율(定旋律)에 다른 선율을 조합시키는 법. [반] 和聲法.

代議員(대의원) : 국민의 공선(公選)으로 국민을 대표하여 국회에 나가서 입법에 관여하는 사람. [동] 국회의원(國會議員).

大藏經(대장경) : 불경의 총칭. [동] 일체경(一切經) [약] 장경(藏經).

大靜脈(대정맥) : 몸의 모든 기관에 흩어져 있는 소정맥이 모여, 심장 우실로 들어가는 중요한 정맥. [반] 대동맥(大動脈).

大提學(대제학) : 홍문관·예문관의 으뜸 벼슬.

大倧教(대종교) : 단군을 교조(教祖)로 하는 종교. [동] 삼성교(三聖教).

大主教(대주교) : 천주교에서 관구(管區)를 주관하는 직책.

大衆性(대중성) : 일반 대중이 갖추어 있는 성질이나 일반 대중에 맞는 성질.

對稱形(대칭형) : 맞선꼴. 마주선 도형.

大統領(대통령) : 공화국의 원수(元首). 모든 행정을 총람하고 주권을 대표함.

大平簫(대평소) : 나팔. 날라리.

大風流(대풍류) : 피리·직(笛)·장구·북·깡깡이 등을 불고 치는 음악.

大風瘡(대풍창) : 문둥병.

大學士(대학사) : 홍문관의 으뜸 벼슬.

大學院(대학원) : 대학의 일부로서, 대학 졸업자가 한층더 높은 정도의 학술·기예를 연구하여 석사(碩士) 또는 박사(博士)의 학위를 얻는 학교.

大憲章(대헌장) : 영국의 입헌정치의 근원이 된 헌법 문서. 1215년 존(John)왕이 인정함.

都大體(도대체) : 대관절. 대체.

道德性(도덕성) : 도덕의 본성. 선악의 견지에서 본 인격·판단·행위 등에 관한 가치.

度量衡(도량형) : 길이·부피·무게. 자와 되와 저울을 아울러 이르는 말.

都散賣(도산매) : 도매와 산매(소매).
度外視(도외시) : 문제로 삼지 않고 가외의 것으로 보아 넘김. 안중에 두지 않음.
都邑地(도읍지) : 한 나라의 도읍이 되는 곳.
導火線(도화선) : ① 폭약이 터지도록 불을 댕기는 심지. ② 사건을 일으키게 하는 원인.
獨舞臺(독무대) : 독차지 판. 독장치는 판. [동] 독단장(獨斷場). 독천장(獨擅場).
讀心術(독심술) : 얼굴의 표정이나 근육의 운동을 통하여 남의 생각을 알아내는 술법.
篤志家(독지가) : 비영리적 사업이나 뜻깊은 일에 물심양면으로 지원하고 힘쓰는 사람.
同期生(동기생) : 학교 따위에서 같은 연도에 입학하거나 졸업한 사람. [약] 동기(同期).
同年輩(동년배) : 나이가 같은 또래.
棟樑材(동량재) : 한 집안이나 한 나라의 기둥이 될 만한 인물. [동] 동량지재(棟樑之材).
同盟國(동맹국) : 동맹을 맺은 당사국. [동] 맹방(盟邦).
同伴者(동반자) : ① 함께 데리고 가는 사람. ② 어떤 일에 동조하는 뜻을 가진 사람.
同夫人(동부인) : 아내를 동반함.
同壻間(동서간) : 형제의 아내끼리나 자매의 남편끼리의 사이.
同一視(동일시) : 둘 이상의 대상을 똑같은 것으로 봄.
冬將軍(동장군) : 몹시 추운 겨울을 이르는 말.
同胞愛(동포애) : 동포를 서로 아끼고 사랑하는 마음.
同好人(동호인) : 취미나 기호를 같이하는 사람. [동] 동호자(同好者).
頭蓋骨(두개골) : 두뇌의 뚜껑을 이루는 뼈.
杜鵑花(두견화) : 진달래꽃.
登龍門(등용문) : 사회적으로 인정받는 입신 출세의 관문, 또 운명을 결정짓는 중요한 시험의 비유.
等閒視(등한시) : 관심이 없거나 대수롭지 않게 봄. 또는 그렇게 여김.
魔術師(마술사) : 마술을 부리는 사람. [동] 마법사(魔法師). 요술쟁이.
磨崖佛(마애불) : 암벽이나 석벽에 새긴 불상.
萬年雪(만년설) : 추운 지방이나 높은 산에 언제나 녹지 않고 쌓여 있는 눈.
萬物相(만물상) : ① 여러 가지 물건의 갖가지 형상. ② 금강산에 있는 바위산.
萬不當(만부당) : 아주 부당함. 천부당 만부당의 준말. [동] 천부당(千不當).
慢性病(만성병) : 급히 아화되지 않고 쉽게 낫지도 않고 오래 지속되는 병. [반] 急性病.
滿身瘡(만신창) : 온몸에 퍼진 부스럼.
晩餐會(만찬회) : 손님을 초대하여 저녁 식사를 겸하여 베푸는 연회.

忙中閑(망중한) : 바쁜 가운데서도 한가한 겨를이 있음. [동] 忙中有閑. [반] 한중망(閑中忙).

媒介體(매개체) : 둘 사이에서 관계를 맺어주는 구실을 하는 물건. [동] 매개물(媒介物).

賣國奴(매국노) : 나라와 민족을 팔아먹는 자.

買辦的(매판적) : 외국 세력에 붙어서 자기 나라 이익을 저버리는 것.

麥酒甁(맥주병) : ① 맥주를 담는 병. ② 수영을 못하는 사람을 농조로 이르는 말.

盲腸炎(맹장염) : 충수염(蟲垂炎)을 흔히 이르는 말.

冕旒冠(면류관) : 임금이 정복(正服)에 갖추어 쓰던 관.

面紗布(면사포) : 결혼식 때 신부가 머리에 쓰는 흰 천.

免稅店(면세점) : 세금을 면제한 상품을 파는 가게.

免罪符(면죄부) : 중세 로마 카톨릭 교회에서 신자에게 죄를 사하는 대가로 금품을 받고 발행한 증명서.

免許證(면허증) : 국가 기관에서 면허 내용을 기재한 증서.

明朝體(명조체) : 인쇄 활자의 하나로 획이 가는 활자. [약] 명조(明朝). [반] 고딕체.

名判官(명판관) : 훌륭한 재판관. 유명한 재판관.

謀利輩(모리배) : 상도의(商道義) 같은 것은 아랑곳하지 않고 자기 이익만 꾀하는 사람.

侮蔑感(모멸감) : 모멸을 당하는 느낌.

模範生(모범생) : 학업이나 품행이 뛰어나서 남의 모범이 될 만한 학생.

毛細管(모세관) : ① 모세 혈관의 준말. ② 실과 같이 아주 가는 관. 또는 그렇게 생긴 것.

侮辱感(모욕감) : 깔보고 욕을 당한 느낌.

模造品(모조품) : 모방하여 만든 물건.

木石漢(목석한) : 나무나 돌처럼 인정이 없고 감정이 무딘 사나이.

沒知覺(몰지각) : 도무지 지각이 없음. [동] 무지각(無知覺).

夢寐間(몽매간) : 꿈을 꾸는 동안.

夢遊病(몽유병) : 자다가 갑자기 일어나서 정신 없이 말과 행동을 하다가 다시 자는 변태적 심리 작용의 병.

無可奈(무가내) : 어찌할 수 없게 됨. [동] 막무가내(莫無可奈).

無價寶(무가보) : 값을 칠 수 없으리만큼 아주 귀한 보배.

無骨蟲(무골충) : ① 뼈 없는 벌레. ② 물렁하게 생긴 사람의 비유.

無窮花(무궁화) : 아욱과의 낙엽 관목. 우리 나라 국화. [동] 근화(槿花). 목근(木槿).

無機物(무기물) : 생활 기능이 없는 물질. [동] 무기질(無機質).

無量壽(무량수) : 한량없는 수명. 아미타불과 그곳 백성의 수명이 무한한 것.

無賴漢(무뢰한) : 일정한 직업 없이 방탕하고 불량한 짓을 하는 사람. 憧 곤도(棍徒). 㕕 무뢰배(無賴輩).

無名氏(무명씨) : 이름 모르는 사람.

無線波(무선파) : 전자파(電磁波)의 한 부분. 무선 통신에 쓰임.

無神論(무신론) : 신이 있음을 부인하고, 물질적 설명으로써 족하다는 학설. 㡀 有神論.

無我境(무아경) : 정신이 한곳에 통일되어 나를 잊고 있는 경지.

貿易風(무역풍) : 적도를 중심으로 하는 저공을 북반구에서는 동북쪽으로, 남반구에서는 동남쪽으로 부는 바람.

武勇談(무용담) : 용감하게 활약하여 공을 세운 이야기.

無盡藏(무진장) : ① 한없이 많이 있음. ② 덕이 넓어 끝이 없음.

默秘權(묵비권) : 피고나 피의자가 자기에게 불리한 진술을 거부하고 침묵할 수 있는 권리.

問安婢(문안비) : 옛날 정초에 새해 문안을 전하러 다니던 여자 하인.

門外漢(문외한) : 그 일에 전문가가 아닌 사람. 또는 직접 관계없는 사람.

問題兒(문제아) : 지능·행동 따위가 보통 아동과 현저하게 달라 특별히 취급해야 할 아동.

門風紙(문풍지) : 문틈으로 새어드는 바람을 막기 위해 문짝가를 돌아가며 바른 종이.

門下生(문하생) : 문하에서 가르침을 받는 제자. 憧 문제자(門弟子). 교하생(敎下生).

文化財(문화재) : 문화의 소산으로 역사상·예술상 가치가 높은 유형 문화재·무형 문화재의 총칭.

物價高(물가고) : 물건값이 비쌈. 또는 그 정도.

勿忘草(물망초) : 지치과의 다년초. 봄·여름에 걸쳐 흰색·남색·자주색 꽃이 핌.

物保險(물보험) : 물건의 손상(損傷)·소실·도난 등을 보험사고로 하는 보험.

物質的(물질적) : ① 물질에 관한 것. ② 정신보다 금품 따위의 물질에 치중하는 것.

未決囚(미결수) : 범죄의 혐의로 미결감에 구금되어 있는 형사 피고인. 㡀 기결수(旣決囚).

未亡人(미망인) : 남편이 죽고 홀로 사는 여인. 과부(寡婦).

彌縫策(미봉책) : 임시로 꾸며대어 눈가림만 하는 일시적 대책.

未嘗不(미상불) : 아닌게 아니라. 憧 미상비(未嘗非).

未成年(미성년) : 만 20세가 되지 않은 나이.

微視的(미시적) : 사물을 미세하게 관찰하는 것. 㡀 거시적(巨視的).

美食家(미식가) : 맛있는 음식만 기려먹는 취미를 가진 사람.

微溫的(미온적) : 소극적(消極的).

未曾有(미증유) : 아직까지 있어 본 적이 없음. 憧 파천황(破天荒). 광고(曠古).

未知數(미지수) : ① 앞으로 어떻게 될지 알 수 없는 일. ② 방정식 따위에서 값이 알려지지 않은 수. [반] 기지수(旣知數).

民間人(민간인) : 관리나 군인이 아닌 일반 사람. [동] 일반인(一般人). [반] 관인(官人).

民主化(민주화) : 주권이 국민에 있는 자유·평등의 원리에 근거한 민주주의로 되어감. 또는 그렇게 되게 함. [반] 공산화(共産化).

密貿易(밀무역) : 세관을 통하지 않고 세금을 물지 않으려고 몰래 하는 비정상적 무역.

迫眞感(박진감) : 예술적 표현에서 현실의 모습과 똑같을 만큼 진실감이 넘치는 느낌.

半導體(반도체) : 상온(常溫)에서 전기를 전도하는 성질이 양도체와 절연체의 중간 정도 되는 물질을 통틀어 이르는 말.

半世記(반세기) : 한 세기의 절반, 곧 50년.

反意語(반의어) : 어떤 낱말에 반대되는 뜻을 지닌 낱말. [동] 반대어 [반] 동의어(同義語)

反體制(반체제) : 기존 사회 조직이나 그 시대의 국가·사회를 지배하는 정치 체제에 저항하여 그것을 변혁하려고 꾀하는 일.

發起人(발기인) : 주식회사 설립을 먼저 기획하여 정관에 서명한 7인 이상의 사람.

發祥地(발상지) : ① 나라를 세운 임금이 난 땅. ② 문명이나 큰 사업이 처음 일어난 땅.

發火點(발화점) : 어떤 물질이 가열되어 타기 시작하는 최저 온도. [동] 착화점(着火點).

放課後(방과후) : 학교에서 그 날의 수업을 마친 뒤.

傍觀的(방관적) : 직접 관여하지 않고 곁에서 보고만 있는 것.

芳名錄(방명록) : 특별히 기념하기 위하여 내객(來客)의 성명을 기록해두는 책.

放射能(방사능) : 물질을 구성하는 원자가 저절로 붕괴하여 방사선을 방출하는 성질. 또는 그 현상.

防禦線(방어선) : 적의 공격을 막기 위하여 진지를 구축해 놓은 전선.

防潮堤(방조제) : 해일 따위를 막기 위하여 해안에 쌓은 둑.

傍聽客(방청객) : 회의나 토론·공판 따위를 곁에서 듣는 사람.

賠償金(배상금) : 남에게 손해를 입혀 물어주는 돈.

背書人(배서인) : 어음이나 증권 뒤에 아무에게 양도한다는 뜻의 글을 쓴 사람.

配水池(배수지) : 수돗물을 공급하기 위해 끌어올린 물이 담긴 큰 연못.

背水陣(배수진) : 강물을 등지고 후퇴할 수 없는 곳에 치는 진.

陪審員(배심원) : 미국의 제도로, 국민으로부터 선출되어 재판 심리에 배석하는 사람.

配偶者(배우자) : 부부를 이루어 서로 짝이 되는 사람.

白內障(백내장) : 안구(眼球)의 수정체(水晶體)가 회백색으로 흐려지는 병.

百年草(백년초) : 선인장(仙人掌).

白眼視(백안시) : 가볍게 여기거나 냉대하여 봄. [반] 청안시(靑眼視).

白熱戰(백열전) : 있는 힘을 다하여 맹렬히 싸우는 싸움이나 경기.

白日夢(백일몽) : 한낮에 꿈을 꾸는 것과 같은 비현실적인 공상. [동] 백주몽(白晝夢).

白日場(백일장) : 선비들의 학업을 권장하기 위해 베풀던 시문(詩文) 짓기 시험.

白血球(백혈구) : 혈액 가운데 있는 아메바 모양의 세포. 세균 따위의 해독을 막음.

白會穴(백회혈) : 정수리의 숫구멍자리.

凡於事(범어사) : 세상의 모든 일. [동] 범사(凡事).

法曹界(법조계) : 법관이나 변호사 등 사법(司法)에 관계 있는 사람들의 사회.

碧梧桐(벽오동) : 벽오동과의 낙엽 교목.

辨理士(변리사) : 특허·의장·실용신안·상표 등의 신청이나 출원 따위의 대행을 업으로 하는 사람.

辯護士(변호사) : 소송 당사자의 의뢰 또는 법원의 선임에 의하여 소송 사무나 기타 일반 법률 사무를 해결하는 것을 업으로 하는 사람.

別世界(별세계) : ① 지구밖의 세계. ② 속된 세상과는 아주 다른 좋은 분위기. [동] 別天地.

瞥眼間(별안간) : 눈 깜박하는 짧은 동안. [동] 갑자기. 순식간(瞬息間).

兵務廳(병무청) : 국방부에 딸린 행정기관. 군인의 징집·소집 등 병무 행정을 맡아봄.

病原菌(병원균) : 병의 원인이 되는 세균.

報道陣(보도진) : 보도하기 위하여 구성된 인적 조직.

褓負商(보부상) : 봇짐 장수와 등짐 장수를 아울러 이르는 말.

補身湯(보신탕) : 몸의 원기를 돕는 탕국. 흔히 개장국을 말함.

保育院(보육원) : 부양 의무자가 없는 고아나 기아(棄兒) 등을 맡아 일정한 나이까지 돌보는 시설. [동] 고아원(孤兒院).

菩提心(보리심) : 불도에 들어가 참다운 도를 구하는 마음. [동] 불심(佛心). 자비심(慈悲心).

保證金(보증금) : 계약이나 채무의 이행을 보증하는 담보로서 상대방에게 주는 돈.

補聽器(보청기) : 귀가 어두운 사람이 청력을 보강하기 위하여 귀에 꽂는 확성 장치.

保合勢(보합세) : 시세가 변동 없는 그대로의 상태를 유지하는 시세.

復古調(복고조) : 새로운 풍조에 대하여 과거의 전통 속에서 어떤 보람을 찾으려는 경향.

福德房(복덕방) : 건물이나 토지 등의 매매·내차 등에 관한 중개를 하는 곳.

複利法(복리법) : 일정 기간마다 이자를 원금에 합치고 그것을 다음 기간의 원금으로 하여 거기에 이자를 붙여 나가는 이자 계산법. [반] 단리법(單利法).

復命書(복명서) : 명령에 따라 처리한 일의 결과를 보고하는 내용의 문서.

輻射熱(복사열) : 물체로부터 방출되는 전자기파(電磁氣波)로 생기는 열.

福音書(복음서) : 신약성서 가운데 예수의 생애와 언행을 적은 마태복음·마가복음·누가
복음·요한복음의 4책을 통틀어 이르는 말.

本據地(본거지) : 생활이나 활동의 중심이 되는 곳. 동 근거지(根據地).

本格的(본격적) : ① 제대로의 격식을 온전히 갖춘 것. ② 매우 적극적인 것.

本源的(본원적) : 사물의 근원이 되는 것.

封墳祭(봉분제) : 장사지낼 때 무덤을 만든 다음에 지내는 제사. 동 평토제(平土祭).

縫製品(봉제품) : 재봉틀이나 손으로 바느질하여 만든 물건.

烽火臺(봉화대) : 횃불을 이용한 신호 통신을 하는 대. 낮엔 연기, 밤엔 불로써 하였음.

不導體(부도체) : 열이나 전기가 거의 통하지 않는 물체. 동 불량도체(不良導體). 절연체
(絶緣體). 반 양도체(良導體).

不動心(부동심) : 어떤 충동이나 자극을 받아도 마음이 움직이지 않음. 또는 그 마음.

浮動票(부동표) : 선거 때에 그때그때의 기분이나 상황의 변화에 따라 지지하는 정당이
나 후보자를 바꾸는 표. 반 고정표(固定票).

不得已(부득이) : 하는 수 없이. 마지못하여.

浮浪者(부랑자) : 일정한 거처나 직업이 없이 떠돌아다니는 사람.

附逆者(부역자) : 국가를 반역(叛逆)한 일에 가담한 사람.

府院君(부원군) : 조선조 때 왕비의 아버지나 정1품 공신의 작호(爵號).

富益富(부익부) : 부자일수록 경제 활동의 기회가 많아 더욱 큰 부자가 됨. 반 貧益貧.

不戰勝(부전승) : 추첨이나 상대편의 기권 따위로 싸우지 않고 경기에 이기는 일.

副次的(부차적) : 본질적인 것이 아니고 그 다음 가는 것.

分斷國(분단국) : 본디 한 나라였으나 전쟁 또는 외국의 지배 등으로 둘 이상으로 갈라
진 나라. 동 분단국가(分斷國家).

分泌物(분비물) : 분비선으로부터 배출되는 물질.(위액·침·땀·젖 등)

分業化(분업화) : 제품의 공정을 몇 가지 단계로 나누어 한 부분씩 맡아서 하게 함.

不可缺(불가결) : 없어서는 아니 됨.

不可能(불가능) : 할 수 없음. 될 수 없음.

不可避(불가피) : 피할 수가 없음.

不良輩(불량배) : 상습적으로 비행을 저지르는 사람. 또는 그런 무리.

不毛地(불모지) : 식물이 자라지 않는 거칠고 메마른 땅. 동 불모지지(不毛之地).

不文律(불문율) : 은연중에 서로 납득하여 지키고 있는 규칙. 반 성문율(成文律).

不死鳥(불사조) : 제단의 불에 타 죽은 새가 500년마다 그 잿속에서 다시 태어난다는 새. 이집트 신화에 나오는 피닉스(Phoenix)를 이르는 말.

不祥事(불상사) : 상서롭지 못한 일. 좋지 아니한 일.

不世出(불세출) : 좀처럼 세상에 있어 본 적이 없는.

不時着(불시착) : 항공기가 사정에 의해 예정 외의 지점에 임시로 착륙하는 일.

不夜城(불야성) : 등불이 많이 켜져 있어 밤에도 낮처럼 밝은 곳. 흔히 도시의 번화가와 환락가의 밤풍경을 형용하는 말.

不遠間(불원간) : 멀지 아니하여. 오래지 아니하여. 동 불원(不遠).

不退轉(불퇴전) : ① 굳게 믿어 마음을 굽히지 않음. ② 보살이 수행에만 힘써 마음을 늦추지 않음.

非具象(비구상) : 구상이 아닌 직관이나 상상으로 자유로이 표현하려는 예술의 한 경향.

卑金屬(비금속) : 공기 중에서 산화(酸化)하기 쉬운 금속의 총칭. 만 귀금속(貴金屬).

非金屬(비금속) : 금속의 성질을 가지지 아니하는 물질의 총칭.

肥滿症(비만증) : 몸의 지방질이 많아져 지나치게 뚱뚱해지는 증세.

備忘錄(비망록) : 잊었을 때에 대비하여 기록해 두는 책자. 동 불망기(不忘記).

非武裝(비무장) : 무장을 하지 아니함. 또는 그러한 상태.

非常口(비상구) : 건물이나 탈것 따위에서 돌발 사고가 일어났을 경우에 사용하는 출입구.

非常時(비상시) : 국가가 중대한 위기에 처했을 때. 만 평상시(平常時).

飛躍的(비약적) : 급격하게 향상·발전하는 것.

貧益貧(빈익빈) : 가난한 사람일수록 경제활동의 기회가 적으므로 더욱 가난해지게 마련임을 이르는 말. 만 부익부(富益富).

氷炭間(빙탄간) : 얼음과 숯처럼 서로 어울릴 수 없는 사이.

蛇蝎視(사갈시) : 남을 뱀이나 전갈 같이 봄.

四君子(사군자) : 동양화에서, 매화·국화·난초·대나무. 또는 그것을 그린 그림.

私奴婢(사노비) : 권문세가에서 사사로 부리는 노비. 동 사노(私奴). 만 관노비(官奴婢).

士大夫(사대부) : ① 문무 양반의 일반적인 총칭. ② 벼슬이나 집안의 지체가 높은 사람.

司馬試(사마시) : 조선시대 진사(進士)·생원(生員)을 뽑던 과거 시험.

司法府(사법부) : 사법권을 행사하는 기관.

四旬節(사순절) : 기독교에서, 예수가 40일 동안 광야에서 금식하고 수행했던 기간. 곧 부활제 전 40일 동안.

似而非(사이비) : 겉으로는 그것과 같아 보이나 실제로는 아닌 것을 이르는 말.

獅子吼(사자후) : ① 부처가 악마를 항복시킨 설법. ② 기운차게 썩 잘하는 연설.

司寒祭(사한제) : 조선시대 겨울이 너무 따뜻해 눈이 오지 않을 때 지내던 제사.

射倖心(사행심) : 요행을 노리는 마음.

數尿症(삭뇨증) : 오줌이 자주 마려운 병증. 동 빈뇨증(頻尿症).

産褥期(산욕기) : 아이를 낳은 후 생식기가 정상 상태로 회복되기까지의 기간.

産油國(산유국) : 원유를 생산히는 나라.

珊瑚礁(산호초) : 석회질 골격을 가진 산호충류의 유해가 쌓이고 쌓여서 된 암초.

撒水車(살수차) : 먼지가 일지 않도록 물을 뿌리며 다니는 자동차.

殺風景(살풍경) : ① 아주 보잘 것 없거나 쓸쓸한 풍경. ② 경치나 분위기가 살기를 띠
　　　　　　　 어 무시무시함.

三多島(삼다도) : 바람·돌·여자가 많은 섬이란 뜻으로, 제주도를 이르는 말.

森林浴(삼림욕) : 나무가 우거진 숲속을 걸으며 맑은 공기를 흠뻑 들이마시는 일.

三昧境(삼매경) : 잡념을 버리고 한가지 일에만 정신을 집중하는 일. 약 삼매(三昧).

三連霸(삼연패) : 세 번을 연달아 우승함. 동 삼연승(三連勝). 반 삼연패(三連敗).

三政丞(삼정승) : 조선조 때, 영의정·좌의정·우의정을 아울러 말함. 동 삼공(三公).

相見禮(상견례) : ① 공식적으로 만나보고 인사하는 예. ② 마주 서서 절하는 예.

常綠樹(상록수) : 사철 푸른 나무. 늘푸른 나무.

上上峰(상상봉) : 봉우리 가운데서 제일 높은 봉우리.

象牙塔(상아탑) : ① 속세를 떠난, 오로지 학문·예술을 즐기는 경지. ② 대학의 별칭.

生計費(생계비) : 살아가는 데 드는 비용.

石窟庵(석굴암) : 경주 토함산 중턱에 있는 석굴 속의 암자. 신라 혜공왕 때 완성.

石氷庫(석빙고) : 신라 때에 축조한 얼음을 저장하던 곳. (보물 65호)

石首魚(석수어) : 조기.

先驅者(선구자) : ① 먼저 앞장서서 가는 사람. ② 사상적으로 남보다 앞선 이. 동 횃불
　　　　　　　 잡이. 선도자(先導者).

先大人(선대인) : 남의 돌아가신 아버지를 높여 이르는 말.

善惡果(선악과) : 선악과나무의 열매. 아담과 이브가 이를 먹고 에덴 동산에서 쫓겨났
　　　　　　　 다는 금단의 열매.

先入見(선입견) : 주관적으로 판단하고 미리 마음속에 자리잡은 견해. 동 先入主見.

先入觀(선입관) : 일에 앞서 주관적으로 판단하고 미리 마음속에 형성되어 있는 생각이
　　　　　　　 나 관점. 동 선입관념(先入觀念).

善政碑(선정비) : 선정을 베푼 관원의 덕을 길이 전하기 위하여 세운 비석. 🐾 去思碑.

先進國(선진국) : 산업·경제·문화가 다른 나라보다 앞선 나라. 🐾 후진국(後進國).

先着順(선착순) : 먼저 와 닿는 차례.

先天的(선천적) : 나기 전부터 갖추고 있는 것. 🐾 후천적(後天的). 🐾 선험적(先驗的).

先驗的(선험적) : 경험에 앞서 인식을 가능하게 하는 주관적 형식. 곧 시간·공간·질량·
　　　　　　관계·양상 따위. 🐾 선천적(先天的).

仙花紙(선화지) : 갱지보다 거칠고 질이 낮은 종이.

善後策(선후책) : 뒷갈망을 잘 처리하려는 계책. 🐾 선후지책(善後之策).

雪月花(설월화) : 눈과 달과 꽃. 사시의 좋은 경지를 이름.

聖歌隊(성가대) : 기독교에서 예배나 미사 때 성가를 부르기 위해 조직한 합창대.

性理學(성리학) : 중국 송(宋)나라 때 인성(人性)과 천리(天理)를 논한 유가의 철학. 🐾
　　　　　　주자학(朱子學).

成文化(성문화) : (어떤 내용을) 글이나 문장으로 엮어서 나타냄.

盛需期(성수기) : 어떤 물건이 한창 쓰이는 시기.

成熟期(성숙기) : ① 성숙된 시기. ② 익을 때. 여물 때.

成層圈(성층권) : 대류권(對流圈)과 중간권(中間圈) 사이에 있는 거의 안정된 대기권.
　　　　　　높이 약 10km~50km로 오존이 많음.

聖誕節(성탄절) : 기독교에서 예수가 태어난 날을 명절로 이르는 말. 🐾 크리스마스

聖灰禮(성회례) : 카톨릭에서, 사제(司祭)가 신도의 머리에 석회를 뿌리는 의식.

世紀末(세기말) : ① 한 세기의 끝. ② 퇴폐적인 풍조가 나타났던 유럽의 19세기 끝 무
　　　　　　렵. 또 그런 경향이 일어나는 어떤 사회의 몰락기(沒落期).

世俗的(세속적) : ① 속세의 범주를 벗어나지 못한 것. ② 성스럽지 못한 것.

世襲的(세습적) : 대를 이어 신분·작위·업무·재산 등을 물려주는 것.

歲時記(세시기) : 연중행사(年中行事)를 철에 따라 적어놓은 책.

所見表(소견표) : 학생의 학업 성적·신체 발달·품행 등에 대한 의견을 적은 서류.

消極的(소극적) : 능동적으로 앞장서서 하지 않고 망설이는 것. 🐾 적극적(積極的).

疎外感(소외감) : 주위에서 따돌림을 받는 것 같은 느낌.

小人輩(소인배) : 도량이 좁고 간사한 사람들. 또는 그런 사람들의 무리.

掃蕩戰(소탕전) : 패잔병을 샅샅이 찾아 모두 없애는 전투.

松葉酒(송엽주) : 솔잎을 넣고 만든 술.

松竹梅(송죽매) : 소나무·대나무·매화나무. 🐾 세한삼우(歲寒三友).

松下酒(송하주) : 동짓날 밤 솔뿌리를 넣고 빚은 술을 땅에 묻어 두었다가, 그 이듬해 낙엽질 무렵에 먹는 술.

水界線(수계선) : 수륙의 경계선.

修道院(수도원) : 수사원(修士院)과 수녀원(修女院)의 총칭.

受動的(수동적) : ① 남의 움직임을 받는 처지에 있는 것. ② 자율적이 못되고 남이 시키는 대로 하는 태도. [반] 능동적(能動的).

修羅場(수라장) : ① 전란이나 투쟁으로 비참하게 된 곳. ② 큰 혼란에 빠져 모든 것이 뒤범벅이 된 곳. (원래는 아수라왕이 제석천(帝釋天)과 싸운 곳이라는 불교 용어.) [동] 아수라장(阿修羅場).

守門將(수문장) : 궁문이나 성문을 지키던 무관직.

搜所聞(수소문) : 세상에 떠도는 소문을 더듬어 찾거나 알아봄.

水素彈(수소탄) : 수소폭탄. 수소의 원자핵이 열핵(熱核) 반응으로 융합하여 헬륨 원자핵을 만들 때 방출되는 에너지를 이용하여 만든 폭탄.

水銀柱(수은주) : 한난계(寒暖計)에 수은을 채운 유리관.

修人事(수인사) : 일상의 예절.

守錢奴(수전노) : 돈을 지나치게 아껴 모을 줄만 알고 쓸 줄 모르는 사람. [동] 구두쇠.

水晶簾(수정렴) : ① 수정의 구슬로 꾸민 발. ② 많이 달린 고드름의 형용.

水彩畵(수채화) : 채색을 물에 풀어서 그리는 그림의 한 가지. [반] 유화(油畵).

守廳房(수청방) : ① 수청드는 사람이 있는 방. ② 청지기가 있는 방.

輸出弗(수출불) : 수출에 의하여 대가로 받는 달러화.

水平線(수평선) : ① 하늘과 바다가 닿아 보이는 선. ② 수평을 이루고 있는 선.

守護神(수호신) : 일정한 대상을 지켜준다는 신.

順次的(순차적) : 순서대로 차례차례 하는 것.

巡察函(순찰함) : 구역내의 곳곳에 달아놓고 순찰하는 사람이 순찰했다는 표적을 남기게 되어 있는 상자.

循環器(순환기) : 심장·혈관·림프 관 따위와 같이 순환계에 속하는 기관.

承諾書(승낙서) : 승낙하는 뜻을 적은 문서. [유] 승인서(承認書).

勝戰鼓(승전고) : 싸움에 이겼을 때 치던 북.

試金石(시금석) : ① 귀금속의 품질을 가리는 데 쓰이는 굳기가 높고 치밀한 돌. ② 가치·능력 등을 시험해 알아보는 기준.

是非調(시비조) : 시비하려는 것 같은 말투.

時事性(시사성) : 시사가 내포하고 있는 시대적·사회적 성격.

試寫會(시사회) : 영화를 제작하고 시험으로 상영하는 모임.
試運轉(시운전) : 기계·자동차·기차 등을 새로 만들었거나 크게 수리하였을 때 시험적으로 하는 운전.
時差制(시차제) : 교통난을 덜기 위해 학생이나 공무원의 등교와 출근 시간에 차를 둠.
食道樂(식도락) : 여러 가지 음식을 먹어보는 일을 도락으로 삼는 일.
新傾向(신경향) : 사상·풍속이 구태를 벗어나려고 하는 경향.
蜃氣樓(신기루) : 온도나 습도의 영향으로 대기의 밀도가 층층이 달라졌을 때 빛의 이상 굴절로 엉뚱한 곳의 물상이 공중에 나타나는 현상.
新大陸(신대륙) : 남북아메리카 및 오스트레일리아를 이르는 말. [반] 구대륙(舊大陸).
信望愛(신망애) : 믿음 · 소망 · 사랑의 삼덕(三德).
申聞鼓(신문고) : 대궐 문루에 달아두고 백성이 원통한 일을 하소연할 때 치던 북.
信憑性(신빙성) : 자백 · 증언 따위에 대하여 신용할 수 있는 정도.
神仙爐(신선로) : 상위에 놓고 열구자를 끓이는 쇠붙이 그릇. 또는 그 요리.
信用狀(신용장) : 은행이 거래선인 수입상(수출상)으로부터 의뢰를 받고 수입상(수출상)의 지급을 보증한 서장(書狀). L/C.
新作路(신작로) : 새로 만든 큰 길. 새로 낸 길.
神通力(신통력) : 모든 일을 신기하게 통달하는 힘.
審美眼(심미안) : 미를 찾아 살피는 안목(眼目).
心不全(심부전) : 심장의 기능이 쇠약해져서 피를 충분히 박출(搏出)할 수 없는 상태.
心電圖(심전도) : 심장의 박동에 따라 발생하는 활동 전류를 곡선 그래프로 나타낸 그림.
甚至於(심지어) : 심하게는. 뒤에 가서는.
審判官(심판관) : ① 심판원. ② 군사법원에서 재판장으로 임명된 법무사 이외의 장교.
十五夜(십오야) : 음력 보름날 밤. [동] 삼오야(三五夜).
十長生(십장생) : 장생불사한다는 해·산·물·돌·구름·솔·불로초·거북·학·사슴의 열 가지.
雙生兒(쌍생아) : 쌍둥이.
惡寒症(오한증) : 갑자기 몸이 오슬오슬 추운 오한이 일어나는 증세. [동] 오풍증(惡風症).
安樂死(안락사) : 병이 나을 가망이 없는 환자를 고통이 적은 방법으로 죽음에 이르게 하는 일.
暗暗裡(암암리) : 다른 사람이 알지 못하게 밖으로 나타내지 않는 가운데.
愛國心(애국심) : 나라를 사랑하는 마음.
愛着心(애착심) : 무엇에 애착하여 떨어질 수 없는 마음.

愛唱曲(애창곡) : ① 즐겨 부르는 노래. ② 많은 사람에게 널리 불리는 노래.

愛他心(애타심) : 남을 사랑하는 마음. [동] 타애심(他愛心).

愛鄕心(애향심) : 고향을 아끼고 사랑하는 마음. 또는 고향을 위해 이바지하려는 마음.

野黨圈(야당권) : 야당과 야당을 편드는 세력의 범위 안에 드는 사람이나 단체. [약] 野圈.

野獸派(야수파) : 20세기 초에 프랑스에서 일어난 회화의 한 유파. 대담한 색채의 대비(對比)와 거친 필치를 특징으로 함. [동] 야수주의(野獸主義). 포비슴.

躍進相(약진상) : 눈부시게 발전하는 모습.

兩端間(양단간) : 이렇게 되든 저렇게 되든. 어찌 하든지. [동] 좌우간(左右間).

良導體(양도체) : 전기의 전도율이 아주 큰 물체. 은·동·알루미늄 등. [반] 절연체(絶緣體).

於焉間(어언간) : 어느덧. 어느 사이. [동] 어언지간(於焉之間).

於中間(어중간) : ① 거의 중간쯤 되는 곳. ② 넘고 처져서 어느 것에도 알맞지 않음.

於此彼(어차피) : ① 이렇게 하든지 저렇게 하든지. ② 어떻게 되든지. [동] 이차피(以此彼).

語彙集(어휘집) : (어떤 범위 또는 어떤 분야의) 낱말들을 모은 책.

言論界(언론계) : 언론에 종사하는 사람들의 사회.

言行錄(언행록) : 어떤 사람의 말과 행실을 기록한 책.

濾過池(여과지) : 상수도의 물을 정수하기 위해 모래 등을 여재(濾材)로 쓰는 저수지.

輿論化(여론화) : 사회 대중의 공통된 의견으로 나타남. 또는 나타냄.

黎明期(여명기) : ① 날이 밝아오는 시기. ② 새로운 시대나 새로운 문화 운동 따위가 시작되려는 시기. [반] 전성기(全盛期).

如反掌(여반장) : 손바닥을 뒤집는 것처럼 매우 쉬움.

如意珠(여의주) : (불교) 모든 소원을 뜻대로 이루어지게 해준다는 신기한 구슬.

如何間(여하간) : 어떠하든 간에.

力不足(역부족) : 힘이 모자람. 기량이 미치지 못함. [동] 역불급(力不及).

逆說的(역설적) : 진리와는 반대되는 말을 이용하는 것.

逆轉敗(역전패) : 경기 따위에서 처음에는 이기고 있다가 형세가 뒤바뀌어 나중에는 짐.

年較差(연교차) : 기온·습도 등이 철에 따라 변화하는 차이.

鍊金術(연금술) : 구리·주석 따위 비금속을 금 같은 귀금속으로 변화시키며, 또 불로불사의 영약(靈藥)을 만들려던 화학 기술.

燃燈會(연등회) : 사월 초파일에 등불을 켜고 부처님에게 복을 빌던 불교 의식의 하나.

連續劇(연속극) : 라디오나 TV에서 일부분씩을 연속해서 상영하는 방송극.

軟着陸(연착륙) : 우주 공간을 비행하던 물체가 속도를 줄이고 충격을 피하면서 지구나, 다른 천체에 사뿐히 착륙하는 일.
演出家(연출가) : 연극·연화 따위를 연출하는 사람. 영화에서는 '감독'이라 함.
連判狀(연판장) : 진정서 따위에 연명하여 도장을 찍은 문서.
聯合國(연합국) : 같은 목적을 위하여 연합한 2개 이상의 나라들.
熱狂的(열광적) : 몹시 흥분하여 미친 듯이 행동하는 것.
烈女門(열녀문) : 열녀를 기리기 위하여 세운 정문(旌門).
閱兵式(열병식) : 군대를 정렬시켜 놓고 사열하는 의식.
閻羅國(염라국) : 염라대왕이 다스린다는 나라. 곧 저승.
染色體(염색체) : 세포가 분열할 때 나타나는 실같은 모양의 물질. 유전자(遺傳子)를 포함하여 유전·성(性)의 결정에 중요한 구실을 함.
厭世觀(염세관) : 세상이 싫어져 삶의 보람을 느끼지 못하고 이를 부정하는 인생관. [동] 염세주의(厭世主義). [반] 낙천주의(樂天主義).
獵奇的(엽기적) : 기괴하고 흥미 있는 것.
葉菜類(엽채류) : 주로 잎사귀를 먹는 채소붙이. (배추·양배추·상추·시금치 따위.)
令夫人(영부인) : 남을 높여 그의 부인을 이르는 말. [동] 귀부인(貴夫人). 현합(賢閤).
零細農(영세농) : 농사를 적게 지어 겨우 살아가는 농민.
零細民(영세민) : 가난한 사람.
豫備役(예비역) : 현역을 마친 자가 일정 기간 복무하는 병역. 평상시에는 일상생활을 하다가 비상시나 연습 때에 소집되어 군무에 복무하는 병역. [반] 現役.
例常事(예상사) : 보통으로 있는 일. 별다른 것이 없는 일.
曳引船(예인선) : 줄을 매어 다른 배를 끄는 배. [약] 예선(曳船).
五大洋(오대양) : 태평양·대서양·인도양·남빙양.·북빙양을 통틀어 이르는 말.
玉貫子(옥관자) : 옥으로 만든 망건 관자. 종1품은 조각을 하지 않고, 종3품의 벼슬아치는 조각을 해서 붙임.
屋上屋(옥상옥) : 지붕 위에 또 지붕을 얹음. 곧 부질없이 거듭함의 비유. [동] 屋上架屋.
玉洋木(옥양목) : 생목보다 발이 곱고 흰 무명의 피륙.
溫突房(온돌방) : 구들을 놓아 만든 방. [동] 구들방.
要衝地(요충지) : ① 지리적으로 적의 공격을 막아내기에 유리하며 군사전략상 매우 중요한 곳. ② 교통·상업면에서 매우 중요한 곳. [동] 요해처(要害處).
用達車(용달차) : 물건이나 짐을 전문적으로 나르는 화물 자동차.
龍鳳湯(용봉탕) : 잉어와 닭을 함께 넣어 끓인 국.

優先權(우선권) : 남보다 앞서 행사할 수 있는 권리. [동] 우월권(優越權).

偶然性(우연성) : 사물에 우연히 갖춰진 성질. [반] 필연성(必然性).

優越感(우월감) : 자기가 남보다 뛰어났다고 여기는 생각. [반] 열등감(劣等感).

宇宙船(우주선) : 우주 비행에 쓰는 항공기.

郵遞局(우체국) : 체신부에 딸려 우편 및 전신 사무를 보는 곳. [동] 우편국(郵便局).

郵便換(우편환) : 우체국에서 발행하는 환증서에 의하여 송금하는 방법. 또는 그 증서.

友好國(우호국) : 나라 사이가 친한 국가.

運命論(운명론) : 모든 자연 현상이나 인간사는 이미 정해진 것이므로, 사람의 힘으로는 변경시킬 수 없다는 이론. [동] 숙명론(宿命論). 결정론(決定論).

雲從街(운종가) : 조선조 때 서울의 거리 이름. 지금의 종로 네거리를 중심으로 한 곳인데, 이곳에 육의전(六矣廛)이 설치되었음.

鬱火病(울화병) : 분한 마음을 삭이지 못하여 생기는 병. [동] 화병(火病).

遠近法(원근법) : 미술에서 화면에 원근을 나타내어 그림의 입체감을 강하게 하는 기법.

園頭幕(원두막) : 밭에 심은 참외나 수박을 지키려고 한켠에 세워놓은 간단한 다락집.

圓舞曲(원무곡) : 월츠의 역어. [약] 원무(圓舞).

原始林(원시림) : 사람의 손길이 미치지 않은 자연 상태 그대로 있는 숲.

遠心力(원심력) : 물체가 원운동할 때 회전축의 중심에서 멀어지는 방향으로 작용하는 힘.

原子力(원자력) : 원자핵의 변환에 따라 방출되는 에너지. (보통 핵분열이나 핵융합에 따라 일어나는 동력자원으로 이용 가능한 에너지.) [동] 원자 에너지.

原子彈(원자탄) : 원자폭탄의 준말. 원자핵이 분열할 때 생기는 에너지를 이용한 폭탄. [동] 원폭(原爆).

遠征隊(원정대) : ① 멀리 적을 치러 가는 군대. ② 먼 곳으로 경기나 답사·탐험 따위를 하러 가는 단체.

月桂冠(월계관) : ① 고대 그리스에서 경기 우승자에게 씌우던 월계수의 가지나 잎으로 만든 관. ② 우승의 영예. 가장 명예스러운 지위.

慰靈祭(위령제) : 죽은 혼령을 위로하는 제사. [동] 진혼제(鎭魂祭).

慰勞金(위로금) : 수고를 치하하여 위로를 하는 뜻으로 주는 돈.

位米太(위미태) : 조세로 바치던 쌀과 콩.

慰安祭(위안제) : 산소나 신주를 위안하는 제사.

偉丈夫(위장부) : 늠름하고 씩씩한 사나이. 대장부(大丈夫). [동] 偉男子(위남자).

爲政者(위정자) : 정치하는 사람.

僞證罪(위증죄) : 법률의 규정에 따라 선서한 증인이 허위의 공술(供述)을 한 죄.

萎縮感(위축감) : 어떤 힘에 눌려서 기를 펴지 못하는 느낌.

違憲性(위헌성) : 어떤 법률 행위가 헌법의 조문이나 정신에 위배되는 일. 🆑合憲性.

違和感(위화감) : 잘 어울리지 않아서 일어나는 어색한 느낌.

遺家族(유가족) : 전몰 또는 죽은 사람의 뒤에 남은 가족. 🆑유족(遺族).

遊擊隊(유격대) : 그때그때 유격의 임무를 띠고 주로 적의 배후나 측면에서 움직이는 특수부대. 🆑게릴라. 파르티잔

遊擊手(유격수) : 야구에서 2루와 3루 사이를 지키는 내야수(內野手). 🆑쇼트 스톱.

誘拐犯(유괴범) : 남을 유괴한 범인이나 범죄.

有權者(유권자) : 선거권이 있는 사람.

流動性(유동성) : ① 흘러 움직이는 성질. ② 이리저리 옮겨 다니는 성질. ③ 기업이 경영상의 여러 가지 요구에 적시 대응하는 데 필요한 지급 능력.

遺留品(유류품) : ① 죽은 뒤에 남겨둔 물품. ② 잊어버리고 놓아둔 물품.

有望株(유망주) : ① 앞으로 시세가 오를 가망이 있는 주식. ② 장래가 촉망되는 사람.

有名稅(유명세) : 세상에 이름이 널리 알려진 일로 겪게 되는 어려움을 세금에 비유하여 이르는 말.

唯物論(유물론) : 영혼이나 정신 따위의 실제를 부정하고 우주 만물의 궁극적 실체는 물질뿐이라고 보는 이론. 🆑유심론(唯心論).

有分數(유분수) : 분수가 있음.

儒佛仙(유불선) : 유교(儒敎)·불교(佛敎)·선교(仙敎).

有事時(유사시) : 전쟁이나 그 밖의 긴급한 일이 있을 때. 🆑유사지추(有事之秋).

類似點(유사점) : 서로 비슷한 점.

流線型(유선형) : 유체의 저항을 최소한으로 줄이기 위하여 유선(流線)에 가깝도록 한 물체의 외형.

有神論(유신론) : ① 신의 존재를 믿는 종교·철학상의 이론. ② 세계를 지배하는 초인간적 인격적인 신을 주장하는 이론. 🆑무신론(無神論).

柔軟性(유연성) : 부드럽고 연한 성질. 또는 그 정도.

遺傳子(유전자) : 부모의 생식 세포가 자손에게 전해져 형질(形質)을 지배하는 기본인자(基本因子). 🆑유전인자(遺傳因子).

油槽船(유조선) : 원유·석유 등을 실어 나르는 배. 🆑탱커.

猶太敎(유태교) : 모세의 율법을 기초로 한 유대인의 민속종교. 🆑유대교.

流行語(유행어) : 어느 한 시기에 많은 사람들 사이에 많이 쓰이는 말.

宥和策(유화책) : 상대방의 강경한 자세에 대하여 양보하거나 타협하여 화평을 꾀하는 정책. [동] 유화정책(宥和政策).

六大洲(육대주) : 아시아·아프리카·유럽·오세아니아·북아메리카·남아메리카의 여섯 대륙.

肉薄戰(육박전) : 적과 맞붙어 맨손 또는 간단한 무기만 가지고 싸우는 전투. [동] 육탄전(肉彈戰). 백병전(白兵戰).

倫理學(윤리학) : 도덕 철학. 사람으로서 시켜야 할 의무와 도덕을 논하는 학문.

融通性(융통성) : 때와 장소에 따라 임기응변으로 변통할 수 있는 성질이나 재주.

銀世界(은세계) : 눈이 많이 와서 사방이 은빛처럼 흰 광경.

陰陽道(음양도) : 음양오행설을 바탕으로 하여 인간의 길흉·화복을 논하는 학문.

義禁府(의금부) : 조선 때 왕명을 받들어 죄인을 추국(推鞫)하는 사무를 맡아보던 관청.

衣食住(의식주) : 의복과 양식과 주택.

義捐金(의연금) : 자선(慈善)이나 공익을 위하여 내는 돈.

義勇兵(의용병) : 전쟁을 당해 뜻 있는 민간인이 모여 자진 출전하는 병사. (volunteer)

議長棒(의장봉) : 의장이 장내 정리나 선언할 때 쓰는 나무 방망이. (gavel)

議定書(의정서) : 국가 간의 합의된 각서. (protocol)

意中人(의중인) : 마음속에 품고 있는 사람. [동] 의중지인(意中之人).

利己心(이기심) : 자기의 이익만을 꾀하는 마음.

理事國(이사국) : 국제회의나 국제기관의 이사회의 일원인 나라.

理想鄕(이상향) : 인류가 지향하고 염원하는 이상적인 고장이나 나라. 또는 그러한 세계. 유토피아

理性論(이성론) : 인식(認識)은 이성적인 사유(思惟)로부터 생긴다는 논설. [동] 合理論.

異樣船(이양선) : 외국의 배.

二元論(이원론) : 정신과 물질의 두 실제로 우주의 근본 원리를 삼는 견해나 이론. 데카르트가 확립함. [반] 일원론(一元論).

罹災民(이재민) : 재해를 입은 사람.

里程表(이정표) : 육로의 이정을 기록한 표. [동] 정리표(程里表).

移住民(이주민) : 다른 나라에 옮겨가서 사는 사람.

離着陸(이착륙) : 이륙과 착륙. 항공기 따위가 이륙 또는 착륙하는 일.

利他說(이타설) : 남의 이익·행복을 꾀한다는 설. [동] 애타주의. [반] 자애설(自愛說).

離瓣花(이판화) : 꽃송이의 꽃잎들이 서로 떨어져 있는 꽃. [반] 합판화(合瓣花).

利害說(이해설) : 이해 관계의 관심을 사회 현상의 원동력이라고 주장하는 사회 학설.

因果律(인과율) : 원인이 되는 어떤 상태가 일어나면 결과적인 다른 상태가 필연적으로 따라 일어난다는 법칙.

人乃天(인내천) : 천도교(天道敎)의 근본 교리. 사람이 곧 한울이라는 뜻.

人保險(인보험) : 사람에 관한 보험 사고가 일어났을 때 보험금 지급을 약속하는 보험.

人生觀(인생관) : 인생의 존재 가치·의미·목적 등에 관해 갖고 있는 전체적인 사고 방식.

一家見(일가견) : 자기대로의 독특한 의견이나 체계를 갖춘 학설. 동一家言(일가언).

一角門(일각문) : 대문간이 따로 없이 기둥 둘을 세우고 단 문. 동一角大門(일각대문).

日較差(일교차) : 기온·습도·기압 등이 하루 동안에 변화하는 차이.

日南中(일남중) : 태양이 자오선에 이르는 일.

日南至(일남지) : 동짓날의 딴이름.

一段落(일단락) : 일의 한 단계가 끝이 남.

一當百(일당백) : 하나가 백을 당함. 곧 한 사람이 백 사람을 당함.

一壘打(일루타) : 야구에서, 타자가 일루까지 무사히 갈 수 있게 친 안타(安打).

溢流堤(일류제) : 저수지 따위에서 넘치는 물이 흘러서 넘어가게 만든 둑.

一面識(일면식) : 한번 서로 만난 정도로 약간 안면이 있는 일.

一毛作(일모작) : 한 땅에서 일 년에 한 번 심어 거두는 일. 동편모작(片毛作). 반二毛作.

一般法(일반법) : 모든 국민 또는 온갖 사항에 적용되는 보통 법률. 반특별법(特別法).

一邊倒(일변도) : 한 쪽으로만 쏠림.

日射病(일사병) : 따가운 햇볕을 지나치게 쬐어 생기는 병.

一元論(일원론) : 우주 만유의 본체는 유일하다는 학설. 반이원론(二元論).

日月蝕(일월식) : 일식과 월식.

一周忌(일주기) : 사망한 지 한 돌만에 지내는 제사. 동朞年祭(기년제).

立法府(입법부) : 법률을 제정하는 기관.

剩餘金(잉여금) : 기업의 자산 중 법정자본을 넘는 금액. 이익잉여금. 자본잉여금 등.

自鳴鐘(자명종) : 때가 되면 저절로 울려서 시간을 알리는 시계. 동괘종(掛鐘).

自然愛(자연애) : ①자연에 대한 사랑. ②자연적으로 우러나는 사랑.

自然人(자연인) : 나면서부터 권리 능력을 갖는 개인. 반법인(法人).

紫外線(자외선) : 스펙트럼이 가시광선의 보랏빛 부분보다 단파장 쪽에 있는 광선.

自存權(자존권) : 자기의 생존 유지를 위하여 필요한 일체의 행위를 할 수 있는 권리.

自尊心(자존심) : 스스로 높은 체하는 마음.

自畵像(자화상) : 작가가 그린 자신의 초상화(肖像畵).

長廣舌(장광설) : 쓸데없이 장황하게 늘어놓는 말. [동] 다변(多辯).

將軍石(장군석) : 무덤 앞에 사람 모양으로 만들어 세운 돌. 무관과 문관을 형상하였음. [동] 무석(武石). 석인(石人).

長蛇陣(장사진) : ① 많은 사람들이 줄을 지어 늘어서 있는 모양. ② 예전에 한 줄로 길게 빌이던 진법의 한 가지.

壯元禮(장원례) : 글방에서 장원된 사람이 음식을 한턱내던 일.

掌中珠(장중주) : ① 가장 소중한 물건. ② 가장 사랑하는 자녀 또는 아내. [동] 장주(掌珠).

獎忠壇(장충단) : 군인의 영령(英靈)을 제사하던 곳.

長歎息(장탄식) : 긴 한숨을 쉬며 하는 탄식. [동] 장태식(長太息).

長太平(장태평) : 아무 걱정 없이 늘 만사 태평함.

壯版紙(장판지) : 방바닥을 바르는 들기름 먹인 종이.

長恨夢(장한몽) : 오래도록 사무쳐 잊을 수 없는 마음.

著作權(저작권) : 저작자가 자기 저작물의 복제·번역·방송·상연(上演) 등을 독점적으로 이용할 수 있는 권리. 이는 사후 30년까지 존속함.

抵抗權(저항권) : 기본적 인권을 침해하는 압정적(壓政的)인 국가 권력에 대하여 저항할 수 있는 국민의 권리.

積極的(적극적) : 사물에 대하여 긍정하고 능동적인 것. [반] 소극적(消極的).

赤裸裸(적나라) : 있는 그대로 다 드러내어 숨김이 없음.

典當鋪(전당포) : 물건을 담보로 하고 돈을 꾸어주는 집.

傳道師(전도사) : 예수교에서 전도하는 임무를 맡은 사람.

傳導體(전도체) : 전기를 다른 곳으로 옮아가게 하는 물체.

電動機(전동기) : 전류에 의하여 회전력을 발생하는 기계. 모터.

電離層(전리층) : 성층권(成層圈) 내에 있어 태양광선을 받고 공기가 상당히 전기해리(電氣解離)하여 되는 이온 층.

展望臺(전망대) : 멀리 앞을 바라보기 위하여 만든 대. 파노라마 대.

專用權(전용권) : 특정한 사람만이 특정한 물건·장소를 쓸 수 있는 권리. [동] 特許權.

專用機(전용기) : 그 사람만이 쓰는 비행기.

電磁波(전자파) : 전기 진동이 일어날 때에 그 둘레에 전기력과 자기력이 주기적으로 바뀌어서 생기는 파동. [약] 전파(電波).

前哨戰(전초전) : ① 전초 부대가 행하는 소규모의 전투. ② 본격적인 활동에 들어가기 전의 준비적인 활동.

絶對量(절대량) : ① 꼭 필요한 양. ② 더도 덜도 아닌 본디의 양.

絶緣體(절연체) : 열이나 전기의 부도체(不導體). 통 절연물(絶緣物).

折衷說(절충설) : 대립되는 둘 이상의 학설을 취사(取捨)하여 절충한 학설.

漸進的(점진적) : 점차로 조금씩 나아가는 것. 반 급진적(急進的).

精神的(정신적) : ① 정신에 관한 것. ② 정신에 중점을 둔 것. 반 물질적(物質的).

井底蛙(정저와) : 우물 안 개구리. 견문이 좁은 사람의 비유. 통 정중와(井中蛙).

定足數(정족수) : 회의에서 의사의 진행이나 의결 등을 할 때 필요한 최소한의 인원수.

制空權(제공권) : 항공력으로 국가의 권익을 보호하는 공중 제패권.

除幕式(제막식) : 동상·기념비 등을 세우고 가렸던 막을 걷어내면서 행하는 낙성식.

第六感(제육감) : 경험에 의하여 느끼는 5관 이외의 감각. 통 직감(直感).

鳥瞰圖(조감도) : 높은 곳에서 아래를 내려다본 상태의 도면. 통 부감도(俯瞰圖).

早晩間(조만간) : 머지 않아. 이르든지 늦든지.

造物主(조물주) : 우주 만물을 만들고 다스린다는 신. 통 조화신(造化神). 조화주(造化主).

早熟種(조숙종) : 과일·곡식의 열매가 빨리 익는 종류. 통 조생종(早生種).

造次間(조차간) : ① 오래지 않는 동안. ② 급한 때. 약 조차(造次).

尊待語(존대어) : 높임말. 받들어 대접하는 말. 통 존칭어(尊稱語).

尊屬親(존속친) : 부모나 조부모 또는 백숙부모 등 자기 앞 세대에 딸린 친족.

宗親會(종친회) : 일가붙이끼리 모이는 모꼬지. 또는 그 일을 맡아하는 모임.

座右銘(좌우명) : 늘 가까이 적어두고 일상의 경계로 삼는 말이나 글.

主觀性(주관성) : 자기를 중심으로 한 사유(思惟)에 사로잡히는 특성. 반 객관성(客觀性).

主觀的(주관적) : 자기의 생각을 바탕으로 한 것. 반 객관적(客觀的).

主權國(주권국) : ① 어떤 사건에 대하여 주권을 가진 나라. ② 주권을 완전히 행사할 수 있는 독립국.

走氣性(주기성) : 생물이 산소를 쫓아 움직이거나 이동하는 성질. 통 추기성(趨氣性).

走馬燈(주마등) : ① 돌리는 대로 그림의 장면이 다르게 보이는 등. ② 사물이 빨리 변함을 가리키는 말.

主産物(주산물) : 그 고장의 가장 많이 나는 산물. 반 부산물(副産物).

主食物(주식물) : 주장이 되는 양식. 통 주식(主食) 반 부식물(副食物).

主我論(주아론) : 실재(實在)하는 것은 오로지 자아(自我)뿐이란 설. 통 독재론(獨在論).

主人丈(주인장) : 주인을 높이여 이르는 말.

駐在國(주재국) : 대사·공사들이 봉명하고 머물러 있는 나라.

酒煎子(주전자) : 술을 데우거나 술을 잔에 따르기도 하는 그릇.

主知說(주지설) : ① 주지주의(主知主義). 지성·이성 등의 정신 활동을 존중하는 이론. 라이프니쯔·헤겔의 철학. ㉺ 주의설(主意說). ② 도덕적 의지가 이성적 지식 반성에 따라 규정된다는 소크라테스·스토아 학파의 주장.

主治醫(주치의) : 어떤 사람의 병을 책임지고 치료하는 의사.

周波數(주파수) : 교류 또는 전기 진동에 있어서 단위 시간 중에 발생하는 파(波)의 수효.

竹夫人(죽부인) : 대오리로 길고 둥근 원통을 만들어 여름에 끼고 자면 시원한 기구.

浚渫船(준설선) : 하천이나 해안의 바닥을 퍼내는 기계를 갖춘 배.

中繼局(중계국) : 발신국과 수신국 사이에서 전신을 중계하는 전신국(電信局).

重且大(중차대) : 무겁고도 큼.

卽興的(즉흥적) : ① 느낀 흥취에 곧바로 휩쓸리는 것. ② 생각대로 무슨 일을 하는 것.

證據物(증거물) : 어떤 사실의 증명을 할 수 있는 물품. ㉪ 증거품(證據品).

曾祖父(증조부) : 조부의 아버지.

持久戰(지구전) : 전투에서 빨리 결단을 내지 않고 오래 끌고 가는 싸움.

知能犯(지능범) : 문서위조·사기·배임 따위의 지능적 범죄. 또는 그 사람.

智德體(지덕체) : 지육과 덕육과 체육의 세 가지 교리.

指名戰(지명전) : 선거 따위에서 정당의 지명을 얻기 위한 경쟁.

紙物鋪(지물포) : 갖가지 종이를 파는 점포.

地方色(지방색) : 그 지방의 특색.

智仁勇(지인용) : 슬기와 어짐과 용기.

知情意(지정의) : 인간의 정신적 작용의 세 요소. 즉 지성·감성·의지.

地平線(지평선) : 하늘과 평지면이 서로 닿게 보이는 선. ㉴ 수평선(水平線).

指話法(지화법) : 농아를 가르치기 위하여 손가락을 써서 의사 표시를 하는 방법.

直覺的(직각적) : 한번에 곧 알아차리는 것.

直去來(직거래) : 중개인을 거치지 않고 매매 당사자끼리 직접 거래함.

直線的(직선적) : ① 직선인 것. ② 꾸미거나 숨기지 않고 솔직한 것.

直選制(직선제) : 직접 선거 제도의 준말.

診斷書(진단서) : 병을 진단한 결과를 적은 서류.

眞面目(진면목) : 본래의 모습. 본체 그대로의 상태.

眞善美(진선미) : 인식(認識) 상의 진과 윤리(倫理)상의 선과 심미(審美)상의 미. 즉, 인간이 최고의 이상으로 하는 세 가지 목적.

陳情書(진정서) : 곤란한 사정을 해결해 달라고 당국에 적어 내는 글.

盡終日(진종일) : 온종일. ㉰ 진일(盡日). 종일(終日).

進豐呈(진풍정) : 진연(進宴)보다 의식이 더 엄숙한 나라 잔치의 한 가지.

集大成(집대성) : 여럿을 많이 모아 크게 하나의 정리된 것으로 완성함.

集約的(집약적) : 많은 것을 한데 모아서 요약하는 것.

集中力(집중력) : 어떤 사물에 대하여 정신을 집중시키는 힘. 또 집중시킬 수 있는 힘.

次善策(차선책) : 최선에 버금가는 방책.

着眼点(착안점) : 눈을 돌린 곳. 주의를 기울인 점.

鑿岩機(착암기) : 바위에 구멍을 뚫는 기계.

讚頌歌(찬송가) : 개신교에서 하나님께 감사하고 구세주의 덕을 기리는 노래. ㉰ 讚美歌.

擦過傷(찰과상) : 무엇에 쓸리거나 긁혀서 생긴 상처. ㉰ 찰상(擦傷).

創作物(창작물) : ① 처음으로 만들어낸 문예 작품. ② 인간의 정신적 노력에 의한 산물
을 통틀어 이르는 말. (저작물·발명·실용신안·의장·상표 등)

責任感(책임감) : 책임을 중히 여기는 마음.

處女地(처녀지) : ① 사람이 한 번도 이용한 일이 없거나 사람의 발길이 닿지 않은 땅.
② 아직 개척되거나 밝혀지지 않은 채로 있는 분야.

處方箋(처방전) : 약방문. 약제의 처방을 적은 서류.

處世術(처세술) : 이 세상을 원만하게 살아가는 방법과 수단.

斥候兵(척후병) : 적의 동정을 살피는 임무를 맡은 병사. ㉰ 척후(斥候).

千里馬(천리마) : 하루에 천리를 달리는 아주 뛰어난 말. ㉰ 천리구(千里駒).

千里眼(천리안) : ① 먼 곳의 것을 볼 수 있는 안력. ② 사물을 꿰뚫어 보는 힘.

天水畓(천수답) : 물줄기가 없어 비가 와야만 모를 내고 기를 수 있는 논. ㉰ 천둥지기.

天然美(천연미) : 꾸밈이 없는 자연 그대로의 아름다움. ㉰ 자연미(自然美).

千字文(천자문) : 한문을 처음 배우는 사람의 교재로 쓰던 책. 2,500년 전 중국 후량(後
梁)의 주흥사(周興嗣)가 지은 4언고시(四言古詩) 250구로 되어 있음.

天主教(천주교) : 로마 카톨릭교.

天刑病(천형병) : 문둥병을 달리 이르는 말.

鐵面皮(철면피) : 뻔뻔스럽고 염치를 모르는 사람. ㉴ 파렴치한(破廉恥漢).

尖銳化(첨예화) : 어떤 사태나 행동이 날카로워지거나 급진적으로 됨.

聽聞會(청문회) : 국회나 행정기관에서 규칙의 제정, 행정 처분을 결정하기에 앞서, 이

해 관계인이나 제3자의 의견을 듣기 위하여 여는 모임.

淸白吏(청백리) : 청렴결백한 관리.

靑寫眞(청사진) : ① 어떤 사물에 대한 미래상을 상징하여 이르는 말. ② 어떤 일에 대한 계획·구상을 상징하여 이르는 말.

靑眼視(청안시) : 좋은 마음으로 남을 봄. ㉫ 백안시(白眼視).

請願書(청원서) : 국가 기관 등에 희망·요구·소원 등을 풀어달라는 내용을 적은 글월.

請牒狀(청첩장) : 경사스러운 일이 있을 때 남을 초청하는 편지. ㉪ 청간(請簡).

聽取書(청취서) : 범죄 수사에 있어 피의자나 그 밖의 관계인의 공술을 들어 기록한 서면.

替費地(체비지) : 구역 정리 지역에서 정리 사업 결과 정부나 지방자치단체에 환수되는 잉여 토지(剩餘土地).

超能力(초능력) : 현대의 과학적 지식으로는 설명하기 어려운 기묘한 현상을 나타내는 능력을 뜻함.

超滿員(초만원) : 정원을 훨씬 초과한 인원이나 상태.

肖像畵(초상화) : 사람의 얼굴이나 모습을 그린 그림.

初心者(초심자) : ① 처음 배우는 사람. ② 어떤 일에 익숙하지 않은 사람. ㉪ 初學者.

超音波(초음파) : 진동수가 너무 많아서 사람 귀로 들을 수 없는 음파. (진동수 2만헤르츠 이상)

超自然(초자연) : 자연의 법칙을 초월한 신비적인 존재나 힘.

總本山(총본산) : ① 일제 때, 우리 나라 전국 31개 본·말사(本末寺)를 총괄하던 최고 종정(宗政) 기관. ② 사물의 근원이 되는 곳.

總罷業(총파업) : 총동맹 파업. 같은 지역, 같은 사업, 나아가서는 전국적으로 동시에 결행하는 대규모 파업.

最高峰(최고봉) : ① 가장 높은 봉우리. ② 어떤 분야에서의 가장 뛰어나고 높은 수준.

最高潮(최고조) : 어떤 감정이나 상태가 가장 높아지는 때. 또는 그 상태.

最惠國(최혜국) : 통상조약국(通商條約國) 가운데 가장 유리한 조약을 맺은 쪽의 나라.

樞機卿(추기경) : 카톨릭 교회의 고위 성직자. 교황(敎皇)의 최고 고문으로 교황을 선거하고 보좌함.

抽象論(추상론) : 현실이나 실제에 근거하지 않아 구체성이 없는 논의. 내용이 불분명하고 흐리멍덩한 생각.

抽象畵(추상화) : 사물을 사실대로 재현하지 않고 순수한 점이나 선·면·빛깔 따위로 표현한 회화. ㉫ 구상화(具象畵).

畜生道(축생도) : 죄업(罪業)으로 죽은 뒤, 짐승이 되어 괴로움을 받는 축생의 세계.

祝儀金(축의금) : 축하하는 뜻으로 내는 돈.

蓄電池(축전지) : 전기 에너지를 화학 에너지로 바꾸어서 축적해 두었다가 필요할 때 전기 에너지로 쓰는 장치. [동] 가역전지(可逆電池). 배터리.

椿府丈(춘부장) : 남의 아버지를 높이여 이르는 말. [동] 춘당(椿堂). 춘장(椿丈).

取材源(취재원) : 취재한 기사의 출처.

吹奏樂(취주악) : 피리나 나팔 따위 취주악기를 주제로 하고 타악기를 곁들인 합주음악.

測候所(측후소) : 일정 지역의 기상을 관측하는 곳. [동] 기상대(氣象臺).

治盜棍(치도곤) : 조선 때 도둑의 볼기를 치던 가장 큰 곤장(길이는 5자 7치).

致命傷(치명상) : ① 목숨이 위험할 정도로 입은 상처. ② 회복할 수 없을 정도의 결정적인 타격이나 상태.

親近感(친근감) : 매우 친밀하게 느껴짐. [반] 소원감(疎遠感).

親疎間(친소간) : 친하여 가깝든지 가깝지 못하든지 관계할 것 없이.

親衛隊(친위대) : 국왕·국가 원수 등의 신변을 경호하는 군대.

鍼灸術(침구술) : 침과 뜸으로 병을 다스리는 한방 의술.

針葉樹(침엽수) : 소나무·잣나무처럼 잎이 바늘같이 생긴 나무. [반] 활엽수(闊葉樹).

妥結點(타결점) : 양편이 서로 타결을 볼 수 있는 의견의 합일점.

打撲傷(타박상) : 둔기(鈍器)나 주먹 따위로 맞거나 부딪쳐서 생긴 상처.

打算的(타산적) : 사전에 이해 득실을 따져 보는 것.

妥協案(타협안) : (서로 다른 이해 관계나 견해의 차이를 조정하여) 타협이 이루어지도록 생각해낸 방안.

炭酸水(탄산수) : 이산화탄소의 수용액. [동] 소다수.

炭疽菌(탄저균) : 탄저의 병원균. 간균(杆菌)의 일종으로 주로 초식을 하는 가축에 감염하여 탄저병(炭疽病)을 일으킴.

彈劾權(탄핵권) : 특정 공무원의 위법이나 비행 따위를 탄핵 소추할 수 있는 국회의 권리. [동] 탄핵 소추권(彈劾訴追權).

脫營兵(탈영병) : 병영을 빠져 달아난 병사.

脫肛症(탈항증) : 직장이나 항문의 일부가 항문 밖으로 빠져서 처지는 병증.

耽美的(탐미적) : 아름다움에 깊이 빠져서 도취되는 경향이 있는 것.

蕩平策(탕평책) : 불편부당(不偏不黨)의 정책.

通信使(통신사) : 조선조 때, 일본으로 보내던 사신(使臣). [동] 수신사(修信使).

通貨量(통화량) : 한 나라 안에서 실제로 유통되고 있는 통화의 양.

退酒盞(퇴주잔) : 제사 때, 올린 술을 물린 술잔.

透過力(투과력) : 광선·방사능 등이 물질의 내부를 통과하는 힘.

妬忌心(투기심) : 강샘하는 마음.

特派員(특파원) : 신문·방송국 등에서 외국에 특별히 파견되어 보도에 종사하는 사람.

特許權(특허권) : 공업적 발명품을 특허청에 등록함으로써 얻어지는 그 발명품에 대한 독점권이나 전용권.

破落户(파락호) : ① 떨어져 깨어진 문. ② 행세하는 집 자손으로 난봉난 사람.

破廉恥(파렴치) : 염치도 없이 뻔뻔스러움. [동] 철면피(鐵面皮).

辦公費(판공비) : 공무를 처리하는 데 드는 비용.

敗者戰(패자전) : 운동 경기나 바둑 따위에서 패자끼리 겨루는 시합.

敗殘兵(패잔병) : 전쟁에 지고 살아남은 군사.

編修官(편수관) : 교육인적자원부에서 교재 편수를 맡아보는 공무원.

編輯人(편집인) : ① 편집의 책임자. ② 편집을 하는 사람.

偏頗性(편파성) : 한편으로 치우쳐 공평하지 못한 성질이나 특성.

評論家(평론가) : 작품·사물의 질이나 가치 등을 비평하는 사람. [동] 비평가(批評家).

捕盜廳(포도청) : 조선시대에 도둑 기타 범죄자를 잡기 위해 설치한 관청. 좌우청이 있었음.

抛物線(포물선) : 원뿔 곡선의 한 가지. 중심을 가지지 않는 원추(圓錐)의 곡선.

標準語(표준어) : 한 나라의 표준이 되게 정한 말. 우리 나라는 교양 있는 사람들이 두루 쓰는 현대 서울말. [반] 방언. 사투리.

稟議書(품의서) : 상신(上申)하는 사항을 적은 문서.

風雲兒(풍운아) : 난세 속에서도 좋은 기운(機運)을 타서 세상에 두각을 나타내는 사람.

避難民(피난민) : 난리를 피하여 딴 곳으로 가는 사람.

披露宴(피로연) : 결혼이나 출생 따위를 널리 알리는 뜻으로 베푸는 잔치.

必然性(필연성) : 그렇게 될 수밖에 없는 성질. [반] 우연성(偶然性).

下剋上(하극상) : 계급·신분이 낮은 사람이 윗사람을 꺾고 올라섬.

下馬碑(하마비) : 그곳을 지날 때는 말에서 내리라는 표지를 새긴 비.

下馬石(하마석) : 말에 오르내릴 때에 발돋움으로 놓은 돌.

下馬評(하마평) : ① 고관에 임명될 후보자에 관하여 민간에 떠도는 풍설. ② 직접 관계가 없는 사람들 사이에 떠도는 평판.

下手人(하수인) : 사람을 살해할 목적으로 직접 손을 댄 사람. [동] 하수자(下手者).

學徒兵(학도병) : 학도로 조직된 군대. 또는 그 병사. [약] 학병(學兵).

限終日(한종일) : 해가 질 때까지. [동] 한일모(限日暮).
緘口令(함구령) : 어떤 일에 관하여 말하는 것을 금지하는 명령.
合理的(합리적) : ① 도리에 맞아 정당한 것. ② 논리적으로 필연성에 들어맞는 것.
閤夫人(합부인) : 상대방을 높이여 그의 아내를 이르는 말. [동] 현합(賢閤).
合議制(합의제) : ① 합의에 따라 의사를 결정하는 제도. ② 법원에서의 합의 재판 제도.
合一點(합일점) : 여럿이 하나로 합치는 점.
合奏曲(합주곡) : 합주를 할 수 있도록 작곡한 곡.
合竹扇(합죽선) : 얇게 깎은 겉대를 맞붙여서 살을 만든 쥘부채.
合瓣花(합판화) : 꽃송이의 꽃잎들이 서로 붙은 꽃. [반] 이판화(離瓣花).
合歡酒(합환주) : 전통 혼례식에서 신랑 신부가 서로 잔을 바꾸어 마시는 술.
恒久的(항구적) : 변함 없이 오래 가는 것.
恒茶飯(항다반) : 일상 있는 일. [동] 다반사(茶飯事).
行列字(행렬자) : 친족의 같은 항렬에 속하는 사람들의 이름에 공통으로 쓰이는 글자. [동] 돌림자.
抗訴審(항소심) : 제일심 판결에 불복한 항소 사건에 대한 항소 법원의 심리.
海狗腎(해구신) : 물개 수컷의 생식기 말린 것을 한약재로 이르는 말. 강장제로 쓰임.
海兵隊(해병대) : 해군으로서 상륙작전 등 해륙 양면에서 전투할 수 있도록 특별히 편성된 부대.
解語花(해어화) : 말을 알아듣는 꽃. 곧 미인(美人)을 달리 이르는 말.
海潮音(해조음) : 조수가 내는 소리. 파도 소리.
諧謔的(해학적) : (말이나 행동이) 익살스러우면서도 풍자가 섞인 것. [동] 유머
核家族(핵가족) : 한 쌍의 부부와 미혼 자녀만으로 이루어진 최소 규모의 가족.
核反應(핵반응) : 원자핵이 다른 입자와 충돌하여 다른 원자핵으로 바뀌는 현상. 이 때 화학 반응의 100만 배의 에너지를 방출함.
核實驗(핵실험) : 핵분열이나 핵융합 따위에 관한 폭발 실험.
核心體(핵심체) : ① 핵심이 되는 부분. ② 원자로의 중심부.
核衝擊(핵충격) : 원자를 분열시키거나 새로운 원소를 형성하기 위하여 핵체에 원자 방사물을 발사하는 일
行動派(행동파) : 말이나 이론보다 실지 행동을 앞세우는 사람.
行廊房(행랑방) : 대문 양쪽 또는 문간에 있는 방. 행랑것들이 거처하는 방.
幸福說(행복설) : 행복의 획득과 증진을 인생의 궁극 목적으로 하는 도덕설.

行政府(행정부) : 국가의 행정을 맡아보는 기관. [동] 정부(政府).

鄕愁病(향수병) : 고향 생각에 시름 겨워하는 것을 병에 빗대어 이르는 말.

虛飢症(허기증) : 몹시 배가 고파 기운이 빠진 증세.

許參禮(허참례) : 새로 부임하는 관원이 전부터 있는 관원에게 음식을 대접하는 예. [동] 면신례(免新禮).

虛風扇(허풍선) : ① 숯불을 피우는 손풀무. ② 허풍을 마구 치는 사람.

現場感(현장감) : 마치 현장에 있는 것 같은 느낌.

懸板式(현판식) : (관청·회사·단체 등의) 간판을 처음으로 거는 것을 기념하는 식.

嫌惡感(혐오감) : 싫어하고 미워하는 감정.

協奏曲(협주곡) : 피아노나 바이올린 따위의 독주악기가 중심이 되어 관현악과 협주하는 형식의 악곡. [동] 콘체르토.

螢光燈(형광등) : 형광체가 형광을 내도록 된 방전등의 하나. [동] 아크 등.

刑事犯(형사범) : 형사상 범죄를 구성할 만한 행위. [반] 민사범(民事犯).

形而上(형이상) : 형체를 초월한 것. 무형(無形)의 것. 정신적인 것, [반] 형이하(形而下).

糊口策(호구책) : 입에 풀칠이나 하는 계책. 곧 겨우 끼니를 이어가는 방책. [동] 호구지책(糊口之策).

好奇心(호기심) : 새롭거나 신기한 것에 끌리는 마음.

護喪所(호상소) : 초상집에서 초상 치르는 일을 맡아보는 곳.

好色漢(호색한) : 여색을 특별히 좋아하는 남자를 경멸하여 이르는 말. [약] 색한(色漢).

護身術(호신술) : 위험으로부터 자기 몸을 보호하기 위하여 익히는 기술. [동] 保身術.

紅一點(홍일점) : 많은 남자들 가운데 끼어 있는 단 한 사람의 여자. [동] 일점홍(一點紅).

花崗巖(화강암) : 석영과 운모·장석 따위를 주성분으로 하는 화성암의 한 가지.

花郎道(화랑도) : 화랑이 지켜야 할 윤리 도덕. 유·불·선의 정신을 받들고 세속오계(世俗五戒)와 삼덕(三德)을 신조로 애국애족을 표방하였음. [동] 國仙徒.

化纖絲(화섬사) : 화학섬유로 만든 실.

和聲法(화성법) : 화음을 기초로 하여 선율을 조직하는 방법. [반] 대위법(對位法).

花樹會(화수회) : 일가끼리 친목을 더하기 위하여 모이는 모임이나 잔치.

火藥庫(화약고) : ① 화약을 저장하는 창고. ② 전쟁이 일어날 위험성이 있는 지역.

花中王(화중왕) : 꽃 중의 왕이라는 뜻으로, 모란을 달리 이르는 말. [약] 화왕(花王).

火刑式(화형식) : 성토대회·궐기대회 등에서, 타도 대상을 상징하는 인형이나 그림을 불살라버리는 행사.

歡樂街(환락가) : 유흥장이나 술집 따위가 많이 늘어선 거리. [동] 홍등가(紅燈街).

幻想曲(환상곡) : 공상적인 내용을 가진 자유분방한 형식의 악곡. [동] 판타지.

歡送宴(환송연) : 떠나는 사람은 축복하고 기쁜 마음으로 보내기 위해 베푸는 연회.

換時勢(환시세) : 한 나라의 화폐와 딴 나라의 화폐와의 교환 비율.

歡迎宴(환영연) : 환영하여 베푸는 연회. [반] 환송연(歡送宴).

換節期(환절기) : 계절이 바뀌는 시기. [동] 변절기(變節期).

活力素(활력소) : 살아 움직이는 힘의 원천. 활력의 본바탕.

闊葉樹(활엽수) : 떡갈나무·오동나무처럼 잎이 넓은 나무. [동] 광엽수(廣葉樹). [반] 針葉樹.

黃金律(황금률) : 뜻이 심오하여 인생에 유익한 잠언(箴言)을 이르는 말.

恍惚境(황홀경) : 눈이 부실만큼 황홀한 경지나 지경.

回甲宴(회갑연) : 환갑 잔치.

懷古談(회고담) : 옛자취를 돌이켜 생각하면서 하는 얘기.

回顧錄(회고록) : 지난 일을 돌이켜 생각하여 적은 기록.

回歸性(회귀성) : 물고기나 새가 태어난 곳에서 다른 곳으로 옮겨갔다가 자란 뒤에 다시 산란하기 위해 태어난 곳으로 돌아오는 성질.

會心作(회심작) : 자기 작품 가운데서 마음에 드는 잘된 작품. 쾌심작(快心作).

後遺症(후유증) : 병을 앓다가 회복한 뒤에도 남아있는 병적 증세.

後日譚(후일담) : 어떤 사실과 관련하여 그 후에 벌어진 경과에 대한 이야기. [동] 뒷이야기

燻製品(훈제품) : 훈연(燻煙) 속에 매달아 훈제하여 만든 고기나 물고기.

休養地(휴양지) : 편안히 쉬면서 심신을 건강하게 하는 휴양시설이 마련되어 있는 곳.

休戰線(휴전선) : 휴전협정에 의해 결정되는 쌍방의 군사 분계선.

吸血鬼(흡혈귀) : ① 사람의 피를 빨아먹는다는 귀신. ② 남의 재물을 악독하게 착취하는 사람. 곧 악덕 고리 대금업자 따위.

興信所(흥신소) : 그 사람의 재산이나 신용 따위를 비밀히 조사하여 의뢰인에게 알려주는 것을 업으로 하는 사설 기관.

犧牲打(희생타) : 야구에서, 타자는 죽지만 주자는 다음 베이스로 진루하거나 득점할 수 있게 되는 타격.

2. 韓國 四字成語(교육용 기초한자로 됨)

(1) 旬五志(순오지)

乾木水生(간목수생) : 마른 나무에서 물을 짜낸다는 뜻으로, 분명히 없는데 내놓으라고 억지를 씀의 비유.

結者解之(결자해지) : 맺은 사람이 풀어야 함. 곧 자기가 저지른 일은 자기가 해결해야 한다는 말.

弓的相適(궁적상적) : 활과 과녁이 서로 맞아 떨어짐. 기회가 잘 맞음을 이르는 말.

技成眼昏(기성안혼) : 재주를 다 배우고 나니, 눈이 어두워졌다는 뜻으로, 좋은 것이 소용없게 되었음을 이르는 말.

獨掌不鳴(독장불명) : 한 손뼉으로는 소리를 내지 못함. 상대자가 호응해야지 혼자서 하면 이루어지지 않음의 비유. 圖 獨掌難鳴(독장난명).

燈下不明(등하불명) : 등잔 밑이 어두움. 가까운 데에 있거나 가까이에서 벌어진 일을 잘 모르는 경우를 이르는 말.

盲人直門(맹인직문) : 장님이 문으로 바로 들어감. 어리석은 사람이 어쩌다 요행으로 이치에 맞는 일을 이루었음의 비유. 圖 盲者正門(맹자정문).

石墻飽腹(석장포복) : 돌담의 불거져 나온 배. 쓸모 없는 것의 비유.

洗踏足白(세답족백) : 남의 빨래에 자기의 발이 깨끗해짐. 곧 남을 위하여 노력하는 것이 자기에게도 얼마간이나마 보람이 있음.

宿虎衝本(숙호충본) : 자는 호랑이의 밑을 찌름. 공연히 건드려 일을 만들거나 화를 입음. 圖 宿虎衝鼻(숙호충비).

僧人醉酒(승인취주) : 중이 술에 취함. 쓸모 없거나 있을 수 없는 일의 비유.

我歌君唱(아가군창) : 내가 부를 노래를 그대가 부름. 내가 말하려는 것을 남이 말할 때 쓰는 말. 圖 我歌査唱(아가사창)

烏飛梨落(오비이락) : 까마귀 날자 배 떨어짐. 우연의 일치로 남에게 오해를 받기 쉬움의 비유.

遠族近隣(원족근린) : 먼 데 사는 친척보다 가까운 곳에 사는 이웃이 낫다는 말.

泥佛渡川(이불도천) : 진흙으로 만든 부처가 내를 건넘. 해서는 안 되고 도리어 해가 됨.

入山忌虎(입산기호) : 산에는 들어가 호랑이를 피함. 이미 피할 수 없는 경우에 이르러 극복하려 하지 않고 오히려 회피하려고 함.

鳥足之血(조족지혈) : 새 발의 피. 매우 적거나 모자라 쓸모가 거의 없다는 뜻.

借廳借閨(차청차규) : 대청 빌려주니 안방까지 빌려달라고 함. 곧 남에게 의지하고 있으면서 점차 남의 권리를 침범하는 것을 이름. 图借廳入室(차청입실).

春寒老健(춘한노건) : 봄추위와 늙은이의 건강. 사물이 오래가지 못함을 이르는 말.

花田衝火(화전충화) : 꽃밭에 불을 지름. 젊은이의 앞길을 막거나 그르치게 함의 비유.

(2) 古今釋林(고금석림)

開天知世(개천지세) : 하늘이 훤하니 세상인 줄 앎. 세상 돌아가는 일을 전혀 모른다는 말.

落眉之厄(낙미지액) : 눈썹에 떨어진 횡액. 곧 눈앞에 닥친 뜻밖의 재앙이라는 뜻.

馬行牛去(마행우거) : 말 가는 데 소도 감. 남이 하는 일은 나도 노력하면 할 수 있다는 말.

霧中失牛(무중실우) : 안개 속에서 소를 잃음. 찾을 길이 묘연함의 비유.

熟不還生(숙불환생) : 이미 익은 것은 다시 날것이 되지 못함.

宿虎衝鼻(숙호충비) : 자는 호랑이의 코를 찌름. 공연히 건드려 일을 만들거나 화를 당함. 图宿虎衝本(숙호충본).

吾鼻三尺(오비삼척) : 내 코가 석자. 곧 나도 곤경에 처하여 있으므로 남을 돌볼 겨를이 없음을 이름.

牛耳誦經(우이송경) : 소의 귀에 경 읽기. 아무리 가르치고 일러 주어도 알아듣지 못함. 图牛耳讀經(우이독경).

一魚之濁(일어지탁) : 한 마리의 물고기가 온 물을 흐림. 한 사람의 잘못으로 여러 사람이 그 해를 입게 된다는 말. 图一魚濁水(일어탁수).

典當燭臺(전당촉대) : 전당잡은 촛대. 활기가 없이 한 구석에 앉아 있기만 함을 이르는 말.

祭德稻飯(제덕도반) : 제사 덕에 이밥. 어떤 일을 빙자하여 이익을 보게 된다는 말.

坐房談虛(좌방담허) : 방에 앉아서 한데를 말함. 더운 입에서 식은 바람 내는 거짓말을 이름.

針盜盜牛(침도도우) : 바늘 도둑이 소도둑이 됨. 작은 버릇도 내버려두면 커진다는 뜻.

火家呼火(화가호화) : 불난 집에서 불이야 외침. 제 밑 구린 사람이, 남이 할 말을 제가 함.

黑狗沐浴(흑구목욕) : 검둥개 목욕 감기듯. 워낙 검어 아무리 해도 희어질 수 없듯이, 제 잘못을 끝끝내 뉘우치지 못함의 비유.

(3) 耳談續纂(이담속찬)

高下在心(고하재심) : 높이하고 낮게 하는 것이 모두 자기 마음에 있음. 곧 상황에 따라 그 때에 맞게 해야 한다는 말.

無過亂門(무과난문) : 어지러운 문은 지나가지도 말라는 뜻.

不索何獲(불색하획) : 찾지 않으면 어떻게 얻겠는가? 곧 울지 않는 아이 젖주랴?와 같은 뜻.

線不係針(선불계침) : 실로 바늘의 허리 매어 쓰지 못함. 일은 순서가 있다는 말.

烏聲十二(오성십이) : 까마귀 열두 가지 소리. 하나도 좋지 않음.

唯食忘憂(유식망우) : 오직 음식 먹을 때에만 근심을 잊음.

利令智昏(이령지혼) : 이익이 지혜를 어둡게 함.

村鷄入縣(촌계입현) : 촌닭 관청에 잡혀온 듯. 곧 경험이 없는 일을 당하여 어리둥절함의 비유.

(4) 松南雜識(송남잡지)

可東可西(가동가서) : 이렇게든지 저렇게든지 아무렇게나 할 만함. 동 可以東可以西.

各自圖生(각자도생) : 제각기 살아갈 방법을 도모함.

甘言利說(감언이설) : 비위에 맞도록 꾸민 달콤한 말과 이로운 조건을 내세워 유혹하는 말.

改過遷善(개과천선) : 지난 잘못을 고치고 착하게 됨. 동 改過自新(개과자신).

犬馬之忠(견마지충) : 개와 말의 충성. 신하가 임금에게 충성을 다하는 겸사.

見物生心(견물생심) : 물건을 보면 가지고 싶은 마음이 생김.

兼人之勇(겸인지용) : 몇 사람 몫을 당해낼 만한 뛰어난 용기.

計窮力盡(계궁역진) : 계책이 막히고 힘이 다함. 다시 어떻게 할 방법과 수단이 없다는 뜻.

桂玉之愁(계옥지수) : 땔나무는 계수나무처럼 귀하고 쌀은 옥같이 비싼 근심. 곧 남의 나라 수도에서 땔감과 곡식이 비싸 살아가기 어려움을 이르는 말.

契酒廣面(계주광면) : 곗술로 얼굴을 넓힘. 남의 것 가지고 생색을 낸다는 말. 동 契酒生面(계주생면).

高樓巨閣(고루거각) : 높은 누각과 큰 집.

姑息之計(고식지계) : 잠시 동안만 모면할 임시 방편밖에 안 되는 계책.

孤掌難鳴(고장난명) : 한 손뼉으로는 소리내기 어려움. 동 獨掌難鳴(독장난명).

固執不通(고집불통) : 고집이 세고 변통성이 없음.

功過相半(공과상반) : 공로와 허물이 서로 반반임.

過恭非禮(과공비례) : 지나친 공손은 도리어 예가 아님.

過門不入(과문불입) : 아는 사람의 집 문앞을 지나면서도 들르지 않음.

口腹之累(구복지루) : 먹고 살아갈 걱정. 일상 생활의 괴로움.

屈指計日(굴지계일) : 손가락을 꼽으며 날짜를 기다림.

勤者得之(근자득지) : 부지런한 사람이 얻을 수 있음.

金石盟約(금석맹약) : 쇠나 돌같이 굳고 변함없는 맹세와 약속.

金石之典(금석지전) : 쇠·돌같이 변함 없는 법전.

錦衣還鄕(금의환향) : 비단옷을 입고 고향에 돌아옴. 성공하여 고향에 돌아온다는 말.

急於星火(급어성화) : 별똥의 빛보다 급하고 빠름.

怒甲移乙(노갑이을) : 갑에게서 화난 것을 을에게 옮겨 화풀이함.

綠衣紅裳(녹의홍상) : 연두 저고리에 다홍 치마. 곧 젊은 여자의 옷치장.

能小能大(능소능대) : 재주와 주변이 좋아서 모든 일을 두루 잘함.

同價紅裳(동가홍상) : 같은 값이면 다홍치마. 같은 값이면 좋은 것을 가진다는 뜻.

東取西貸(동취서대) : 여기저기서 빚을 냄. 图 東推西貸(동추서대).

莫敢誰何(막감수하) : 세력이 강하여 아무도 그를 감히 건드리지 못함.

莫上莫下(막상막하) : 더 낫고 더 못한 차이가 없음. 우열의 차이가 없이 비슷비슷함.
　　　　　　　　　图 難兄難弟(난형난제).

萬頃滄波(만경창파) : 한없이 넓고 넓은 바다의 푸른 물결. 图 萬頃澄波(만경징파).

萬古風霜(만고풍상) : 오랜 세월 겪어온 모진 고생.

萬口一談(만구일담) : 만 명의 입에서 한 가지의 말을 함.

萬死無惜(만사무석) : 죄가 매우 커서 만 번 죽어도 아까울 것이 없음.

綿綿不絶(면면부절) : 계속 이어져서 끊기지 않음.

銘心不忘(명심불망) : 마음에 새겨 두고 오랫동안 잊지 않음.

墓前畢言(묘전필언) : 무덤 앞에서나 말을 다함. 죽기 전에는 장담하지 못한다는 말.

無不通知(무불통지) : 무슨 일이든지 다 통하여 환히 앎.

無人之境(무인지경) : 사람이라고는 전혀 없는 곳.

無腸公子(무장공자) : 창자 없는 공자. 곧 바보를 말함.

無足可觀(무족가관) : 볼만한 것이 없음.

問東答西(문동답서) : 동쪽을 묻는데 서쪽을 대답함. 图 東問西答(동문서답).

文武兼全(문무겸전) : 문과 무를 겸하여 완전함. 图 文武雙全(문무쌍전).

拍掌大笑(박장대소) : 손뼉을 치며 크게 웃음.

方春和時(방춘화시) : 바야흐로 봄이 한창 화창한 때.

背恩忘德(배은망덕) : 남에게 받은 은덕을 잊고 배반함.

百戰老將(백전노장) : 백 번 싸운 늙은 장수. 곧 경험이 많은 사람. 图 百戰老卒(백전노졸).

百足之蟲(백족지충) : 발이 많은 벌레. 그리마·지네·노래기 따위.

負兒三面(부아삼면) : 업은 애를 삼면을 찾아도 없음. 곁에 있는 것을 찾지 못함을 이름.

不知不覺(부지불각) : 알지 못하고 깨닫지 못함.

不攻自破(불공자파) : 치지 않아도 절로 깨어짐.

不問曲直(불문곡직) : 옳고 그름을 묻지 아니하고 함부로 행함.

不先不後(불선불후) : 먼저 하지도 뒤에 하지도 않음. ① 시기가 적절함. ② 공교롭게도 꼭 좋지 않은 때를 당함.

不須多言(불수다언) : 많은 말을 할 필요가 없음.

不息之工(불식지공) : 쉬지 않고 꾸준히 하는 일.

不甚相遠(불심상원) : 크게 틀리지 아니하고 거의 같음. 图 不甚相間(불심상간)

不學無識(불학무식) : 배우지 않아 아는 것이 없음.

朋友責善(붕우책선) : 친구끼리는 착한 일을 하도록 권면함.

非一非再(비일비재) : 한두 번이 아님.

氷炭相反(빙탄상반) : 얼음과 숯은 서로 어울리지 않음. 图 氷炭不容(빙탄불용).

四顧無親(사고무친) : 사방을 돌아보아도 의지할 만한 친척이 없음.

捨近取遠(사근취원) : 가까운 것은 버리고 먼 것을 취함.

邪不犯正(사불범정) : 불의는 정의를 침범하지 못함.

事不如意(사불여의) : 일이 뜻과 같이 되지 않음.

邪思妄念(사사망념) : 삐뚤어진 생각과 망령된 생각.

山戰水戰(산전수전) : 세상의 온갖 고생과 어려움을 다 겪음.

桑田碧海(상전벽해) : 뽕밭이 바다가 됨. 세상 일이 덧없이 변천하고 바뀜의 비유. 图 滄桑之變(창상지변).

生不如死(생불여사) : 사는 것이 죽는 것만 못함.

先公後私(선공후사) : 공적인 것은 먼저 하고 사적인 것은 뒤에 함.

先病者醫(선병자의) : 먼저 앓은 이가 의사. 무슨 일에나 경험을 한 사람이 가장 잘 알고 있다는 말.

先後倒錯(선후도착) : 일의 앞뒤 순서가 뒤바뀜.

說往說來(설왕설래) : 서로 변론하느라고 말이 오고가는 일. 말로 옥신각신함.

成人之美(성인지미) : 남의 아름다운 점을 도와서 이루어 줌.

小貪大失(소탐대실) : 작은 것을 탐내면 큰 것을 잃음.

速成疾亡(속성질망) : 빨리 성취하면 빨리 망함.

松茂柏悅(송무백열) : 소나무가 무성하니 측백나무가 기뻐함. 친구의 잘됨을 기뻐한다
는 말.

水火相克(수화상극) : 물과 불이 서로 상극임. 화합하지 못하고 원수같이 대함의 비유.
同 水火不容(수화불용).

熟習難防(숙습난방) : 익어진 버릇은 막기 어려움.

循環之理(순환지리) : 사물의 성쇠가 돌고 도는 이치.

食不甘味(식불감미) : 먹어도 맛이 달지 않음.

識字憂患(식자우환) : 글자를 아는 것이 도리어 근심을 가져온다는 말.

申申付托(신신부탁) : 거듭거듭 부탁함. 同 申申當付(신신당부)

身言書判(신언서판) : 사람이 갖추어야 할 네 가지 조건. 곧 몸가짐·언론·문필·판단력.

新入故出(신입고출) : 새 것이 들어오면 묵은 것이 나감. 同 新入舊出(신입구출).

信之無疑(신지무의) : 믿어 의심치 않음.

心忙意促(심망의촉) : 마음이 바쁘고 생각이 급함.

十目所視(십목소시) : 여러 사람이 다같이 보고 있음. 곧 남의 눈을 속일 수 없다는 말.

我歌査唱(아가사창) : 내 노래를 사돈이 부름. 同 我歌君唱(아가군창).

眼高手卑(안고수비) : 눈은 높고 손은 낮음. 이상은 높으나 능력이 모자람의 비유. 同
眼高手低(안고수저).

眼鼻莫開(안비막개) : 눈코 뜰 새 없이 매우 바쁨.

眼下無人(안하무인) : 눈앞에 자기밖에 없다는 듯이 교만하여 사람을 업신여긴다는 말.

仰望不及(앙망불급) : 우러러 쳐다보아도 미치지 못함.

仰天大笑(앙천대소) : 하늘을 쳐다보며 크게 웃음.

愛之重之(애지중지) : 매우 사랑하고 귀중히 여김.

夜不踏白(야불답백) : 밤길을 갈 때에 하얗게 보이는 것은 물이기 쉬우므로 밟지 말고
조심하라는 말.

弱馬卜重(약마복중) : 약한 말에 짐이 무거움.

弱者先手(약자선수) : 바둑 장기에서, 수가 낮은 사람이 먼저 두는 일.

揚善隱惡(양선은악) : 착한 일은 선양하고 악한 일은 숨겨줌. ㊌ 勸善懲惡(권선징악).

揚揚自得(양양자득) : 뜻을 이루어 뽐내고 거들먹거림. ㊍ 揚揚得意(양양득의).

魚變成龍(어변성룡) : 물고기가 변하여 용이 됨. 미천하게 태어나 훌륭하게 됨의 비유.

語不成說(어불성설) : 말이 사리에 맞지 않음.

言飛千里(언비천리) : (발없는) 말이 천리를 날아감.

言則是也(언즉시야) : 말인즉 사리에 맞아 옳음.

嚴冬雪寒(엄동설한) : 눈이 오고 몹시 추운 겨울.

餘皆倣此(여개방차) : 나머지는 다 이와 같음. ㊍ 以下同文(이하동문).

如得千金(여득천금) : 천금을 얻은 듯이 흡족해 함.

與受同罪(여수동죄) : 장물을 주는 것과 받는 것은 둘 다 죄가 같음.

如兄若弟(여형약제) : 친하기가 형제와 같음.

易地思之(역지사지) : 처지를 바꾸어 놓고 생각함.

屋下私論(옥하사론) : 쓸데없는 사사로운 이야기. 또는 이루어질 수 없는 이야기.

外貧內富(외빈내부) : 겉으로는 가난한 것 같으나 실지는 부유함.

外親內疎(외친내소) : 겉으로는 친한 체하면서 속으로는 멀리 함.

搖頭轉目(요두전목) : 머리를 흔들고 눈을 굴리는 거만한 행동.

欲巧反拙(욕교반졸) : 기교 부리려다가 도리어 졸렬하게 됨.

優劣難分(우열난분) : 우수함과 열등함을 분간하기 어려움. 우열을 가리기 어려움.

唯恐不及(유공불급) : 시키는 일이나 학문이 오직 미치지 못할까 두려워함.

有口無言(유구무언) : 입은 있어도 말이 없음. 할 말 없다는 말. ㊍ 有口難語(유구난언).

有不如無(유불여무) : 있는 것이 없는 것만 못함.

愈往愈甚(유왕유심) : 갈수록 더욱 심함.

類類相從(유유상종) : 같은 무리끼리 서로 따름.

有限之物(유한지물) : 한정이 있는 물건.

已發之矢(이발지시) : 이미 쏜 화살. 시작한 일을 중지하기 어렵다는 말.

以實直告(이실직고) : 사실 그대로 바르게 고함.

已往之事(이왕지사) : 이미 지나간 일.

以次傳令(이차전령) : 차례차례로 전함.

一刻三秋(일각삼추) : 한 시각이 삼 년 같음. 기다리는 시간이 너무 지루하다는 말. ㊍
　　　　　　　　　一日三秋(일일삼추).

一面如舊(일면여구) : 한 번 대면하고 옛친구 같이 친밀함.

一魚濁水(일어탁수) : 한 마리의 물고기가 온 물을 흐림. 동一魚之濁(일어지탁).

一喜一悲(일희일비) : 한편으로 기쁘고 한편으로 슬픔.

臨時處變(임시처변) : 갑자기 생긴 일을 우선 변화에 맞게 처리함. 동臨時變通(임시변통).

入鄕循俗(입향순속) : 어떤 고장에 들어가선 그곳 풍속을 따름.

自過不知(자과부지) : 자기 잘못을 알지 못함.

自手成家(자수성가) : 물려받은 재산이 없이 자기 손으로 집안을 일으킴. 동自成一家 (자성일가).

自中之亂(자중지란) : 안으로부터 일어나는 분란. 내부의 혼란.

自初至終(자초지종) : 처음부터 끝까지. 동自始至終(자시지종).

自下達上(자하달상) : 아래로부터 위까지 영향이 미침. 반自上達下(자상달하).

栽松望亭(재송망정) : 솔 심어 정자를 바람. 언제 이루어질지 모르는 까마득한 장래의 계획을 이름.

積如丘山(적여구산) : 산더미같이 많이 쌓임.

前無後無(전무후무) : 전에도 없었고 후에도 없을 것임.

切齒腐心(절치부심) : 몹시 분하여 이를 갈고 마음을 썩임.

朝得暮失(조득모실) : 아침에 얻고 저녁에 잃음. 동速成疾亡(속성질망).

坐不安席(좌불안석) : 앉아도 자리가 편안하지 못함.

坐井觀天(좌정관천) : 우물에 앉아 하늘을 봄. 곧, 소견이 매우 좁음의 형용.

走馬看山(주마간산) : 말을 달리면서 산을 구경함. 겉만 대충대충 보고 지나감을 이르는 말. 동走馬看花(주마간화).

晝思夜度(주사야탁) : 낮에 생각하고 밤에 헤아림. 밤낮으로 생각한다는 말.

竹馬之交(죽마지교) : 어려서 죽마 탈 때의 사귀던 친구. 동竹馬故友(죽마고우).

衆口難防(중구난방) : 여러 사람의 입은 막기 어려움. 동衆口難調(중구난조).

重言復言(중언부언) : 이미 한 말을 곱씹어서 되풀이함.

知路問行(지로문행) : 아는 길도 물어서 가야 함.

至誠感天(지성감천) : 지극한 정성은 하늘도 감동시킴.

盡善盡美(진선진미) : 더할 나위 없이 훌륭하고 아름다움.

此日彼日(차일피일) : 오늘 내일 하고 기한을 물림.

遷延歲月(천연세월) : 일을 제때에 처리하지 않고 날싸를 질질 끌고 감.

鐵石肝腸(철석간장) : 쇠의 간과 돌의 창자. 굳센 의지의 비유. 동鐵石心腸(철석심장).

聽若不聞(청약불문) : 듣고서도 못 들은 체함. 동聽而不聞(청이불문).

草露人生(초로인생) : 풀잎에 맺힌 이슬과 같이 덧없는 인생이라는 뜻.

秋風落葉(추풍낙엽) : 가을 바람에 떨어지는 잎.

層巖絶壁(층암절벽) : 층층이 쌓인 바위와 깎아진 벼랑.

稱兄稱弟(칭형칭제) : 썩 가까운 사이에 형이니 아우니 하고 서로 부름. 통 曰兄曰弟(왈형왈제). 呼兄呼弟(호형호제).

太剛則折(태강즉절) : 너무 강하면 꺾어짐.

下愚不移(하우불이) : 아주 어리석은 사람의 기질은 아무리 타이르고 가르쳐 주어도 변하지 않음.

行動擧止(행동거지) : 몸을 움직여 어떤 동작을 하거나 일을 함.

懸河之辯(현하지변) : 거침없이 유창하게 잘하는 말.

毫髮不動(호발부동) : 털끝 하나도 움직이지 않음.

互有長短(호유장단) : 서로 장점과 단점이 있음.

好衣好食(호의호식) : 좋은 옷과 좋은 음식. 또는 잘 먹고 잘 입음.

紅爐點雪(홍로점설) : 뜨겁게 단 화로에 한 점의 눈을 뿌린 것과 같음. 곧 큰 일에 작은 힘이 아무 보람도 나지 않음의 비유.

畵虎不成(화호불성) : 호랑이를 그리다가 뜻대로 이루지 못함. 큰 일을 맡아 하다가 일을 망침의 비유. 통 畵虎類狗(화호유구).

悔過自責(회과자책) : 잘못을 뉘우치고 스스로 책망함.

後時之歎(후시지탄) : 때를 지나 나중에 하는 한탄. 때 지난 후회.

後悔莫及(후회막급) : 이미 일이 잘못된 뒤라 아무리 뉘우쳐도 어찌할 수 없음. 통 後悔無及(후회무급).

3. 中國 四字成語(교육용 기초한자로 됨)

家家户户(가가호호) : 집집마다. <東京夢華錄>

家給人足(가급인족) : 집집마다 생활이 넉넉하고 사람마다 풍족함. <淮南子>

家徒四壁(가도사벽) : 집이 다만 네 벽뿐. 매우 가난한 집을 이르는 말. <史記>

刻骨銘心(각골명심) : 뼈에 새기고 마음에 새겨 잊지 않음. <官場現形記>

刻舟求劍(각주구검) : 배에서 칼을 물에 빠뜨리고 뱃전에 그 자리를 표하여 두고 후일에 찾겠다고 함. 매우 어리석고 융통성이 없음의 비유. <呂氏春秋>

居安思危(거안사위) : 편안하게 살면서도 항상 위험할 때를 생각함. <唐書>

擧案齊眉(거안제미) : 밥상을 눈썹 높이로 받들어 올림. 곧 아내가 남편을 깍듯이 공경함. <後漢書>

車載斗量(거재두량) : 수레로 싣고 말로 헤아림. 매우 많고 흔해 귀하지 않음. <三國志>

格物致知(격물치지) : 사물의 이치를 궁구하여 온전한 지식을 얻음. <大學>

堅甲利兵(견갑이병) : 굳은 갑옷과 날카로운 무기. <孟子>

見機而作(견기이작) : 기미(기회)를 보아 행동함. <周易>

見利忘義(견리망의) : 눈앞의 이(利)를 탐내어 의리(義理)를 잊음. <漢書>

見利思義(견리사의) : 눈앞에 이익이 있을 때 의리(義理)를 생각함. <論語>

犬馬之勞(견마지로) : 개나 말의 수고. ① 임금이나 나라에 충성하는 노고. ② 웃사람에 대하여 자기가 바치는 노력을 겸손하게 이르는 말. <漢書>

犬馬之齒(견마지치) : 개나 말의 나이. 자기 나이의 겸칭. <漢書>

犬牙相制(견아상제) : 지세(地勢)가 개 이빨처럼 서로 엇걸렸음. <史記>
[동] 犬牙相錯(견아상착)

見危授命(견위수명) : 나라가 위급할 때 몸을 바침. <論語> [동] 見危致命(견위치명).

結草報恩(결초보은) : 풀을 묶어 은혜를 갚음. 죽어서까지라도 은혜를 잊지 않고 갚음. <左傳>

輕擧妄動(경거망동) : 경솔한 거동과 망령된 행동. <紅樓夢>

傾國傾城(경국경성) : 나라를 기울게 하고 성곽을 기울게 한다는 뜻으로 미인을 말함. <漢書>

輕諾寡信(경낙과신) : 쉽게 하는 가벼운 승낙은 믿음성이 적음. <老子>

枯木發榮(고목발영) : 마른 나무에서 꽃이 핌. <魏志> 통 古木生花(고목생화).

高山流水(고산유수) : 높은 산에서 흐르는 물같이 장쾌한 거문고 가락의 비유. <列子>

古往今來(고왕금래) : 옛날부터 지금까지 <文選>

苦盡甘來(고진감래) : 고생 끝에 즐거움이 옴. <元曲選>

骨肉相殘(골육상잔) : 가족이나 친척끼리 서로 해침. <晉書>

骨肉之親(골육지친) : 부모·자식·형제자매와 같이 가까운 혈족. <墨子>

公私兩便(공사양편) : 공적인 일이나 사사로운 일 모두 편리함. <漢書>

孔席不暖(공석불난) : 공자(孔子)께서 바삐 천하를 돌아다니느라 그가 앉은 자리가 따뜻해질 겨를이 없음. <班固·答賓戱>

攻城略地(공성약지) : 적의 성을 치고 땅을 빼앗음. <淮南子>

空前絶後(공전절후) : 앞에서도 없었고 뒤에도 없을 것임. <宣和畫譜>

公平無私(공평무사) : 공평하여 사심이 없음. <韓詩外傳>

過猶不及(과유불급) : 지나치는 것은 미치지 못하는 것과 같음. <論語>

巧言令色(교언영색) : 남에게 아첨하기 위하여 교묘한 말과 좋게 꾸미는 얼굴빛. <論語>

口蜜腹劍(구밀복검) : 입으로는 꿀같이 달콤한 말을 하면서도 뱃속에 칼을 품고 있듯이 마음은 흉악함. <唐書>

九死一生(구사일생) : 죽을 고비를 여러 번 넘기고 겨우 살아남. <元曲>

口尙乳臭(구상유취) : 입에서 아직 젖 냄새가 남. <漢書>

口授心傳(구수심전) : 입으로 가르치고 마음으로 전함. <拍案驚奇>

九牛一毛(구우일모) : 아홉 마리 소에서 한 개의 털. 썩 많은 가운데서 매우 적은 것의 비유. <文選>

國家干城(국가간성) : 나라의 방패와 성과. 나라를 지키는 인재의 비유. <詩經>

國泰民安(국태민안) : 나라가 태평하고 백성이 편안함. <夢粱錄>

群鷄一鶴(군계일학) : 많은 닭 가운데에서 한 마리의 학. 많은 사람 가운데서 뛰어난 인물을 비유하여 이르는 말. <晉書>

窮當益堅(궁당익견) : 궁하면 마땅히 지조를 굳게 해야 함. <後漢書>

勸善懲惡(권선징악) : 선을 권하고 악을 징계함. <漢書>

克己復禮(극기복례) : 지나친 욕심을 누르고 예의 범절을 쫓음. <論語>

近朱者赤(근주자적) : 주사를 가까이하는 이는 붉어짐. <北唐書> 통 近墨者黑(근묵자흑).

金科玉條(금과옥조) : 금이나 옥과 같이 귀중하게 여기는 조목. 곧 귀중하게 신봉하는

법칙이나 규정을 이름. <文選>

金蘭之友(금란지우) : 마음을 합치면 굳기가 쇠와 같고 향긋함은 난초와 같다는 뜻으로, 매우 친한 친구를 이르는 말. <文選>

錦上添花(금상첨화) : 비단에다 꽃까지 첨가함. 좋은 일에 또 좋은 일이 더함의 비유. <黃庭堅·頌>

今昔之感(금석지감) : 지금과 옛날을 비교하여 그 차이가 크게 느끼는 감회. <歐陽脩·書>

金石之交(금석지교) : 쇠나 돌같이 굳고 변함이 없는 사귐. <史記>

金玉滿堂(금옥만당) : 금과 옥이 집에 가득하리만큼 매우 부유함. <老子>

錦衣玉食(금의옥식) : 비단 옷에 좋은 음식. <北史> 뺀惡衣惡食(악의악식).

金枝玉葉(금지옥엽) : 금 같은 가지와 옥 같은 잎. ① 임금의 집안이나 자손의 비유. ② 귀여운 자손을 중하게 이르는 말. <六帖>

急轉直下(급전직하) : 형세나 사정이 걷잡을 수 없이 급히 변하여 곧바로 쏟아져 내림. <成語典>

欺人自欺(기인자기) : 남을 속이려다가 자기가 속음. <老殘遊記>

吉日良辰(길일양신) : 길한 날 좋은 때. <元曲>

落花流水(낙화유수) : 떨어지는 꽃과 흐르는 물. 늦은 봄의 경치. <李羣玉·詩>

難兄難弟(난형난제) : 형인가 아우인가 분간하기 어려움. 곧 비슷비슷함을 일컫는 말. <世說新語> 동莫上莫下(막상막하).

內剛外柔(내강외유) : 안으로는 강하고 밖으로는 부드러움. <柳宗元·詩>

內憂外患(내우외환) : 안의 근심 밖의 걱정. 곧 내란과 외적의 침략. <左傳>

怒氣衝天(노기충천) : 성난 기운이 하늘을 찌름. <元曲>

老當益壯(노당익장) : 늙었어도 더욱 기운이 씩씩함. <後漢書>

怒髮指冠(노발지관) : 머리카락이 관을 가리킴. 몹시 노함을 뜻함. <十八史略> 동怒髮衝冠(노발충관).

怒室色市(노실색시) : 안방에서 화나고 시장에 가서 화풀이함. <左傳>

勞而無功(노이무공) : 애를 썼으나 효과가 없음. <莊子>

論功行賞(논공행상) : 공로를 평가하여 상을 주거나 표창을 함. <三國志> 동信賞必罰(신상필벌)

弄假成眞(농가성진) : 장난삼아 한 것이 진심으로 한 것같이 됨. <元曲>

弄巧成拙(농교성졸) : 지나치게 잔꾀를 부리다가 도리어 졸렬하게 됨. <黃庭堅·詩>

累卵之危(누란지위) : 쌓아놓은 달걀처럼 매우 위험함. <史記>

多多益善(다다익선) : 많을수록 더욱 좋음. <史記>

多言數窮(다언삭궁) : 말이 많으면 자주 궁색함. <老子>

單刀直入(단도직입) : 한자루의 칼로 곧장 적을 쳐들어감. 바로 본론으로 들어감을 말함. <傳燈錄>

斷長補短(단장보단) : 긴 것을 잘라서 짧은 것에 보탬. <禮記> 동 絶長補短(절장보단)

斷章取義(단장취의) : 문장의 일부를 끊어서 본뜻에 관계없이 제멋대로 해석하고 인용함. <文心雕龍>

當局者迷(당국자미) : 직접 당한 사람이 오히려 그 실시 사정에 어두움. <唐書>

大姦似忠(대간사충) : 몹시 간사한 사람은 겉으로는 충신처럼 보임. <宋史>

大器晩成(대기만성) : 크게 될 인물은 늦게 이루어짐. <老子>

大同小異(대동소이) : 대체로 같고 조금 다름. <中庸>

大書特書(대서특서) : 크게 쓰고 두드러지게 씀. <葛長庚·疏> 동 大書特筆(대서특필).

大慈大悲(대자대비) : 그지없이 넓고 큰 자비. <法華經>

徒勞無益(도로무익) : 헛되게 수고만 하고 이익이 없음. <兒女英雄傳>

道不拾遺(도불습유) : 나라가 태평하고 풍속이 아름다워 길에 떨어진 물건을 주어서 가지지 아니함. <孔子家語>

東零西散(동령서산) : 동쪽에서 떨어지고 서쪽에서 흩어짐. <西湖佳話>

洞房華燭(동방화촉) : 혼례를 치른 후 신랑 신부가 같이 자는 방. <庾信·詩>.

同病相憐(동병상련) : 같은 병을 앓는 환자끼리 서로 불쌍히 여김. 처지가 비슷한 사람끼리 서로 동정한다는 뜻. <吳越春秋>

東奔西走(동분서주) : 동쪽으로 달리고 서쪽으로 뛰어다님. 부산하게 이리저리 돌아다님. <西遊記>

同床各夢(동상각몽) : 같은 침상에서 다른 꿈을 꿈. 같은 일을 하거나 같이 살면서 생각을 서로 달리함의 비유. <陳亮·書> 동 同床異夢(동상이몽).

東食西宿(동식서숙) : 동쪽 집에서 먹고 서쪽 집에서 잠을 잠. 떠돌아다니는 신세를 가리킴. <事文類聚>

燈不自照(등불자조) : 등불이 자기에게 비추지는 못함. 제 잘못은 모른다는 말. <元曲>

燈火可親(등화가친) : 가을은 글을 읽기가 좋은 때이므로 등잔불과 친할 만하다는 뜻. <韓愈·詩>

馬耳東風(마이동풍) : 말의 귀에 동쪽 바람. 남의 말을 귀담아 듣지 않음. <李白·詩>

莫逆之交(막역지교) : 허물없이 지내고 마음이 잘 통하는 사귐. 또는 그런 친구. <莊子>

罔極之恩(망극지은) : 끝이 없는 임금이나 부모의 큰 은혜. <詩經>

忘年之交(망년지교) : 나이를 잊은 사귐. 또는 나이 차를 초월한 친구. <南史>

孟母斷機(맹모단기) : 맹자가 학업을 중도에 폐하고 돌아왔을 때 그의 어머니가 짜던 베를 끊어 훈계한 일. <列女傳>

孟母三遷(맹모삼천) : 자식을 가르치는 좋은 환경을 가려서 맹자의 어머니가 세 번 이사한 일. <列女傳>

面折廷爭(면절정쟁) : 맞대놓고 꺾고 조정에서 바른 말로 논쟁함. <史記>

明鏡止水(명경지수) : 맑은 거울과 고요한 물. 잡념과 허황된 욕심이 없는 깨끗한 마음의 비유. <莊子>

明若觀火(명약관화) : 밝기가 불을 보는 것 같음. <蔡傳>

目不識丁(목불식정) : 눈으로 보고 '丁'자도 알지 못함. <唐書> 낫놓고 ㄱ자도 모름.

無可奈何(무가내하) : 어찌할 수 없음. <史記>

舞文弄法(무문농법) : 자기 마음대로 문부(文簿)나 법규를 뜯어 고침 <史記>

無所不至(무소부지) : 이르지 않는 데가 없음. <抱朴子> 동 無所不通(소무불통).

無底之倉(무저지창) : 밑 없는 창고. 아무리 써도 다함이 없다는 뜻. <拍案驚奇>

文武兼備(문무겸비) : 문과 무를 겸하여 갖춤. <漢書> 동 文武兼全(문무겸전).

聞一知十(문일지십) : 하나를 듣고 열을 앎. <論語> 총명하기 이를 데 없음.

門庭若市(문정약시) : 문앞 뜰이 시장과 같음. 권세가 있거나 부자가 되어 집앞이 방문객으로 시장을 이루다시피 한다는 말. <戰國策>

物有本末(물유본말) : 사물에는 근본적인 것과 말단적인 것이 있음. <大學>

博學篤志(박학독지) : 널리 배우고 뜻을 견고하게 가짐. <論語>

博學審問(박학심문) : 널리 배우고 자세히 물음. <中庸>

半途而廢(반도이폐) : 일을 하다가 중간에서 그만둔다는 말. <中庸>

半信半疑(반신반의) : 반은 믿고 반은 의심함. <嵆康·論> 동 疑信間(의신간).

拔本塞源(발본색원) : 뿌리를 뽑고 근원을 막음. 폐단의 근원을 아주 없애버림. <左傳>

發憤忘食(발분망식) : 분발하여 끼니마저도 잊음. <論語>

傍若無人(방약무인) : 곁에 사람이 없는 것 같이 매우 잘난 척함. <後漢書> 동 唯我獨尊(유아독존).

方底圓蓋(방저원개) : 모난 그릇에 둥근 뚜껑. 사물이 서로 맞지 않음의 비유. <顔氏家訓>

背水之陣(배수지진) : 적과 싸울 때 강을 등진 후퇴할 수 없는 결사적인 진지. <史記>

百發百中(백발백중) : 백 번 쏘아 백 번을 다 맞춤. <戰國策>

伯牙絶絃(백아절현) : 백아(伯牙)가 거문고 줄을 끊는다는 뜻으로, 지기(知己)의 죽음을 슬퍼하는 말. 백아가 거문고를 타면 종자기(鍾子期)만이 그 소리를 알아 주었는데, 종자기가 죽자 거문고 소리를 알아 줄 사람이 없다 하여 거문고 줄을 끊고 다시는 타지 않은데서 온 말. <呂氏春秋>

百戰百勝(백전백승) : 백 번 싸워 백 번을 다 이김. <孫子>

伯仲之間(백중지간) : 맏이와 둘째의 사이. 실력이 비슷비슷한 사이. <文選>

秉燭夜遊(병촉야유) : 촛불을 들고 밤에 놂. 때를 당하여 흥겹게 행락(行樂)함. <文選>

報本反始(보본반시) : 근본에 보답하고 처음으로 돌아감. 조상의 은혜에 보답함을 이르는 말. <孔子家語>

補天浴日(보천욕일) : 여왜(女媧)가 하늘을 기운 일과 희화(羲和)가 해를 목욕시킨 일. 세상의 운명을 만회할 수 있는 큰 공훈의 비유. <淮南子>

富國强兵(부국강병) : 나라를 부유하게 하고 군대를 강하게 함. <戰國策>

不足掛齒(부족괘치) : 이에 걸 정도가 못됨. 말할 가치가 없다는 뜻. <兒女英雄傳>

粉骨難報(분골난보) : 뼈가 가루가 되어도 갚기 어려움. <蘇轍·賦>

不可思議(불가사의) : 보통 생각으로는 짐작조차 할 수 없을 정도로 이상함. <維摩經>

不期而會(불기이회) : 약속하지 않고 만남. <史記> 동 不期而遇(불기이우).

不毛之地(불모지지) : 식물이 자라나지 못하는 거칠고 메마른 땅. <公羊傳>

不遠千里(불원천리) : 천리길도 멀다 하지 않음. <孟子>

不恥下問(불치하문) : 아랫사람에 묻기를 부끄러워하지 않음. <論語>

貧賤之交(빈천지교) : 가난하고 천할 때의 사귄 사이. 또는 그런 사이의 벗. <後漢書>

氷消瓦解(빙소와해) : 얼음처럼 녹고 기와처럼 깨어져 흩어짐. <五燈會元>

事半功倍(사반공배) : 일한 것은 반이고 공은 그의 배가 됨. 노력은 적게 들였지만 성과는 많다는 뜻. <孟子>

四分五裂(사분오열) : 여러 갈래로 찢어짐. 질서없이 분열됨. <戰國策>

捨生取義(사생취의) : 목숨을 버리고 의(義)를 취함. <孟子>

四通五達(사통오달) : 길이 이리저리 여러 곳으로 통함. 또는 그런 길목. <史記>

事必歸正(사필귀정) : 어떤 일이든지 반드시 바른 데로 돌아간다는 말. <左傳>

四海兄弟(사해형제) : 온 천하 사람이 다 형제임. <論語>

山高水長(산고수장) : 산이 높고 물이 김. 인품이 고결함의 비유. <范仲淹·記>

山重水複(산중수복) : 산이 겹치고 물이 얽히어 굽이짐. <陸游·詩>

殺身成仁(살신성인) : 몸을 죽여 인(仁)을 이룸. 옳은 일을 위해 자기 몸을 희생함. <論語>

森羅萬象(삼라만상) : 우주 사이에 무성하게 벌려 있는 온갖 사물과 모든 현상. <證道歌>

傷弓之鳥(상궁지조) : 활에 다친 새. 먼저 겪은 일에 놀라 늘 두려워하고 겁냄. <晉書>

塞翁之馬(새옹지마) : 변방 늙은이의 말. 화가 복으로 변하기도 하고 복이 다시 재앙으로 변하기도 하여, 인생의 길흉화복은 참으로 알기 어려움의 비유. <淮南子> 圐 塞翁得失(새옹득실).

先見之明(선견지명) : 일이 생기기 전에 먼저 알아차리는 지혜. <後漢書>

善騎者墮(선기자타) : 말 잘 타는 이도 말에서 떨어짐. <淮南子> 圐 善游者溺(선유자익)

先發制人(선발제인) : 먼저 주도권을 잡아 일이 벌어지기 전에 제어함. <漢書>

仙風道骨(선풍도골) : 신선의 풍채와 도인의 골격. <李白·詩>

雪上加霜(설상가상) : 눈 위에 서리를 더함. 곧 재난이 엎친데 덮쳐서 일어남. <傳燈錄>

歲月如流(세월여류) : 세월이 물 흐르는 것과 같이 빠르게 지나감. <文選>

世態炎涼(세태염량) : 권세가 있을 때에는 쫓고 없어지면 모른 체하는 세상 인심. <元曲>

少見多怪(소견다괴) : 본 것이 적으면 괴이한 것이 많음. <牟子>

騷人墨客(소인묵객) : 시인과 서화가. 모든 문인을 말함. <宣和畫譜>

所向無敵(소향무적) : 어디를 가나 대적할 만한 사람이 없음. <心書>

束手無策(속수무책) : 손이 묶여 계책이 없음. 어찌할 도리가 없어 꼼짝 못함. <拍案驚奇>

送舊迎新(송구영신) : 묵은해를 보내고 새해를 맞음. <元曲>

水寬魚大(수관어대) : 물이 넓고 깊으면 물고기가 큼. <淮南子>

樹大招風(수대초풍) : 나무가 크면 바람을 부름. 곧 부귀는 재화를 부른다는 말. <金瓶梅>

殊塗同歸(수도동귀) : 다른 길을 가더라도 돌아오는 것은 같음. 방법은 달라도 결과는 같다는 뜻. <嵆康·詩> 모로 가도 서울.

手無寸鐵(수무촌철) : 손에 한 치의 쇠도 없음. 작은 무기도 가지지 않았음. <三國演義>

手不釋卷(수불석권) : 손에서 책을 놓지 않음. <三國志>

壽山福海(수산복해) : 목숨은 산 같고 복은 바다 같음. <劉基·歌>

守株待兎(수주대토) : 그루터기를 지키면서 토끼를 기다림. 융통성이 없고 매우 어리석음의 비유. <韓非子>

脣亡齒寒(순망치한) : 입술이 망하면 이가 시림. 가까운 사이에서 하나가 망하면 다른 한편도 온전하기 어려움의 비유. <左傳>

崇德辨惑(숭덕변혹) : 덕을 숭상하고 의혹을 변별함. <論語>

習與性成(습여성성) : 버릇이 오래 되면 천성같이 된다는 뜻. <書經>

是是非非(시시비비) : 옳은 것은 옳다고 하고, 그른 것은 그르다고 함. <荀子>

視而不見(시이불견) : 보기는 하나 보이지 않음. 주의깊게 보지 않는다는 말. <大學>

始終如一(시종여일) : 처음과 끝을 한결같이 함. <論語>

食少事煩(식소사번) : 먹는 것은 적은 데 할 일만 많음. 고달픔. <三國演義>

食租衣税(식조의세) : 먹고 입는 것을 조세(租税)에 의지하여 생활함. <漢書>

信賞必罰(신상필벌) : 공이 있는 사람에게는 반듯이 상을 주고, 죄가 있는 사람에게는 반듯이 벌을 줌. <漢書> 윤 論功行賞(논공행상)

新陳代謝(신진대사) : 묵은 것이 없어지고 새 것이 대신 생김. <淮南子>

神出鬼沒(신출귀몰) : 귀신처럼 나타났다 귀신처럼 없어짐. 갑자기 나타났다 감쪽같이 사라졌다 하는 변화가 기묘함을 이르는 말. <淮南子>

實事求是(실사구시) : 현실적 사실에 기초하여 쓸모있는 이치를 탐구함. <漢書>

深山幽谷(심산유곡) : 깊은 산의 고요한 골짜기. <列子>

深藏若虛(심장약허) : 깊이 간직하여 빈 것 같이 함. <史記>

十中八九(십중팔구) : 열이면 여덟이나 아홉은 거의 그러함. <漢書> 동 十常八九

惡事千里(악사천리) : 나쁜 일은 그 소문이 멀리까지도 금방 알려진다는 뜻. <事文類聚>

惡衣惡食(악의악식) : 나쁜 옷과 나쁜 음식. <論語> 반 好衣好食(호의호식).

眼淚洗面(안루세면) : 눈물로 얼굴을 씻음. 몹시 비통함의 형용. <陸游·抄>

眼明手捷(안명수첩) : 눈치가 빠르고 손이 날렵함. <元曲選> 동 眼明手快(안명수쾌).

安貧樂道(안빈낙도) : 곤궁하게 살면서도 편안한 마음으로 자기 분수를 지키며 즐거워 함. <淮南子>

弱肉强食(약육강식) : 약한 것이 강한 것에게 먹힘. <韓愈·序>

若合符節(약합부절) : 병부를 맞추는 것 같이 둘이 완전 일치함. <孟子>

梁上君子(양상군자) : 들보 위의 군자라는 뜻으로, 도둑을 이르는 말 <後漢書>

良藥苦口(양약고구) : 좋은 약은 입에 씀. <孔子家語> 동 忠言逆耳(충언역이).

量入爲出(양입위출) : 수입을 헤아려 지출을 함. <禮記> 동 量入計出(양입계출)

良知良能(양지양능) : 타고난 지혜와 능력. <孟子>

羊質虎皮(양질호피) : 양의 바탕에 호랑이 가죽. 겉만 화려하고 속은 허술함. <後漢書>

養虎遺患(양호유환) : 호랑이를 길러 근심을 남김. 화근이 될 것을 잘못 길러서 후환을 당한다는 말. <史記> 동 養虎貽患(양호이환).

漁夫之利(어부지리) : 어부의 이익. 곧 두 사람의 싸움에 제삼자가 이익을 봄. <戰國策>

抑强扶弱(억강부약) : 강한 이를 누르고 약한 이를 도움. <後漢書>

言不顧行(언불고행) : 말이 행실을 돌아보지 않음. 말과 행실이 맞지 않음. <孟子>

與世推移(여세추이) : 세상이 변하는 대로 함께 옮김. 세태에 따라 변천함. <屈原·辭>

如出一口(여출일구) : 한 입에서 나온 것 같음. 여러 사람의 말이 모두 같음. <戰國策>

如虎生翼(여호생익) : 범에게 날개가 생긴 것 같음. 강한 것이 더 강해짐. <三國演義>

逆耳之言(역이지언) : 귀에 거슬리는 말. 곧 바르고 유익한 말. <晉書>

緣木求魚(연목구어) : 나무에서 물고기를 구함. 이룰 수 없는 일을 하려고 함의 비유.
　　　　　　　　　　<孟子>

年富力强(연부역강) : 나이가 한창이고 힘이 셈. <論語·註>

念念不忘(염념불망) : 생각하고 또 생각하여 잊지 않음. <紅樓夢>

映雪讀書(영설독서) : 눈에 비추어 글을 읽음. 진(晉)나라의 손강(孫康)이 가난하여 등
　　　　　　　　　　불이 없어 눈빛에 비추어가며 글을 읽은 데서 온 말. <尙友錄>
　　　　　　　　　　圐 映月讀書(영월독서), 螢窓雪案(형창설안)

五里霧中(오리무중) : 오리의 안개 속. 행방이 묘연하거나 내용이 희미함. <後漢書>

五日京兆(오일경조) : 닷새 동안의 경조윤(수도의 장). 관직에 오래 있지 못함. <漢書>

烏之雌雄(오지자웅) : 까마귀의 암컷·수컷을 구별하기 어렵다는 말로, 선과 악·옳고 그
　　　　　　　　　　름을 가리기 어렵다는 뜻. <詩經>

烏合之衆(오합지중) : 까마귀 모임의 무리. 곧 어중이 떠중이. <漢書> 圐 烏合之卒

屋下架屋(옥하가옥) : 지붕 아래 또 지붕. 쓸데없이 되풀이하여 조금도 발전한 바가 없음
　　　　　　　　　　을 일컬음. <世說新語> 圐 屋上架屋(옥상가옥)

溫故知新(온고지신) : 옛것을 연구하고 그것을 미루어 새것을 앎. <論語>

瓦鷄陶犬(와계도견) : 흙으로 만든 닭과 흙으로 만든 개. 아무 소용이 없는 것의 비유.
　　　　　　　　　　<金樓子>

樂山樂水(요산요수) : 인자(仁者)는 산을 좋아하고, 지자(知者)는 물을 좋아함. <論語>

欲速不達(욕속부달) : 빨리 하려 하면 통달하지 못함. <論語>

龍頭蛇尾(용두사미) : 용의 머리에 뱀의 꼬리. 처음은 좋다가 나중엔 나빠짐. <傳燈錄>

愚公移山(우공이산) : 우공이 산을 옮김. 꾸준히 하면 마침내 성공한다는 말. <列子>

雨順風調(우순풍조) : 농사가 잘되도록 때맞게 비가 오고 바람도 순조로움. <金瓶梅>

雲集霧散(운집무산) : 구름처럼 많이 모였다 안개처럼 흩어짐. <文選>

爲善最樂(위선최락) : 선한 일을 하는 것이 가장 즐거움. <後漢書>

柔能制剛(유능제강) : 부드러움이 능히 강한 것을 제압함. <三略>

有名無實(유명무실) : 이름만 있고 실속은 없음. <文選>

流芳百世(유방백세) : 꽃다운 이름을 백세까지 오래 전함. <三國志>

流水不腐(유수불부) : 흐르는 물은 썩지 않음. <呂氏春秋>

有始無終(유시무종) : 시작은 있고 끝이 없음. 곧 시작만 하고 끝을 맺지 못함. <詩經>

唯我獨尊(유아독존) : 이 세상에서 오직 나만이 가장 존귀하다는 뜻으로, 자기 혼자만 잘난 체하는 태도를 이름. <通俗編> 圄 傍若無人(방약무인).

柳暗花明(유암화명) : 버들은 우거져 어둡고 꽃은 활짝 핀 아름다운 경치. <陸游·詩>

流言飛語(유언비어) : 근거없이 떠도는 소문. <詩經> 圄 流言蜚語(유언비어)

猶豫未決(유예미결) : 이렇게 할지 저렇게 할지 망설이면서 결정하지 못함. <戰國策>

有志竟成(유지경성) : 희러고 하는 뜻이 있으면 마침내는 이루어짐. <後漢書>

有進無退(유진무퇴) : 나아감만 있고 물러섬은 없음. <五代史通俗演義>

遺臭萬載(유취만재) : 나쁜 냄새를 만년에 남김. 곧 악명을 영원히 남겨놓음. <晉書> 圄 遺臭萬年(유취만년)

恩威竝行(은위병행) : 은혜와 위엄을 아울러 행함. <容齋隨筆>

飲水知源(음수지원) : 물을 마시고 근원을 생각함. 곧 근본을 잊지 않음. <陳宗禮·記>

吟風弄月(음풍농월) : 바람을 읊고 달을 희롱함. 아름다운 자연을 시로 읊고 즐김. <宋史>

衣錦還鄕(의금환향) : 비단옷을 입고 고향에 돌아옴. 성공하여 고향에 돌아온다는 말. <南史> 圄 錦衣還鄕(금의환향).

意氣揚揚(의기양양) : 뜻대로 되어 기세가 오르고 신이 나는 모양. <史記>

意味深長(의미심장) : 말이나 글의 뜻이 매우 깊고 김. <二程遺書>

以德報怨(이덕보원) : 은덕을 베푸는 것으로써 원수나 원한을 갚음. <老子>

以卵投石(이란투석) : 달걀을 가지고 돌을 침. 약자가 강자에 대항함의 비유. <荀子>

利用厚生(이용후생) : 편리한 기구들을 이용하여 살림을 넉넉하게 함. <左傳>

以一警百(이일경백) : 하나로써 백을 경계함. <漢書> 圄 一罰百戒(일벌백계).

移風易俗(이풍역속) : 풍속을 보다 좋게 고쳐 바꿈. <孝經>

人傑地靈(인걸지령) : ① 호걸이 태어나거나 이르른 곳은 그 땅 또한 명승지가 됨. ② 뛰어난 인물은 영검스런 땅에서 태어난다는 말. <王勃·序>

因果應報(인과응보) : 지은 선악의 업에 따라 뒷날 길흉의 갚음을 받음. <慈恩傳>

人棄我取(인기아취) : 남이 버리는 것을 나는 거두어 씀. <史記>

人面獸心(인면수심) : 사람의 얼굴을 하고 짐승의 마음을 가짐. <史記>

人死留名(인사유명) : 사람은 죽어도 그 삶이 헛되지 않았으면, 그의 이름이 길이 남는 다는 말. <五代史>

因循姑息(인순고식) : 낡은 습관과 폐단을 과감하게 버리지 못하고 눈앞의 평안함만 좇음. <史記>

人惟求舊(인유구구) : 사람은 오직 오래된 이를 구함. 오래 사귀어서 그 속내를 아는 사

람일수록 좋다는 말. <書經>

因人成事(인인성사) : 남의 힘으로 일을 이룸. <史記>

人一己百(인일기백) : 남이 하나를 하면 자기는 백을 함. <中庸> 屠 人百己千(인백기천)

一擧兩得(일거양득) : 하나의 행동에 두 가지의 이득. <戰國策> 屠 一石二鳥(일석이조).

一諾千金(일낙천금) : 한번 승낙하고 받아들인 것은 천금의 무게와 같음으로 반드시 실
　　　　　　　　천해야 한다는 말. <史記>

一鳴驚人(일명경인) : 한마디 말로 뭇사람을 놀라게 함. <史記>

日暮途遠(일모도원) : ① 날은 저물고 길은 멂. ② 늙고 쇠약해졌는데 할 일은 아직도
　　　　　　　　많음. <史記>

一目十行(일목십행) : 한 눈에 열 줄을 읽음. 독서의 빠름을 이르는 말. <紅樓夢>

日薄西山(일박서산) : 해가 서산에 가까워짐. 늙어 오래 살지 못함의 비유. <文選>
　　　　　　　　㈅ 日暮途窮(일모도궁).

一身兩役(일신양역) : 한 몸에 두 몫의 일을 함. <南史>

一言半辭(일언반사) : 단 한 마디 말과 반 마디 글. <史記> 屠 一言半句(일언반구).

一言千金(일언천금) : 한 마디 말이 천금과 같이 소중함. <越絶書>

一日三秋(일일삼추) : 하루가 삼 년 같음. 지루하도록 몹시 기다림의 비유. <詩經>

一字千金(일자천금) : 한 글자가 천금과 같음. 글에서 한 글자의 소중함을 이르는 말.
　　　　　　　　<史記>

一場春夢(일장춘몽) : 한 바탕의 봄꿈처럼 인생이 허무함을 말함. <候鯖錄>

一朝一夕(일조일석) : 하루 아침과 하루 저녁이라는 뜻으로, 짧은 시일을 이름. <周易>

日就月將(일취월장) : 날이 가고 달이 갈수록 더욱 자라고 발전함. <詩經>

一片氷心(일편빙심) : 한 조각의 얼음 같은 깨끗한 마음. <王昌齡·詩>

一暴十寒(일폭십한) : 하루는 햇볕에 쬐이고 열흘은 추움. 학문이나 수양에 힘쓰는 시
　　　　　　　　간은 적고 태만하는 시간은 많음의 비유. <孟子>

自給自足(자급자족) : 자기에게 필요한 것을 자기가 생산하여 충당함. <後漢書>

自暴自棄(자포자기) : 절망 상태에 빠져서 자신을 버리고 돌보지 아니함. <孟子>

作舍道傍(작사도방) : 집을 길가에 짓는다. 곧, 오가는 사람 말을 듣다가 집을 못 짓듯이
　　　　　　　　어떤 일에 의견이 많아 얼른 결론을 내리지 못함의 비유. <後漢書>

張三李四(장삼이사) : 장씨의 3남과 이씨의 4남. 신분이나 이름을 밝힐 필요가 없는 흔
　　　　　　　　한 성의 평범한 사람. <五燈會元>

赤手空拳(적수공권) : 맨손에 빈주먹. 아무것도 가진 것이 없다는 말. <元曲>

電光石火(전광석화) : 번갯불과 부싯돌의 불. 곧 세월의 빠름. 또는 재빠른 동작. <元曲>

前程萬里(전정만리) : 앞길이 만리. 장래가 유망하다는 말. <元曲>

轉禍爲福(전화위복) : 화가 바뀌어 오히려 복이 됨. <史記>

絶代佳人(절대가인) : 그 시대에 뛰어난 미인. <杜甫·詩> 圄 絶世美人(절세미인)

絶長補短(절장보단) : 긴 것을 짤라서 짧은 것을 보충함. <孟子>

漸入佳境(점입가경) : 갈수록 점점 아름다운 경지에 들어감. <晉書>

精金百鍊(정금백련) : 정금을 백 번이나 불림. 충분히 숙련되고 경험이 풍부함의 비유.
　　　　　　　　<世說新語>

朝令暮改(조령모개) : 아침에 명령하고 저녁에 고침. 곧 법령을 자주 고침. <漢書>

朝不謀夕(조불모석) : 아침에 저녁을 생각하지 못함. 형세가 다급해서 앞일을 걱정할
　　　　　　　　겨를이 없다는 말. <左傳> 圄 朝不慮夕(조불려석).

朝三暮四(조삼모사) : 아침에 셋 저녁에 넷. 간사한 꾀로 남을 속여 희롱함을 일컫는
　　　　　　　　말. <莊子>

種瓜得瓜(종과득과) : 오이를 심으면 오이를 얻음. <涅槃經> 圄 種豆得豆(종두득두).

從頭至尾(종두지미) : 머리서부터 꼬리까지. 처음부터 끝까지. <金甁梅> 圄 自初至終

終則有始(종즉유시) : 끝나면 곧 시작함. <周易> 圄 終則始(종즉시).

坐井觀天(좌정관천) : 우물에 앉아 하늘을 봄. 소견이 매우 좁음의 비유. <韓愈>

晝耕夜讀(주경야독) : 낮엔 밭을 갈고 밤엔 글을 읽음. 바쁜 가운데서 어렵게 공부함을
　　　　　　　　이름. <魏書>

走馬看花(주마간화) : 말을 달리면서 꽃을 구경함. 곧 수박 겉핥기와 같이 대충대충 보
　　　　　　　　고 지남. <孟郊·詩> 圄 走馬看山(주마간산).

酒色財氣(주색재기) : 삼가야 할 술·여자·재물·혈기. <元曲>

竹馬之好(죽마지호) : 어릴 때 대나무 말을 타고 놀던 시절의 좋은 친구. <世說新語>
　　　　　　　　圄 竹馬故友(죽마고우).

衆寡不敵(중과부적) : 많은 수를 적은 수효로 당해내지 못함. <魏志>

止戈爲武(지과위무) : 전쟁을 못하게 하는 것이 武(무)가 됨. '武'를 파자(破字)하면 止
　　　　　　　　와 戈가 되는 데서 온 말. <左傳>

指鹿爲馬(지록위마) : 사슴을 가리켜 말이라 함. 웃사람을 농락하여 권세를 마음대로
　　　　　　　　쥐고 흔듦. <史記>.

志在千里(지재천리) : 뜻이 천리에 있음. 포부가 원대함의 형용. <曹操·詩>

知足不辱(지족불욕) : 분수를 지켜 족함을 알면 욕되지 않음. <老子>

知止不殆(지지불태) : 그칠 줄을 알면 위태롭지 않음. <老子>

指天畫地(지천획지) : 하늘을 가리키고 땅을 그음. 말할 때 손짓을 해가며 태도가 격렬

함의 형용. <後漢書>

知彼知己(지피지기) : 상대편의 형편을 잘 아는 동시에 자기의 사정도 잘 앎. <孫子>

知行合一(지행합일) : 지식과 실천이 하나로 합침. <王守仁·錄>

珍禽異獸(진금이수) : 진기한 새와 기이한 짐승. <成語典>

陳陳相因(진진상인) : 묵은 곡식이 매년 쌓이고 쌓임. 옛것을 그대로 답습하여 새로운
창조가 없음의 비유. <史記> 同陳陳相仍(진진상잉).

進退維谷(진퇴유곡) : 나아가도 물러가도 골짜기뿐. 오도가도 못할 처지라는 뜻. <詩經>

疾足先得(질족선득) : 발이 빠르면 먼저 얻음. 곧 재빠른 사람이 먼저 얻음. <史記>

捉影捕風(착영포풍) : 그림자를 잡고 바람을 잡음. 불가능한 일의 비유. <金甁梅> 同
捕風捉影(포풍착영).

滄海一粟(창해일속) : 넓은 바다에 던져진 좁쌀 한 알. 보잘 것 없이 작은 것. <蘇軾·賦>

千變萬化(천변만화) : 천 번 변하고 만 번 변하여 변화가 무궁함 <列子>

千辛萬苦(천신만고) : 온갖 어려운 고비를 겪으며 여러 가지로 애씀. <琵琶記> 同千苦
萬難(천고만난)

天涯比隣(천애비린) : 하늘 끝같이 멀어도 가까운 이웃처럼 느껴지는 사이. <王勃·序>

天長地久(천장지구) : 하늘처럼 길고 땅처럼 오램. <老子>

千載一遇(천재일우) : 천년에 한 번 오는 때. 곧 좀처럼 얻기 어려운 기회. <東觀漢記>

天眞爛漫(천진난만) : 꾸밈이나 거짓이 없고 더할 나위 없이 순진함. <紅樓夢>

千態萬象(천태만상) : 천 가지 모양과 만 가지 상태. <梁武帝> 同千象萬態(천상만태)

千篇一律(천편일률) : 천 편의 시문이 판에 박은 듯이 내용이 비슷함. <白居易·詩>

天下太平(천하태평) : 온 세상이 평화로와 근심 걱정이 없음. <禮記> 同萬事泰平.

鐵石心腸(철석심장) : 쇠나 돌 같은 마음. 매우 굳은 의지를 이르는 말. <張邦基·錄>
同鐵石肝腸(철석간장).

靑雲萬里(청운만리) : 세상에 이름을 떨치려는 큰 포부로 앞길이 원대함. <淮南子>

靑雲之志(청운지지) : 청운의 뜻. 곧 입신 출세하려는 의지. <王勃·序>

聽而不聞(청이불문) : 들어도 들리지 않음. 곧 주의하지 않고 흘려들음. <大學> 同聽若不
聞(청약불문).

靑出於藍(청출어람) : 푸른빛은 쪽풀에서 남. 제자가 스승보다 나음의 비유. <荀子>

超前絶後(초전절후) : 조예가 깊어 고금을 통틀어 비교할 사람이 없음. <法書要錄>

寸鐵殺人(촌철살인) : 작은 무기로도 사람을 죽일 수 있음. 짧은 경구(警句)로 사람을
감동시킴의 비유. <鶴林玉露>

秋風過耳(추풍과이) : 가을 바람이 귀에 지나치듯 무관심함. <吳越春秋>

縮手傍觀(축수방관) : 손을 움츠리고 곁에서 봄. 곧 관여하지 않음. <韓愈·文> 동 袖手傍觀(수수방관).

忠言逆耳(충언역이) : 충고하는 말은 귀에 거슬림. <孔子家語> 동 良藥苦口(양약고구).

醉生夢死(취생몽사) : 술취한 가운데 살고 꿈속에서 죽는다는 뜻으로, 보람없이 생애를 보낸다는 말. <程子語錄>

置之度外(치지도외) : 내버려두고 문제로 삼지 않음. 도외시하여 내버려둠. <警世通言>

沈魚落雁(침어낙안) : 아름다운 여자의 용모를 형용하는 말. <莊子·齊物論>

稱體裁衣(칭체재의) : 몸에 맞추어 옷을 마름질함. <南齊書> 동 量體裁衣(양체재의)

快刀亂麻(쾌도난마) : 날카로운 칼로 얽힌 삼을 벰. 복잡한 사건을 잘 처리함. <成語典>

他山之石(타산지석) : 옥을 다듬는 데 쓰는 다른 산의 돌이라는 뜻으로, 남의 하찮은 언행도 내가 덕을 닦는 데 도움이 된다는 말. <詩經>

貪官汚吏(탐관오리) : 재산의 탐욕이 많고 행실이 깨끗하지 못한 관리. <兒女英雄傳>

貪多務得(탐다무득) : 많은 것을 탐내어 얻으려고 애씀. <韓愈·進學解>

貪小失大(탐소실대) : 작은 것을 탐내다가 큰 것을 잃음. <新論>

泰山北斗(태산북두) : 태산과 북두칠성. 남에게 존경받는 사람을 이르는 말. <唐書>

泰山壓卵(태산압란) : 태산이 달걀을 누름. 강자가 약자를 큰 위엄의 힘으로 억압함의 비유. <晉書>

泰山鴻毛(태산홍모) : 태산과 기러기의 털. 가벼운 것과 무거운 것의 비요. 곧, 옳은 일을 위하여 죽는 죽음의 무거움과 가벼움의 비유. <漢書>

土崩瓦解(토붕와해) : 흙이 무너지고 기와가 깨지듯 어떤 조직이 무너짐. <史記> 동 瓦解土崩(와해토붕).

破竹之勢(파죽지세) : 대를 쪼개는 것 같은 기세. 감히 막을 수 없게 적을 공격하는 맹렬한 기세를 이르는 말. <北史>

敗軍之將(패군지장) : 싸움에 진 장수. <魏志>

平地風波(평지풍파) : 평지에 풍파가 임. 곧 뜻밖의 재난이나 분쟁이 일어남. <杜荀鶴·詩>

幣美沒禮(폐미몰례) : 폐백이 아름다우면 예의가 없음. <儀禮>

弊絶風清(폐절풍청) : 폐단이 끊어지고 풍속이 맑아짐. 곧 공직자가 청렴결백함. <周敦頤·賦>

表裡一致(표리일치) : 겉과 속이 일치함. 안팎이 한결같음. <王守仁·文>

匹夫之勇(필부지용) : 혈기만 믿고 함부로 덤비는 용기. <孟子>

匹夫匹婦(필부필부) : 한 남자와 한 여자. 대수롭지 않은 평범한 남녀. <論語>

下學上達(하학상달) : 쉬운 것부터 배워서 깊고 어려운 이치를 깨달음. <論語>

汗馬之勞(한마지로) : 싸움터에서 말의 등에 땀이 나도록 싸운 공로. 싸움에 이긴 공로
를 이르는 말. <史記>

行不由徑(행불유경) : 길을 갈 때 지름길로 가지 않음. <論語>

行雲流水(행운유수) : 떠나가는 구름과 흐르는 물. 일을 처리하는 솜씨가 날래고 막힘
이 없음의 비유. <宋史>

虛堂懸鏡(허당현경) : 넓은 대청에 걸린 거울. 마음가짐이 공평하고 시비를 잘 가림. <宋史>

虛張聲勢(허장성세) : 실속은 없으면서 겉으로만 큰소리치며 기세를 부림. <三國演義>

螢窓雪案(형창설안) : 반딧불 창과 눈 책상. 곧 가난한 가운데서 학문에 힘씀. 집이 가
난했던 진(晉)나라의 차윤(車胤)은 반딧불로, 손강(孫康)은 창밖에
쌓인 눈빛으로 공부한 데서 온 말. <西廂記>

虎尾春氷(호미춘빙) : 호랑이 꼬리와 봄철의 얼음. 아주 위험함의 비유. <書經>

胡思亂想(호사난상) : 이것저것 쓸데없는 생각. <朱子語類>

浩然之氣(호연지기) : 하늘과 땅 사이에 가득찬 큰 정기. 공명정대한 도덕적 용기. <孟子>

昏定晨省(혼정신성) : 저녁에는 부모의 잠자리를 보아 드리고 새벽에는 안후를 살핌.
<禮記>

禍福無門(화복무문) : 화와 복의 문은 정해져 있지 않음. 화와 복은 운명에 따르는 것이
아니고, 사람의 선악(善惡)에 따라 찾아온다는 말. <左傳>

畵蛇添足(화사첨족) : 뱀을 그리는데 발을 붙임. 안 해도 될 쓸데없는 일을 함. <戰國策>

和而不同(화이부동) : 화합하되 뇌동하지 않음. 곧 자기 개성을 살리면서 화합함. <論語>

花朝月夕(화조월석) : 꽃피는 아침과 달뜨는 저녁. 경치 좋은 시절을 이름. <舊唐書>

禍從口出(화종구출) : 화는 입으로부터 나옴. 말조심하라는 말. <傅玄·銘>

畵虎類狗(화호유구) : 호랑이 그리려다 개와 같아짐. 힘겨운 일을 이루지 못함. <後漢書>

後生可畏(후생가외) : 젊은이를 두려워함. 후배는 나이가 젊고 기력도 왕성하여 앞으로
크게 발전할 수 있으므로 함부로 대해서는 안 된다는 말. <論語>

오락실2 : 한자 퍼즐 놀이① 해 답

p.92의 것

㉠

```
      ²滿
 ¹別  天  地
      下
```

㉡

```
      ²祖
 ¹學  父  兄
      母
```

㉢

```
      ²創
 ¹人  造  絹
      力
```

漢字 Puzzle①

¹天	地		³石	油	
⁴吉		⁵金	⁶字	塔	⁷無
⁸日	月		⁹畵		¹⁰公 私
	¹¹桂	皮		¹²道 德	
¹³衣	冠		¹⁴出		¹⁵心 ¹⁶理
服		¹⁷銀	世	¹⁸界	想
	¹⁹圓	盤		²⁰標 識	

오락실3 : 한자 퍼즐 놀이② 해 답

p.120의 것

㉠

```
      ²能
 ¹努  力  家
      者
```

㉡

```
      ²獨
 ¹自  立  心
      軍
```

㉢

```
      ²白
 ¹口  頭  禪
      山
```

漢字 Puzzle②

	¹青				²活
³松	竹	⁴梅		⁵總	動 ⁶員
林		⁷花	⁸樹	會	數
			木		
⁹熱		¹⁰新	學	¹¹期	¹²初
¹³中	¹⁴學	生		¹⁵限	¹⁶定 版
	者				價

오락실4 : 한자 퍼즐 놀이③ 해 답

p.142의 것

㉠

```
      ²全
 ¹內  科  醫
      目
```

㉡

```
      ²出
 ¹入  金  額
      票
```

㉢

```
      ²植
 ¹材  木  商
      日
```

漢字 Puzzle③

	¹共	同		²過	³多
⁴平	和				島 ⁵民
		國	⁷家	⁸大	海
		⁹政	權	慾	
	¹⁰大	學		¹¹望	¹²鄕
¹³劇	團			¹⁴愁	心
	¹⁵圓	卓		¹⁶看	病

실용신안 천자문 색인표

ㄱ

家	집	가	36
價	값	가	54
街	거리	가	21
暇	겨를	가	45
歌	노래	가	53
加	더할	가	54
假	빌릴	가	23
可	옳을	가	39
佳	아름다울	가	32
各	각각	각	31
閣	누각	각	29
角	뿔	각	22
刻	새길	각	66
肝	간	간	13
間	사이	간	34
幹	줄기	간	25
簡	간략할	간	18
姦	간사할	간	59
鑑	거울	감	52
敢	굳셀	감	62
感	느낄	감	49
甘	달	감	19
減	덜	감	49
甲	갑옷	갑	23
江	강	강	9
強	굳셀	강	62
降	내릴	강(항)	15
講	강론할	강	20
剛	단단할	강	29
康	편안할	강	45
改	고칠	개	56
個	낱	개	42
皆	다	개	42
介	딱지	개	23
開	열	개	20
客	손	객	44
更	다시	갱(경)	52
去	갈	거	38

擧	들	거	60
居	살	거	39
巨	클	거	17
車	수레	거(차)	55
健	굳셀	건	45
建	세울	건	21
乾	하늘	건(간)	68
檢	검사할	검	46
儉	검소할	검	38
激	격렬할	격	54
格	격식	격	34
擊	칠	격	65
堅	굳을	견	31
絹	비단	견	18
見	볼	견(현)	33
決	결단할	결	47
潔	깨끗할	결	59
結	맺을	결	9
謙	겸손할	겸	37
輕	가벼울	경	48
敬	공경할	경	32
慶	경사	경	37
景	경치	경	8
傾	기울	경	57
驚	놀랄	경	64
競	다툴	경	13
京	서울	경	50
境	지경	경	51
經	경영할	경	56
計	꾀할	계	17
季	끝	계	10
鷄	닭	계	23
溪	시내	계	8
啓	열	계	66
繼	이을	계	52
界	지경	계	27
契	계약할	계	56
桂	계수나무	계	24
固	굳을	고	31
高	높을	고	20
告	고할	고(곡)	27

苦	쓸	고	19
古	예	고	15
鼓	북/칠	고	65
考	상고할	고	67
孤	외로울	고	22
故	연고/예	고	11
穀	곡식	곡	25
谷	골	곡	8
曲	굽을	곡	15
坤	땅	곤	68
骨	뼈	골	66
公	공평할	공	51
供	받들/줄	공	56
工	장인	공	55
空	하늘/빌	공	55
恭	공손할	공	37
果	결과	과	58
科	과목	과	48
過	허물/지날	과	43
冠	갓	관	44
貫	꿸	관	30
觀	볼	관	28
寬	너그러울	관	39
官	관리/벼슬	관	59
廣	넓을	광	20
光	빛	광	30
鑛	쇳돌	광	26
橋	다리	교	21
交	사귈	교	43
校	학교	교	20
敎	가르칠	교	35
較	비교할	교	57
矯	바로잡을	교	22
具	갖출	구	31
狗	개	구	23
區	구역	구	50
求	구할	구	38
九	아홉	구	17
久	오랠	구	29
口	입	구	12
俱	함께	구	10
救	구원할	구	39
究	연구할	구	35
舊	예/오랠	구	11
句	글귀	구(귀)	32

國	나라	국	62
菊	국화	국	24
郡	고을	군	50
軍	군사	군	62
群	무리	군	53
君	임금	군	33
宮	궁궐	궁	29
權	권세	권	58
勸	권할	권	39
券	문서	권	54
卷	책	권	33
貴	귀할	귀	26
歸	돌아갈	귀	40
規	법	규	43
均	고를	균	35
極	다할	극	49
劇	연극/심할	극	53
根	뿌리	근	25
謹	삼갈	근	44
近	가까울	근	15
勤	부지런할	근	38
禽	새	금	64
今	이제	금	15
金	쇠	금(김)	56
急	급할	급	27
及	미칠	급	58
給	줄	급	56
其	그	기	31
氣	기운	기	68
騎	말탈	기	65
己	몸	기	43
棄	버릴	기	51
技	재능	기	52
基	터	기	54
幾	경기	기	50
記	기록할	기	66
奇	기이할	기	39
起	일어날	기	16
機	기계/기미	기	49

ㄴ

| 暖 | 따뜻할 | 난 | 41 |
| 南 | 남녘 | 남 | 41 |

ㅇ